Birgit Holst & Wolfgang Lutz

BED & BIKE IM RUHESTAND

Birgit Holst & Wolfgang Lutz

BED & BIKE IM RUHESTAND

Bäßler

Alle Fotos: Wolfgang Lutz, Berlin
Titelfoto: Lothar Muth, Berlin

Die Deutsche Nationalbibliothek verzeichnet diese Publikation in der Deutschen Nationalbibliografie; detaillierte bibliografische Daten sind im Internet unter http://dnb.d-nb.de abrufbar.

Fon: 030.24085856 · Fax: 030.2492653
E-Mail: info@baesslerverlag.de · Internet: www.baesslerverlag.de

Satz und Umschlaggestaltung: Hendrik Bäßler · Berlin
Gesamtherstellung: UAB „Spindulio spaustuve“ · Kaunas
ISBN 978-3-930388-74-5

Inhalt

Prolog

„Und was machen Sie im Urlaub?“

„Wir? Wir fahren mit dem Rad, von *A* nach *B*, durch Deutschland oder durch Europa. Dazwischen liegen 1000 Kilometer und zwei bis drei Wochen.“

„Ach so. Und wie kommen Sie zurück zum Auto?“

„Wir reisen mit der Bahn und manchmal auch mit dem Schiff.“

„Hm. Auch wir fahren gern mit dem Fahrrad“.

So oder so ähnlich klingen oft Dialoge mit Menschen, denen wir unsere Urlaubserfahrungen vermitteln. Neben Achselzucken und Unverständnis gibt es aber auch zustimmende Reaktionen, wenngleich selten: Auf einem Campingplatz, der eigentlich Wohnmobilen und Caravans vorbehalten war, füllten wir unsere Trinkflaschen. Ein älterer Herr eilte auf uns zu, das Bein nachziehend. „Ich sah Sie gestern Abend, Ihr Zelt stand vor dem Waschhaus, die Räder direkt daneben. Aber Sie schliefen wohl schon. Ich wollte Sie fragen, wohin die Reise geht.“

„Zunächst nach Norden und dann ostwärts…“, erklärten wir.

„Ich würde auch so gerne mit dem Rad fahren“, sagte er „aber die Hüfte meiner Frau und meine Gesundheit…! Wir sitzen die meiste Zeit vor dem Caravan. Radfahren macht süchtig – nicht wahr!“

Die Sucht überkam uns tatsächlich, aber erst spät.

Wir wurden zwar ohne Fahrrad-Gen geboren, haben aber mit der Zeit die dazu notwendigen Aminosäuresequenzen aufgebaut. Diese, sowie die jahrelangen – nicht immer positiven – Erfahrungen mit den körperlichen Anstrengungen, bei der Wahl der Reiseroute und nicht zuletzt bei der Auswahl der Ausrüstung halfen uns, die Unbilden einer längeren Tour zu bewältigen. Die Leistung folgt dabei nur den eigenen Möglichkeiten. Sie alleine sind das Maß.

Wir verbrachten viele Urlaube mit tschechischen Wanderern. Sie organisierten Touren in die schönsten Regionen ihres Landes. Der Weg war das Ziel. Leider war der Weg für uns zumeist zu lang, waren unsere Füße den ihrigen weit unterlegen. Auf dem Fahrrad konnten wir dagegen mithalten, das merkten wir bald. Die erste gemeinsame Radtour fand 1983 statt, weitere folgten. Später machten wir uns selbstständig. Die erste eigene Tour führte uns 1988, natürlich nach Tschechien, rund um Prag, 920 Kilometer, 20 davon in ebenem Gelände!

Als Radfahrer genossen wir auf den böhmischen Campingplätzen stets einen Bonus. Die Rezeption fand für uns auch bei augenscheinlicher Überfüllung immer noch eine Hütte oder ein abseits gelegenes Plätzchen für das Zelt. Die Auto fahrenden Camper verhielten sich dagegen reservierter: Wer als Mitvierziger das Rad nutzte, wurde als „arm“ oder „grün“ eingestuft. Daran hat sich auch Jahrzehnte später wenig geändert.

Nach einem Intermezzo an Donau, Rhein und Mosel besuchten wir Norwegen. Waren die Reisen entlang der Flüsse von durchaus anspruchsvollen Anstiegen an den Flanken der Gewässer gewürzt, abverlangten uns die norwegischen Fjorde jedoch die allergrößten Mühen. Jeden Tag schoben wir das Rad, um nach dem Erklimmen eines Fjells zum nächsten Fjord wieder hinabzustürzen. Die Dichte an „Tankstellen“ war naturbedingt gering, so hofften wir auf eine Büchse Fanta oder Bier, zugeworfen aus einem der vielen deutschen Wohnmobile. Aber nichts dergleichen geschah. Nur ein halbvoller Joghurt-Becher flog einmal an unserer Nase vorbei. Arm oder grün!

Nach dem Erlebnis Norwegen boten die Eltern Geld an, um wieder einmal „richtig“ Urlaub machen zu können. Nun mussten wir uns offenbaren: Zweieinhalb Wochen Berlin–Kiel–Oslo–Bergen–Trondheim und retour mit Zug, Fähre, Rad, Hurtigruten, Bahn und wieder Fähre kosteten pro Person viertausend D-Mark. Zweimal suchten wir in dieser Zeit eine Gaststätte auf. Ansonsten labten wir uns an *Kötbulla* aus der Konserve, vor der Campinghütte oder dem Zelt. Dieselbe Reise mit Vollverpflegung und Übernachtung im Hotel, kostete bei *Wolters Reisen* nur zweieinhalbtausend D-Mark. Geld boten die Eltern danach nicht wieder an.

Norwegen war für uns, trotz mancher Pein, ein Schlüsselerlebnis. Hier entwickelten wir endgültig die Eigenschaften, die einen süchtigen Radfahrer ausmachen. Dass wir im Jahr darauf die Alpen überquerten, verwundert da nicht mehr. Die „Vier-Pässe-Tour“ führte von Leutasch in Tirol durch das Inn-Tal hinauf zum Brenner, von Brixen aufwärts ins Grödnertal, über Bozen und Meran hinauf zum Reschenpass, von Nauders in direkter Linie zurück ins Inn-Tal und letztlich von Jenbach hinauf zum Aachenseepass.

Die dabei freigesetzten Endorphine förderten die Lust auf noch mehr. Je häufiger wir auf Tour gingen, desto mutiger wurden wir. Je mutiger wir wurden, desto mehr wuchs das Unverständnis unserer Mitmenschen. Warum eigentlich? Vielleicht, weil der Urlaub bei Vielen Ängste auslöst: werden das Quartier komfortabel, das Essen schmackhaft, das Wetter gut sein? Der Urlaub, das Neutrum, hat es zu richten. Aber, ist es verlässlich? Nein!

„Wenn einer eine Reise tut, so kann er viel erzählen“. Demgemäß befragten wir Rückkehrer nach deren Eindrücken und erlebten so manche Überraschung. Ein Freund besuchte mit *Studiosus* kulturelle Höhepunkte Mittelitaliens. Sein Bericht viel knapp aus: „ Es war sehr schön – nur in Venedig goss es in Strömen“. Nachbarn leisteten sich

Südwester, Jacke, Hose und Füßlinge schützen vor Wasser jedweder Art

zu ihrer Silberhochzeit die Fahrt mit einem Postschiff der Hurtigruten zum Nordkap. Ihr Kommentar fiel noch viel kürzer aus: „Gut" sagte er und „schön" meinte sie. Andere Bekannte bevorzugen innerdeutsche Ziele, die sie mit dem Auto anfahren. Ihr jährlicher Kommentar lautet: „Wir sind gut durchgekommen. Die Ferienwohnung war schnell gefunden und preiswert. Das Wetter spielte mit." So gewann man schnell ein Bild. Andere brauchen eine ganze Geschichte, um sich verständlich zu machen.

John Steinbeck schrieb in seinem Buch: *Meine Reise mit Charly*, in dem er seine Tour im Wohnmobil kreuz und quer durch die USA reflektiert: „Jeder Ausflug, jede Safari, jede Expedition ist ein Wesen für sich und unterscheidet sich von allen anderen Reisen. Sie besitzt ihre Eigenart, ihr Temperament, ihre Individualität und Einmaligkeit. Nach jahrelangem Ringen stellen wir fest, dass wir eine Reise nicht in der

Hand haben. Sie hat uns in der Hand". Auch wir akzeptierten immer das Wesen unserer Touren, verließen uns aber nie auf ihre Eskapaden.

Acht Stunden Dauerregen, eine Tütensuppe am Abend und eine Nacht im feuchten Zelt waren keine Wunschgrößen. Und dennoch, die Fahrt ging weiter, alleine schon deshalb, weil wir in vorgegebener Zeit unser Ziel, die Bahnstation oder den Fähranleger erreichen mussten. Verrückt? Nein! Vielleicht hörte der Regen auf und die Sonne schien zwischen den Woken hervor, vielleicht war die Suppe schmackhaft, vielleicht stand unser Iglu in einer schönen Landschaft.

Was macht den Wert solcher Tage aus? Wir reiften! Klingt diese Feststellung auch hochtrabend, so ist sie doch wahr. Für uns ist ein Urlaub dann geglückt, wenn seine Tage uns verändert haben. Und das war bisher immer so, auch als wir wegen plötzlicher Krankheit nach drei Tagen abbrechen mussten. In Mariefred, unweit von Stockholm konnte Wolfgang plötzlich nicht mehr sitzen, weder auf einem Stuhl, geschweige denn auf dem Sattel seines Rades. Innerhalb von drei Tagen kämpften wir uns mit Bahn, Bus und Schiff zurück in die Heimat. Es dauerte weitere vier Wochen, bis die Entzündung des Ischias-Nervs abgeklungen war.

Freunde fragten wiederholt, ob wir uns auch einer Reisegruppe anschließen könnten. Natürlich, haben wir doch auch schon an Kulturreisen teilgenommen. Das Niveau und die gebotenen Informationen waren hoch, der Kontakt zu Land und Leuten aber eher gering. Wie bei einem Flug über eine interessante Landschaft erhielten wir einen guten Überblick, ohne zu wissen, was da unten eigentlich tatsächlich ablief. Viele Eindrücke gingen mit der Zeit verloren. Wenige Erlebnisse prägten sich tief ein. Eine Individualreise, gleich welcher Art, erzeugt genau die gegenteilige Erfahrung. Die Organisation von Weg, Unterkunft und Essen lässt uns den regionalen Alltag in seiner ganzen Vielfalt erleben.

Aus Gründen der Gesundheit und der allgemeinen körperlichen Konstitution können wir jedoch nicht ewig mit dem Rad unterwegs sein. Was uns, dem Jahrgang 1947, bleibt, sind eine Reihe von Alternativen: die Hurtiglinie, der Glacierexpress oder die englischen Gärten. Und danach? Vergessen wir nicht unsere Heimat, die schönen Hotels, die gute Luft, das köstliche Essen!

Bis dahin aber sollen uns die Räder noch auf so manche Reise tragen. Heinrich Heine schreibt 1843 in Paris: „Sogar die Elementarbegriffe von Zeit und Raum sind schwankend geworden. Durch die Eisenbahn wird der Raum getötet, und es bleibt nur noch die Zeit übrig". Vielleicht gibt es den einen oder anderen, der entgegen dem allgemeinen Trend den Raum wieder erobern, wieder er*fahren* möchte. „Bed & Bike im Ruhestand" kann dabei die Motivation gerade für ältere Semester sein. Wir erlauben uns deshalb, unserer Erfahrungen rund um die Tour und das auf den Reisen Erlebte mitzuteilen, wohl wissend, dass viele Rad-Reisende viel mehr und viel besser berichten können. Aber nicht jeder will gleich zu einer Weltreise aufbrechen.

Rund um die Tour

Motivation

Im Sommer des Jahres 1982 luden tschechische Freude unsere Berliner Wandergruppe ins Adlergebirge ein. Hier äußerten sie den Wunsch, gemeinsam in der DDR zu wandern. Treffen in anderen osteuropäischen Ländern sollten folgen.

Unsere Gruppe bestand aus einem Dutzend Mitgliedern, die der Tschechen aus weit über hundert Teilnehmern. Wanderungen in solchen Dimensionen bedurften in der DDR der polizeilichen Genehmigung. Diese zu erhalten, erschien unmöglich, waren wir doch in der Organisation solcher Treffen völlig unerfahren. Der Begriff „unerfahren" lieferte letztendlich die Idee, nicht zu laufen, sondern mit dem Rad zu fahren; nicht als großer Tross, sondern aufgeteilt auf kleine Gruppen. Solche Gruppen waren weniger präsent, wechselten schneller von Ort zu Ort. Die Nutzung des Rades verfolgte zudem das Ziel, auch weit auseinander liegende Nachtquartiere zu erreichen.

Der Leiter unserer Gruppe hatte gute Beziehungen zu den Damen der in Berlin ansässigen zentralen Jugendherbergsvermittlung. So gelang es, zwischen Berlin und der Ostseeküste ein Netz an Herbergen zu buchen, die wir in drei Gruppen zu je 50 Teilnehmern wechselseitig anfuhren. Tagsüber teilten wir uns in Einheiten von 10 Radfahrern auf.

Im Vorfeld der Mecklenburg-Tour war noch ein kleines, individuelles Problem zu lösen: Birgit hatte ein Fahrrad mit eingerosteter Kette und Wolfgang hatte gar keines mehr. In den 1980er Jahren exportierte die DDR die Jahresproduktion an Zweirädern aber nach Vietnam. Es gelang, eine Werkstatt zum Umbau des vorhandenen Rades und zum Aufbau eines neuen Fahrrads zu bewegen. Und so starteten wir, chromglänzend, 1983 unsere erste Rad-Tour.

Aus heutiger Sicht scheint nicht nachvollziehbar, warum wir von Polizei, Armee oder Staatssicherheit nicht aufgegriffen wurden. Gerade in Mecklenburg war zu jener Zeit eine große Zahl Kasernen der Nationalen Volksarmee und der sowjetischen Streitkräfte angesiedelt. Es gab Landstraßen, an denen links die Russen und rechts die Volksarmee residierte.

Obwohl gelernte DDR-Bürger, kennzeichnete doch große Naivität unser Handeln. Was wäre geschehen, wenn einer der Teilnehmer in einen Verkehrsunfall verwickelt worden wäre? Wir hatten großes Glück. Die

Veranstaltung gelang nahezu perfekt. Noch Jahre später, inzwischen hatten wir mit den Tschechen gemeinsam Polen und Ungarn besucht, erfuhren wir großes Lob für die Organisation.

Fahrrad

„Wenn Sie solche Touren machen, müssen Sie aber gute Räder haben!", ist die häufigste Feststellung unserer Gesprächspartner. „Wie viele Gänge fahren Sie?" „Unsere Fahrräder sind faul. Sie rollen nur, wenn wir treten, gleich in welchem Gang", lautet unsere Antwort jedesmal. Früher kannten wir nur drei Typen von Rädern: das Tourenrad, das Sportrad und das Rennrad. Die Wahl richtete sich nach Zielfunktion, Geldbeutel und Verfügbarkeit. Auf dem Tourenrad transportierten die Eltern ihre Einkäufe. Wir Jugendliche bevorzugten das Sportrad. Das Rennrad war selten und blieb zumeist den Sportlern vorbehalten.

Im Grunde genommen hat sich bis heute an dieser Differenzierung nicht viel geändert, wenngleich die technische Ausstattung mannigfaltiger geworden ist. Um sich derzeit im Fahrradfachhandel zurechtzufinden, empfehlen wir den Gebrauch eines Wörterbuches: Trekking Bike, Mountain Bike, Speed Bike, City Bike und andere mehr, ganz zu schweigen von Variationen von Trend-, Sport- und Kunsträdern.

Die Preise der Räder folgen, wie die Stärke von Erdbeben, einer nach oben offenen Skala. Der Wert eines Fahrrads richtet sich letztlich aber nur nach den Gebrauchseigenschaften. Für Urlaubstouren eignen sich Rahmen aus Stahl, Aluminium oder Karbon, die gemufft, geschweißt oder geklebt sind.

Als Interessent hat heute jeder die Möglichkeit, spektakulär aussehende Fahrräder mit hohem Ausrüstungsstand in jedem zweiten Supermarkt preiswert zu erwerben. Obwohl wir an den Materialeigenschaften dieser Angebote nicht zweifeln wollen, sollten Sie sich aber nicht von Phantasienamen und Markenbezeichnungen beeinflussen lassen. Ein Fahrrad muss zu Ihnen passen. Gehen Sie, wenn es Ihnen mit dem Radfahren ernst ist, besser in ein Fachgeschäft, nennen Sie die Zielfunktion und legen Sie das Preissegment fest.

Wir bewältigten auf eigenen Rädern das eine oder andere Mal 1 000 Kilometer in 14 Fahrtagen unter Mitnahme von 20 Kilogramm Gepäck ohne Ruhetag, fielen auf Leihrädern aber mehrfach nach 30 Kilometer vom Sattel. Diese Räder, obwohl technisch von guter Qualität, passten eben nicht zu uns. Die Hauptübel waren Rahmengröße, Lenkerform und Sattel, Dinge also die für die richtihge Sitzposition wichtig sind.

Unsere derzeitigen Räder, Baujahr 1990, sind aus gezogenem Stahlrohr mit Muffen als sogenannte Diamantrahmen gefertigt. Das Gewicht

Der von uns bevorzugte Radtyp: Baujahr 1990

deshalb relativ gering. Drei Kettenblätter sind mit fünf Zahnkränzen kombiniert. Die schmalen Aluminium-Laufräder wurden, um höhere mechanische Stabilität zu erlangen, als Kammerprofil ausgelegt. Hier greifen auch die sogenannten Felgenbremsen. Die flachen, nach hinten geführten Lenker sind mit korkhaltigem Kunststoffband umwickelt. Die Schalthebel für Kettenblätter und Kränze befinden sich am Lenkervorbau. Dadurch sind die Lenker mit Ausnahme der Bremshebel frei von weiteren Anbauten. Drei Griffpositionen helfen, bei langen Touren Hände und Rücken zu entlasten. Die Ledersättel sind spiralgefedert, die Oberfläche aber hart. Weil sie sich nicht verformen, wird das Scheuern der Haut vermindert. Dazu tragen nicht zuletzt auch die gepolsterten Radfahrhosen bei.

Gepäckträger, hinten und vorn, nehmen Fahrradtaschen und Packsäcke auf. Weil beide Räder sogenannte Herrenräder und die Gepäckträger verwindungssteif sind, wird das Schwingen des Rades bei schneller Bergabfahrt minimiert. Dazu trägt auch die Neigung des Körpers von etwa 45 Grad bei, was die gleiche Höhe von Sattel und Lenker voraussetzt. Die Pedale sind mit Körbchen ausgestattet, wodurch der Schuh eine bessere Führung hat und der Fuß die Pedale sowohl nach unten drücken wie auch nach oben ziehen kann. Dass unsere Räder *mit Schutzblechen, Beleuchtung und einer Glocke ausgestattet sind, versteht sich von selbst.*

Ihr Fahrrad kann völlig anders aussehen. Ob es zu Ihnen aber passt, wissen Sie mit Gewissheit, wenn Sie das Rad am nächsten Tag wieder besteigen. Da Leihfahrräder den notwendigen Anforderungen an ein Wanderrad zumeist nicht gerecht werden, ist vor dem Kauf nochmals der Rat des Fachmanns oder eines aktiven Radwanderers empfohlen. Natürlich kann mit der Zeit das eine oder andere Detail noch geändert werden. Rahmenhöhe und -länge müssen aber auf Anhieb stimmen.

Kleidung

Um es gleich zu sagen: wir kleiden uns seit den Anfängen als Radsportler. War es zunächst eine Schrulle, so gewann später die Zweckmäßigkeit an Bedeutung.

Die ersten Radlerhosen waren aus Seide gefertigt. Der 3 Millimeter dünne Einsatz aus hellem Ziegenleder vermittelte den direkten Kontakt zum harten Sattel. Während Birgit diese Tortur bis zu 30 Minuten am Stück aushielt, pausierte Wolfgang alle zehn Minuten. Die kurzen Hosen, die natürlich auf der nackten Haut getragen werden, wurden durch lange aus selbigem Material ergänzt. Hier war das Leder aber auf den äußeren Hosenboden aufgenäht. Derart ausgestattet schoben wir die Räder durch die Fußgängerpassage einer deutschen Großstadt. Wir erregten großes Interesse – es war am Christopher-Street-Day.

Die langen Hosen hatten wegen der dünnen Seide leider keinen wärmenden Effekt. Sie schützten aber gut gegen Sonnenbrand. Deshalb nehmen wir sie auch heute noch gerne mit, nicht zuletzt wegen ihres geringen Gewichtes. Ergänzt werden sie durch eine Variante aus dickerem Stoff. Bei der Wahl des Schnittes haben wir uns auf die Trägervariante festgelegt, die am Bauch nicht stremmt.

Die ursprünglichen Baumwollhemden waren von zünftigem Design und hatten die typischen Taschen auf dem Rücken aufgenäht. Baumwolle nimmt aber Körperfeuchtigkeit auf und gibt sie nicht wieder her. Auf diese Weise kühlte der Fahrtwind den Rücken perfekt aus.

Später bot der Handel Hemden aus Kunstfaser an, so wie die Profisportler sie tragen. Die Kakadu-Farben und Werbeaufkleber gefielen uns aber nicht und die Preise schon gar nicht. Erst als eine dem Radsport freundlich gesonnene Kaffee-Firma preiswerte Hemden in gemäßigtem Design präsentierte, kauften wir ein solches Hemd zur Probe. Wir waren von der Qualität begeistert. Die Körperfeuchtigkeit wurde vom Mate-

Getrübte Sicht auf den Hardangerfjord in Norwegen

Auch in Funktionskleidung suchen wir manchmal Schutz vor dem Regen

rial langsam abgeführt und der Wind abgeleitet. Zudem trockneten die Hemden nach der Wäsche sehr schnell, ein Fakt, der für mehrtägige Touren, auf denen kein Schrankkoffer mitgenommen werden kann, von großer Bedeutung ist.

Auch die Hosen produzierte man inzwischen aus Kunstfasern. Viel wichtiger war aber ihre immer dicker werdende Polsterung. Plötzlich konnten wir miteinander harmonisch Radfahren. Bei dennoch beginnenden Sitzbeschwerden zogen wir trotz 30° Celsius im Schatten zusätzlich eine lange Hose darüber. Zum Wärmeausgleich fuhren wir etwas schneller, um die Kühlung durch den Fahrtwind auszunutzen. Die Geschichte von erfrierenden Kamelen im heißen Wüstensand infolge zu schnellen Laufens ist ja hinlänglich bekannt.

Der zu starken Sonnenbestrahlung unserer Köpfe begegneten wir mit kecken Hüten. Heute greift man zum Basecap. Einen Helm aufzusetzen, erschien uns zu affig. Dabei waren wir schon mehrfach in den Bergen haarscharf an grob behauenem Felsgestein entlang geschrammt – zum Beispiel bei der zügigen Abfahrt vom Brenner-Pass nach Bozen oder auf der schmalen Auffahrt von Greinau nach Ettal in Oberbayern. Insbesondere die Überhänge, die die Köpfe noch näher zum Fels rückten, stimmten uns nachdenklich. Wir kauften Helme und lernten sie über die reine Schutzfunktion hinaus schätzen. In Schweden fielen von den überholenden Holztransportern immer wieder Borkenstücke herab. Je filigraner ein Helm aufgebaut ist, umso besser ist er belüftet. Je besser der Kopf belüftet ist, umso länger lebt sein Träger. Lüftung hat aber ihren Preis. Die Schale des Helms sollte im Sommer die Wärmestrahlung reflektieren und im Winter speichern. Vielleicht gibt es schwarze Überzieher, die den Helm als Wärmespeicher umfunktionieren. Wir wissen es nicht, denn im Winter sitzen wir lieber hinter dem warmen Ofen.

Regen, zur passenden Zeit, wird von Kleingärtnern und Landwirten, nicht aber von Radfahrern, geschätzt. Weder Fahrer noch Gepäck sollen bis auf ihr Inneres nass werden. Gegen den Regen gibt es Capes, die wir in verschiedenen Varianten genutzt haben. Sie besitzen den Vorteil, leicht zu sein und neben der Kleidung auch die Schuhe trocken zu halten. Zudem staut sich unter ihnen weit weniger Körperfeuchtigkeit als in geschlossenen Regenanzügen. Ihr Nachteil besteht aber in der Windempfindlichkeit – speziell bei Gegenwind sind sie recht hinderlich. Spritzwasser, von Kraftfahrzeugen verursacht, nässt Beine und speziell Schuhe. Da wir nur ein Paar feste Schuhe mit uns führen, müssen wir sie immer trocken halten. Hier helfen große Plastiktüten von Supermärkten, in die wir mit den Schuhen hineinsteigen. Eleganter sind aber Gamaschen.

Die innen gummierten Gamaschen kombinieren wir heute mit ebensolchen Regenhosen und entsprechenden Jacken. Alles zusammen hält nicht nur den Regen ab, sondern speichert auch die Körperwärme. Diesen positiven Effekt sollte man bei 6–8-stündigen Regenfahrten, die wir schon häufiger erlebt haben, nicht unterschätzen. Leider hält diese Variante auch die komplette Körperfeuchtigkeit zurück. Funktionsmaterialien auf Membranbasis, die von einigen Firmen gefertigt werden, bewirken aber einen ähnlichen Effekt. Wohin sollen die Wassermoleküle auch wandern, wenn außen mehr Feuchtigkeit ist als innen. Sie machen es sich in der Membran gemütlich und warten den Schauer ab.

Noch eine Bemerkung zum Helm: auch bei Regen ist er hilfreich, weil die Feuchtihkeit nicht das Haar nässt und die Schauer nicht über die Stirn rinnen. Wasserdichte Überzüge halten den Helm sogar innen trocken, sieht man von der gestauten Nässe der Haare ab. Sehr bewährt hat sich der Südwester, wie er von Fischern getragen wird. Die breite Krempe schützt die Augen und gegebenenfalls auch die Brille vor der Nässe. Die verlängerte Krempe im hinteren Bereich leitet die Sturzbäche sogar auf die Jacke ab, alles natürlich zum Nachteil des mechanischen Schutzes.

Ob in Sonne, Regen oder bei kühlem Wetter ist ein Softshell- oder Fleecepullover angeraten. Ebenso wie die Hemden lassen sie sich leicht waschen. Gestrickte Bündchen, wie schon erlebt, trocknen leider sehr *viel langsamer als der ganze Rest. Für den Abend bietet sich ein zweiter Pullover an. Eine leichte Wanderhose ergänzt das Outfit. Neben dem schon erwähnten Paar fester Schuhe haben wir leichte Sandalen oder Kunststoff-Latschen dabei.*

Radfahrerhandschuhe sind wirklich kein Muss. Gute Qualität vorausgesetzt, polstern sie aber die Handballen angenehm ab. Außerdem garantieren sie dem Träger beim Abstreifen an jeder Rezeption hohe Anerkennung.

Eine Packliste hilft uns, stets nur das Wichtige und Richtige mitzunehmen. Stehen wir unkontrolliert vor dem Kleiderschrank, packen wir stets zuviel ein, das wir mühevoll über Berg und Tal transportieren müssen. Ist die Temperatur zum Zeitpunkt der Abfahrt sehr hoch, vergessen wir, warme Kleidung mitzunehmen. Ist sie dagegen niedrig ...

Die Anzahl der begleitenden Kleidungsstücke richtet sich nach dem Packvolumen, das zur Verfügung steht. In unserem Falle fällt es gering aus, weshalb die Kleidung zwischendurch gewaschen werden muss. Dabei ergeben sich verschiedene Varianten der Reinigung. Fehlen spezielle Waschtröge, stellen wir uns mit den Kleidungsstücken unter die Dusche.

Ausrüstung

Wenn einer eine Reise macht, so hat er manches mitzunehmen. Da wir auf unseren bisherigen Fahrten autark sein wollten, d. h. uns nicht geführten Touren anschließen wollten, mussten wir eine komplette Ausrüstung zusammenstellen. Dazu zählten neben dem Zelt und einer Reihe von Zubehör, wie Schlafsäcke, Matten, Kochgeschirr, Dinge des persönlichen Bedarfs, auch Werkzeug, Ersatzteile und Lebensmittel. Leztere sind bei uns immer nur als Notration gedacht, wenn sich am Zielort kein Restaurant oder Kiosk finden lässt. Wer alleine fährt, sollte alle Teile mit sich führen. Bei Reisen in kleinen und großen Gruppen sollte im Vorfeld genau abgesprochen werden, wer welchen Ausrüstungsgegenstand mitführt. Kocher, Mückenspray usw. müssen ja nicht mehrfach mitgenommen werden.

Als Packtaschen verwendeten wir zunächst ein Fünfer-Set mit zwei großen Haupt- sowie kleinen Seitentaschen, rechts und links hängend und einer darüber quer liegenden Tasche. Dieses Set wurde auf den Gepäckträger aufgelegt und festgeschnallt. Regenschutz gewährleistete eine wasserdichte Kunststoffhülle. Dieses Set hatte den nicht zu unterschätzenden Vorteil, auf einem Arm getragen werden zu können. Man kann in ihm auch recht gut Ordnung halten. Die Quertasche ist zum Beispiel der Kleidung vorbehalten, die Seitentaschen nehmen den stattlichen Rest auf.

Gepäck für zwei Räder oder einen Kleinwagen

Für das Zelt, die Schlafsäcke und Schlafmatten verwendeten wir als Schutz zunächst Polyethylenfolie, die mit Schnur zusammengehalten wurde. Die Schnur diente zugleich als Wäscheleine. Danach kauften wir eine wasserdichte Hülle und dazu wasserdichte Packsäcke, die mit Spanngurten auf die Packtaschen aufgeschnallt wurden. Dieser Aufbau war naturgemäß recht hoch und begünstigte das Schlingern der Räder bei rasanter Talfahrt. Nach reiflicher Überlegung erwarben wir schließlich vier wasserdichte Packtaschen je Rad, die rechts und links am hinteren und vorderen Gepäckträger angeklemmt werden. So ausgerüstet starteten wir viel ruhiger in den Regen. Das Aufbaumaß des Gepäcks reduzierte sich damit auch, weil die Säcke nunmehr auf dem Gepäckträger in Längsrichtung zu liegen kamen.

Alle persönlichen Dinge, Dokumente, Fotoapparat und dergleichen mehr können in der Lenkertasche untergebracht werden. Diese sollte am Lenker fest montiert und natürlich wasserdicht sein. Polyethylenfolie oder Überzüge halten den Regen zeitweilig ab, gewährleisten aber bei mehrstündiger Regenfahrt keinen absoluten Schutz des Inhalts. Welcher Art das Zelt, die Schlafsäcke und -matten sind, bleibt dem Einzelnen überlassen. Dennoch gibt es einen Trend: je leichter die Materialien sind, desto höher ist ihr Preis. Wir fanden für uns ein Mittelmaß. Bei der Wahl des Zeltes haben wir aber darauf geachtet, das gesamte Gepäck im Innern unterzubringen zu können und entschieden uns für ein Drei-Personen-Zelt, was aber bedeutet, etwas mehr Ballast auf den Pneus zu haben. Da wir keine Helden sind, haben wir uns für die Mitnahme von Kopfkissen entschieden. Hier tat sich ein großes Experimentalfeld auf. Leicht und klein in der Verpackung sind aufblasbare Kissen. Auf ihnen findet der Kopf aber wenig Halt. Kleine, mit Daunen gefüllte Kissen sind bequemer, nehmen jedoch Feuchtigkeit auf. Gute Nutzungseigenschaften bei relativ kleinem Packmaß haben dagegen schaumstoffgefüllte Varianten, die sich beim Verpacken auf ein Drittel des Normalmaßes reduzieren lassen.

Eine Besonderheit stellt das Laken dar, das wir seit geraumer Zeit mitnehmen, um die Betten in den Hütten – die wir mehr und mehr aufsuchen – nutzen zu können. Speziell in Skandinavien sind solche Hütten sehr verbreitet. Die Betten sind mit Decken und Kopfkissen ausgestattet. Bettwäsche bringt der Nutzer mit. Für den Autofahrer ist das auch kein Problem, sehr wohl aber für den Radtouristen. Deshalb breiten wir ein leichtgewichtiges Laken als Unterlage aus und decken uns mit dem eigenen Schlafsack, den wir vollständig öffnen können, zu.

Der Transport der Zeltausrüstung entfällt, wenn man Privatquartiere, Pensionen oder Hotels aufsucht. Führt die Tour durch besiedeltes Land, machen auch wir immer häufiger davon Gebrauch. Es passiert dennoch regelmäßig, dass wir auf der Tour im Zelt übernachten müssen. Es ist nicht jedermanns Sache, schnell mal 20 Kilometer weiterzufahren, wenn der Zielort keine freie Unterkunft bietet.

Ab vier Uhr nachmittags fallen viele Urlauber in die Orte ein, von denen die meisten ein Bett suchen. Also nehmen wir zur Sicherheit häufig doch die komplette Ausrüstung mit, es sei denn wir haben vorab gebucht.

Ein nicht zu unterschätzendes Hilfsmittel ist der kleine Rucksack. Auf der Fahrt zum Startort der Tour nimmt er verschiedene kleine Ausrüstungsgegenstände und Proviant auf. Ein solcher Gegenstand ist der Ersatz-Mantel. Er wird auch während der Tour im Rucksack transportiert. Hinzu gesellt sich zumeist noch ein Brot. Beides liegt oben auf den Packsäcken. Am Ziel angekommen kann man den Rucksack gemäß seiner eigentlichen Bestimmung auf den Rücken nehmen, um zum Beispiel Einkäufe zu machen.

Die fahrradspezifische Ausrüstung erklärt sich im Grunde genommen von selbst. Die Trinkflaschen, die zumindest ein Volumen von einem Liter haben sollten, dienen der Stillung des ersten Durstes. Nach unserer Erfahrung müssen wir aber über den Tag sehr viel mehr Flüssigkeit aufnehmen. Unsere „Tankstellen" sind Geschäfte, Kioske, Tankstellen oder auch, im Notfall, Gaststätten. Das Getränk der Wahl ist ohne Angabe von Markennahmen Brause oder Mineralwasser. Die Brause hat den Vorteil, Zucker zu enthalten, der dem Körper Energie zuführt. Auf Bier verzichten wir tagsüber gänzlich, weil es – zumindest uns – müde Beine macht. Bier am Abend ist köstlich, birgt aber die Gefahr, zu viele Mineralstoffe aus dem Körper zu spülen. Ein Wadenkrampf, wie erlebt, wird dann zur Tourtour, wenn man aus dem Zelt kriechen muss, um das Bein zu entkrampfen.

Die Füllung der Trinkflaschen war anfänglich eine abendliche Unterhaltung. Wir kochten Tee, den wir mit Zitronensaft und Traubenzucker anreicherten. Des Kochens leid, füllten wir Apfelsaft ein, der bei gutem Wetter während der Fahrt schnell in Gärung überging. Mit jedem Fahrtag setzte die Gärung früher ein, da die Menge an resistenten Verunreinigungen den Prozess schneller in Gang setzte. Letzlich landeten wir bei Leitungswasser, das keinerlei Probleme bereitet und leicht nachfüllbar ist.

Die Bedeutung von Luftpumpe, Flickzeug, Schloss und Tachometer muss nicht näher erläutert werden. Wichtiger erscheint der Hinweis auf den Sattelschutz, eine wasserdichte Hülle. Nicht immer stehen die Räder über Nacht im Trockenen. Da ist ein schützender Überzug wertvoll. Das zusätzliche Rücklicht, wie auch eine Stirnlampe, kommen dann zum Einsatz, wenn die Fahrt durch unbeleuchtete Tunnel geht. Sie sind bei einer Tour zum Beispiel durch Norwegen ein Muss. Über Ersatzteile und Werkzeug wird nachfolgend gesondert berichtet. Beides steht im unmittelbaren Zusammenhang mit einer Folie.

Viele Radfahrer führen – wenn überhaupt – nur Flickzeug für den Schlauch mit. Ist der Schaden größer, sollte man gleich zum Ersatzschlauch greifen. Zu unserem Unglück mussten wir ihn einmal einsetzen. Den Ersatz-Mantel fuhren wir bisher nur durch die Sommerfrische. Sollte ein Mantel dennoch einmal aufreißen, müssen wir das Rad nicht zum nächsten Ort, zur nächsten Fahrradwerkstatt schieben.

Seilzüge und Speichen waren dagegen häufiger zu wechseln. Zweimal brach der Zug für die Kettenschaltung, fast auf jeder Tour riss einmal der Nippel eines Bremsseils ab. Die Speichen des Hinterrades auf der Zahnkranzseite brechen wegen hoher Spannung am ehesten. Der Aufwand, sie zu wechseln, ist groß. Diese Instabilität tritt vorrangig wegen der Belastung des Hinterrades mit dem Gepäck auf. Wolfgang braucht, zum Erstaunen von Birgit, von Jahr zu Jahr weniger Zeit zu Speichen wechseln. Probleme bereiten ihm nur noch das Auswuchtung des Laufrades. Nachdem wir vier Packtaschen je Rad verwenden, ist die Ausfallquote der dünnen Drähte aufgrund einer besseren Gewichtsverteilung jedoch geringer. Als vorteilhaft erwies sich auch, Speichen zu verwenden, die am Übergang zur Radnabe verstärkt sind. Dass wir Ersatzachsen mit dazugehörigem Kugellager und sogar einen kompletten Zahnkranzsatz mitnehmen, hat uns bis dato niemand geglaubt. Tatsächlich war schon ein Achsbruch zu beheben. Kurz vor einer Kehre bei der Auffahrt zum Brenner, etwa auf halber Höhe, wartete Wolfgang schon längere Zeit. Dann endlich kam Birgit – das Rad schiebend. Es war nicht die Erschöpfung, sondern ein knackendes Geräusch am Hinterrad, das sie absteigen ließ. Wir konnten den Schaden noch vor Ort am Rande des rauschenden Verkehrs beheben. Damit die

Kugeln des Lagers nicht in den groben Schotter des Randstreifens entwichen, legten wir eine Folie unter das Rad. Nun verstand Birgit endlich, warum wir seit Jahren ein Stück Folie durch die Welt chauffierten. Wenn Kugeln dennoch ins Jenseits rollen, greifen wir auf Ersatzkugeln aus dem Ersatzlager zurück.

Nachdem Birgits Rad wieder beladen war, sprang an selber Stelle nach 10 Metern Bergfahrt die Kette von Wolfgangs Rad ab. Das wiederholte sich noch einmal. Da entdeckten wir plötzlich die Ursache des Übels. Das Zahnkranzpaket hatte sich von seiner Aufnahme gelöst. Beim Ausbau des Hinterrades zeigten sich die Kränze als total locker, die Kugeln des Kranzes fielen in den Schotter. Hier nun erwies sich die Mitnahme eines kompletten neuen Satzes als zweckmäßig. Wir verdrängten schnell die Vorstellung, der Kranz hätte sich auf der schnellen Abfahrt vom Brenner in seine Teile zerlegt. Defekte Zahnkränze hatten wir noch zwei weitere Male auszutauschen. Das erste Mal trennten sich die Kränze wieder von der Aufnahme, das zweite Mal geriet Spritzwasser vorbeifahrender Autos in das Paket. Das Fett im Freilauf verfestigte sich derart, dass die Mechanik brach. Der Vorwurf von Nachlässigkeit bei der Vorbereitung lässt sich damit ein wenig mildern, dass sich der Konterring des Kranzes ohne Spezialwerkzeug im Normalfall überhaupt nicht lösen lässt – so zumindest lautet unsere Erfahrung aus den Anfangsjahren.

Kleinteile, wie Glühlampen, Ventile oder Bremsgummis, brauchten wir nie zu ersetzen. Fett und Öl nutzen wir zur Pflege von Achslagern und Kette auf jeder Tour mindestens einmal. Talkum geben wir in den Mantel, wenn einmal der Schlauch repariert oder gewechselt wird. Das Kettenschloss dient weniger der Sicherung des Rades denn der schnellen Reparatur einer gerissenen Kette.

Die Werkzeugtasche ist neben dem Ersatzteillager eines der schwersten Ausrüstungsgegenstände. Wenn zum Wechsel einer Speiche der Zahnkranz entfernt werden muss, bedarf es des Einsatzes eines Abziehers. Um diesen greifen zu können, wird ein 24er Maulschlüssel benötigt, der, weil der Kranz zumeist recht fest sitzt, mit einem Ringschlüssel verlängert werden muss. Der Ringschlüssel dient zugleich zum Lösen der Achsmuttern. Mit der kleinen Wasserpumpenzange können Muttern fixiert, Bremsseile eingezogen oder Kontermuttern der Radnabe angezogen werden. Der Knochen und die Inbusschlüssel dienen der Befestigung lockerer Schrauben, der Kreuzschlitzdreher der Justierung der Schaltung. Mit dem Speichenspanner wird das Laufrad ausgewuchtet.

Die Auflistung all dieser Werkzeuge soll keineswegs ein Szenario des Schreckens heraufbeschwören. Meist genügt es, Flickzeug und Ersatzventile mit sich zu führen. Für andere Schäden, die viel seltener auftreten als vermutet, wendet man sich besser an eine Werkstatt. Die gibt es häufiger als vermutet – zumindest in Mitteleuropa. Also, lassen Sie sich nicht schrecken.

Lebensmittel kaufen wir natürlich grundsätzlich vor Ort. Dennoch haben wir immer eine Notration bei uns. Nichts ist schlimmer, als einen sogenannten Hungerast zu erleiden, der den Körper erschlaffen lässt. Gemeint ist damit natürlich die plötzliche Unterzuckerung des Körpers. Müsli-Riegel, Schokolade oder Traubenzucker können Wunder wirken, nur nicht sofort. Besser ist es, in regelmäßigen Abständen Kleinigkeiten zu essen.

Proviant für den Abend

In den ersten Jahren bereitete uns die Notration einige Probleme. Mitgenommene Butter oder zu kurz abgelagerte Salami verflüchteten sich in den Tiefen der Packtaschen. Bewährt hat sich dagegen Streichkäse als Brotaufstrich, der auch bei hochsommerlichem Wetter nicht so schnell schmilzt. Dazu essen wir alten Gouda und Ungarische Salami, aber nur die echte. Und dennoch widmen wir der Nahrungsaufnahme relativ wenig Aufmerksamkeit. Die während der Fahrt freigesetzten Endorphine lassen häufig gar kein Hungergefühl aufkommen.

Überhaupt nimmt das Essen auf unseren Touren keinen besonderen Stellenwert ein. Wir leben in der Großstadt Berlin und besuchen von Zeit zu Zeit Gaststätten mit gutem Standard. Auf der Tour sind wir dagegen alles andere als Großstädter. Nach einem reichhaltigen Frühstück vor dem Zelt, der Hütte oder im Hotel verpflegen wir uns erst wieder am Tagesziel. Am Tag nehmen wir, je nach Angebot, Lust und Laune auch schon mal Kuchen, Bratwurst oder Pommes frites zu uns.

Am Abend kochen wir häufig eine mitgebrachte Tütensuppe, Pellkartoffeln oder Spaghetti, die den Kraftstoffspeicher besonders schnell wieder auffüllen. Dazu gibt es, wenn vorhanden, natürlich Bier. So taucht dieses Wort im Teil „Impressionen“ immer wieder auf. Bei Feinden dieser Droge möchten wir uns von vorneherein dafür entschuldigen. Nach all dem Wasser und der Limonade des Tages ist Bier in Maßen ein wahres Labsal. Dazu starrt man Löcher in den Himmel und freut sich des Lebens.

Planung

Die Planung einer Urlaubsreise folgt individuellen Prinzipien. Zu unterschiedliche Erwartungen werden an den Urlaub – das Ziel, die Art *und das Motiv – geknüpft: Badeurlaub, Städtetour, Bergwanderung, Schiffsreise oder eben Radtour.*

Für jede Form der Ausführung gibt es Offerten im Reisebüro, so auch für eine Radtour. Verschiedene Anbieter haben sich auf dieses Marktsegment spezialisiert. Die Strecken sind vorgegeben, die Unterkünfte gebucht, Fahrräder werden zumeist gestellt. Für Einsteiger ist diese Art zu Reisen vorteilhaft. Die Strecken sind moderat, das Gepäck wird transportiert, für Lunchpakete ist gesorgt.

Geführte Radtouren werden aber auch von Wandervereinen organisiert, die zum Beispiel im Kalender des Allgemeinen Deutschen Fahrradklubs (ADFC) aufgelistet sind. Länge und Profil der Touren sind meist sportlicher ausgelegt. Das Gepäck wird selbst transportiert. Die Unterkünfte entsprechen dem Standard des Wandertourismus.

Den Möglichkeiten selbst gestalteter Reisen sind keine Grenzen gesetzt. Die Nutzung markierter Radwege mit dazugehörigem Kartenmaterial (z. B. bikeline *vom* Esterbauer-Verlag*) ist eine bequeme Variante, die keiner besonderen Vorbereitung bedarf. Die kartografischen Unterlagen enthalten neben der Wegbeschreibung zumeist auch Ortsangaben, Quartierempfehlungen und Naturschilderungen und Reisetipps. Die Routen folgen bestimmten Motiven. Am bekanntesten sind die Touren entlang der Flüsse Donau, Loire, Rhein, Mosel, Weser, Oder, Elbe bzw. durch typische Landschaften wie Mecklenburg, entlang der Ostseeküste, dem Altmühltal, dem Bodensee oder der Eifel.*

Aber auch die individuelle Gestaltung, so wie wir sie bevorzugen, hat ihren speziellen Reiz. Die Tour beginnt in A *und endet in* B. *Die Strecke dazwischen, die frei gewählt werden kann, folgt selten einer Geraden. Zur Orientierung dienen uns übliche Straßenkarten. Mit speziell gestalteten Fahrradkarten, in denen die fahrradtauglichen Strecken quasi als Hauptstraßen markiert sind, hatten wir gewisse Schwierigkeiten, weil sie uns stets zum Umdenken zwischen Karte und Landschaft zwangen.*

Bei der individuellen Streckengestaltung haben sich Tourenbücher (zum Beispiel die Reihe cyklos *aus dem* Kettler-Verlag*) mit detaillierten Wegbeschreibungen ganzer Regionen Europas bewährt. Mit deren Hilfe ist die genaue Planung einer Tour ohne persönliche Kenntnis der Gegend möglich. Radfahrer durchquerten systematisch die Landschaften und hielten alle Erfordernisse an Strecke, Unterkunft und regionale Besonderheiten fest. Gewisse Probleme ergaben sich nur dann, wenn die Autoren sportlich ambitioniert waren und den Weg über eine Vielzahl spitzer Steigungen (8–10 Prozent) als „zunächst bequemen Weg entlang eines Norwegischen Fjordes" darstellten.*

Eine moderne Variante der Streckenauswahl besteht in der Nutzung des Internets. Zukünftig werden auch die speziell für Radfahrer ausgelegten Navigationssysteme an Bedeutung gewinnen. Wir verwenden dagegen bis heute arbeitsteilig die Tourenbücher und Beschreibungen der markierten Radwanderwege – Birgit erstellt den Plan, Wolf-

Die gute alte Landkarte

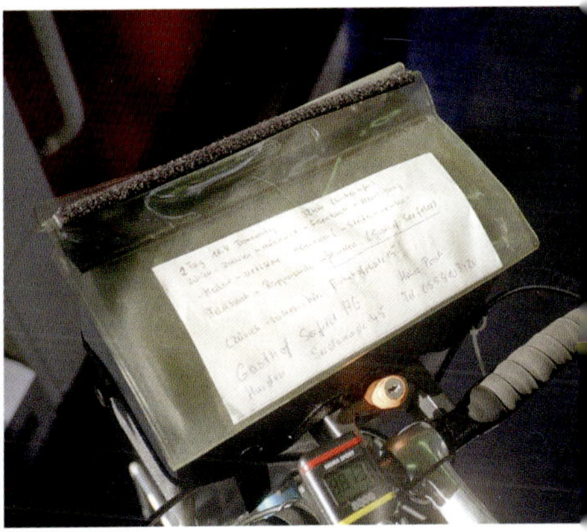

Notizen für unterwegs

gang lässt sich grob informieren. Es hat sich dabei als zweckmäßig erwiesen, neben den Planungsunterlagen einen einfachen Tagesplan als Handzettel mit sich zu führen, um sich damit und mit der Hilfe der Verkehrsschilder orientieren zu können. So ausgestattet, erreicht auch Wolfgang zumeist das Tagesziel.

Reiseziele

Wir haben bis heute unsere Räder in fünfzehn europäischen Ländern bewegt. Dabei handelten wir nicht systematisch, sondern folgten gewissen Absichten, aber auch Intuitionen. Die ersten Touren nach Polen – in die Masuren – und nach Ungarn – in die Puszta – waren gemeinsame Veranstaltungen mit tschechischen Freunden.

Die erste Reise in die noch alte Bundesrepublik Deutschland folgte dem Wunsch unsere Verwandten in Köln und an der Mosel sie zu besuchen. So lernten wir neben den Flüssen Rhein, Ahr und Mosel auch die Eifel und den Hunsrück kennen. Auch dem Besuch unserer Verwandtschaft in Frankreich galt eine Reise. Um von St. Etienne in Richtung Deutschland zu kommen, wählten wir den durchaus anspruchsvollen Weg über das Haute Jura.

Die nächsten Touren starteten wir in den Bayerischen Alpen bei Garmisch-Partenkirchen und Oberstdorf oder im niederländischen Flachland mit Amsterdam als Ausgangspunkt. Diese Reisen folgten der Möglichkeit, von Berlin in direkter Linie mit dem Zug zum Ausgangspunkt anzureisen. Durchgehende Zugverbindungen waren in den 1990er Jahren rar.

Die Touren in Norwegen sowie den österreichischen und italienischen Alpen waren vom Interesse geprägt, in herausragend schöner Landschaft der Herausforderung von Kraft und Willen zu folgen. Unsere Fahrt durch einige mitteldeutsche Gebirge war da nur noch eine logische Folge. Dagegen geriet unser Aufenthalt in der Schweiz zur puren körperlichen Erholung, da wir uns zumeist an den Ufern von Seen und Flüssen aufhielten.

Die Erfahrung der Ebene suchten wir erfolgreich im Norden unserer deutschen Heimat und in Skandinavien mit den Höhepunkten in Schweden und Finnland. Dass wir einen Besuch in der finnischen Republik in Russland begannen, folgte wiederum dem Wunsch, liebe Freunde aus Sankt Petersburg wiederzusehen.

An- und Abfahrt

Von Berlin nach Kopenhagen oder auf die Insel Usedom kommt man als Hauptstädter mit dem Rad sehr bequem. Man fährt zum Stadtrand, wo im Nordosten jeweils ein markierter Radweg beginnt. Auch der Oder-Neiße-Radweg bzw. die Tour Brandenburg sind mit dem Regionalzug gut zu erreichen. Gleiches gilt für die Rücktour. Die Doppelstockwagen, die auf diesen Linien eingesetzt werden, verfügen über ausreichend Fahrradstellplätze, die zudem durch Einrollen der Räder vom Bahnsteig leicht zugänglich sind. Nur in der Hochsaison kann der Platz durchaus einmal knapp werden, wenn sich viele Tagestouristen auf die Fahrt begeben.

Auf Fernstrecken gibt es nach heutigem Standard noch häufig Probleme mit dem Fahrradtransport. Jeder Zug der DDR-Reichsbahn führte einen Gepäckwagen mit sich. Auch der Versand der Räder von einem beliebigen Bahnhof in die entlegensten Dörfer der Slowakei oder nach Süd-Ungarn war unproblematisch. Die IC-Züge fuhren in der Nachwendezeit auch noch mit Gepäckwagen – wir sahen sie vom Fenster unserer Berliner Wohnung. In Hannover wurden sie dann aber zumeist abgekoppelt. In ICE-Zügen ist die Fahrradmitnahme bisher grundsätzlich untersagt.

Zu Beginn der 1990er Jahre stellte sich beim Studium des Fahrplanes auf der Strecke Berlin–Köln heraus, dass es nicht eine einzige direkte Verbindung mit Fahrradtransport gab. Von Köln wurde allerdings die Mitnahme in einem speziellen Nachtzug realisiert. Die Grünen sollen angeblich auf der Mitnahme von Rädern von Bonn nach Berlin bestanden haben. Inzwischen hat sich die Situation erheblich verbessert, wenngleich nicht in dem Maße, wie es die Hochglanz-Broschüren der Bahn versprechen. Die IC-Züge verfügen alle über zum Teil großzügig angelegte Fahrradabteile.

Aber auch heute hecheln wir noch auf dem Weg von Berlin in die Fährhäfen Kiel oder Lübeck auf Umsteigebahnhöfen treppauf und treppab, von Bahnsteig zu Bahnsteig. Beliebige andere Beispiele ließen sich nennen. Aus diesem Grunde haben sich unsere Reiseziele zunehmend auch nach den An- und Abfahrtsmöglichkeiten orientiert. So erklärt sich, dass wir mehrfach nach Holland aufgebrochen sind, um von dort aus in die Nachbarländer zu reisen – die IC-Strecke Berlin–Schiphol macht es möglich.

Eine besondere Freude bereiten uns Fahrten in skandinavische Länder, bei denen die Anreise auf Fähren erfolgt. Eine Stunde vor Abfahrt der Schiffe schieben wir die Räder dezent an der Reihe wartender Caravans und Wohnmobile vorbei, wohl wissend, dass die Radfahrer gefolgt von Motorrädern als erste die Rampe hinauf oder hinab in den Schiffsleib fahren dürfen. Das Gepäck bleibt häufig am Rad, da sie vom Personal bewacht werden. Nur im Falle von Übernachtungen an Bord schmunzeln die Autotouristen über die Karawane der Packesel in Radrenn-Design.

Den Südwesten Deutschlands erreicht man mit dem Intercity sehr schnell und bequem. Sogar der Nachtzug nach Zürich oder der Berlin-Warschau-Express *verfügt mittlerweile über ein Fahrradabteil. Nur nach München besteht tagsüber keine Fahrradmitnahme ohne mehrfaches Umsteigen.*

Es tut sich was auf den Gleisen, auch zum Vorteil der Radfahrer, wenngleich die speziell ausgerüsteten Abteile nicht die Größe von Gepäckwagen haben. Die Platzreservierung für die Räder schafft Sicherheit, auch mitgenommen zu werden.

Nun weist das Management zu Recht darauf hin, dass die Bahn jederzeit auch Räder von A *nach* B *transportiert – mit dem LKW nach rechtzeitiger Bereitstellung in verpacktem Zustand an eine bekannte Adresse. Die Adresse, die nicht – so wie früher – mit einem Bahnhof identisch ist, steht uns aber selten zur Verfügung. Und wohin mit dem Verpackungsmaterial am Zielort? Die Verpackung ist auch der Grund, warum wir bisher auf den Transport mit dem Flugzeug verzichtet haben.*

Eine besondere Form des Transports von Mensch und Maschine ist der Fahrradbus. Verschiedene Reiseveranstalter bieten in den Sommermonaten den Bustransfer in alle möglichen Länder Europas an. Wir machten davon auf unseren Fahrten nach Frankreich und Schweden Gebrauch. Die Busse verstauen die Räder entweder auf dem Dach oder in einem Anhänger. Im jeweiligen Zielland werden bestimmte Stationen angefahren, von denen aus man auch wieder die Rückreise antreten kann. Bereits in Deutschland werden einige Orte zum Einstieg angefahren. Wir nahmen auf beiden Touren den Bus ab Osnabrück.

Anreise mit dem Bus …

… mit der Bahn

Distanzen

Jeder Radfahrer, der am Abend sein selbst gewähltes Tagesziel im Zustand leichter Erschöpfung erreicht hat, ist ein Held. Daneben existieren Über-Helden, zumeist aus dem Kreis der Nicht-Radfahrer, die angeblich außergewöhnliche Leistungen vollbringen. Mit vollem Gepäck beladen, planen wir je nach dem Streckenprofil 70 bis 90 Kilometer pro Tag. Manches Mal sind die Touren, obwohl präzise kalkuliert, auch ein wenig länger, wenn wir uns verfahren, kleine Abstecher machen oder, und das ist die schlechteste Variante, der Zielort kein Quartier bietet. Pensionen können geschlossen, Campingplätze im Kartenmaterial falsch eingezeichnet und Jugendherbergen nicht mehr existent sein. In Bezug auf die Geschwindigkeit fallen wir völlig durch. Durch flaches Land fahren wir 18 bis 20 Kilometer pro Stunde, in den Bergen sind es 12 bis 14. Hinzu kommen die Pausen. Mit unseren tschechischen Freunden sind wir zumeist um 7 Uhr morgens aufgebrochen, um nach 120 Kilometern durch Sturm, Regen oder Hitze gegen 18 Uhr anzukommen. Dabei war der Zustand einer leichten Erschöpfung regelmäßig überschritten. Wir haben nie verstanden, wie die zum Teil mehr als 70 Jahre alten tschechischen Frauen und Männer diese Anstrengungen verkrafteten.

Heute starten wir gegen 9 Uhr in den Tag und erreichen das Tagesziel zwischen 16 und 17 Uhr. Das ist bequem und hat den Vorteil, nicht gleich ins Bett fallen zu müssen. Ein weiterer Vorteil besteht in der Möglichkeit, mehrere Tagestouren ohne Ruhetage bewältigen zu können. Nach Ruhetagen fühlten wir uns regelmäßig eher geschwächt denn gestärkt. Auf diese Weise absolvierten wir schon mehrfach 15 oder 16 Fahrtage ohne Unterbrechung bei bester Stimmung.

... mit der Hochseefähre

... oder mit dem Binnenschiff

Unterkunft

Der Wahl des Nachtlagers sind keine Grenzen gesetzt. Vom Platz in der freien Natur bis zum Luxushotels ist alles möglich. Wir nutzten in den ersten Jahren ausschließlich das Zelt. Später buchten wir, als Intermezzo, auch Zimmer in Privatquartieren und Pensionen und manches Mal auch in Jugendherbergen. Die Möglichkeit der Übernachtung in Hotels nutzen wir erst in den letzten Jahren. In Skandinavien mieteten wir darüber hinaus Hütten. Diese sind sehr unterschiedlich ausgestattet, beginnend bei Doppelstockbett, Tisch, Stuhl, Kühlschrank, Kocher und Heizung und endend bei zusätzlichem Geschirr, Mikrowelle, Fernseher, Dusche und separatem Schlaf- und Aufenthaltsraum.

Zugegebenermaßen haben wir das Zelten mit fortschreitendem Alter immer weniger gemocht, insbesondere bei schlechtem Wetter. Nichtsdestotrotz wollen wir auf diese Erfahrung nicht völlig verzichten. Andererseits entschied sich die Art der Unterkunft zumeist nach den Gegebenheiten des Zielortes. In großen und kleinen Städten bieten sich Hotels und Pensionen an, außerhalb Hütten und Campingplätze.

Bei der Wahl eines Hotelzimmers stellt sich häufig die Frage nach der Unterbringung der Fahrräder. Ist diese geklärt, fragen wir nach einem freien Zimmer. Dasselbe gilt für Pensionen. Bei der Wahl von Privatquartieren besteht verschiedentlich das Problem, die Unterkunft länger als eine Nacht buchen zu müssen, was zu einer Fahrradtour nicht immer passt. Hütten können nach unserer Erfahrung ohne Probleme auch für nur eine Nacht gebucht werden.

Während der Tour kommt im Verlaufe des Nachmittags eine gewisse Unruhe auf, weil sich die Frage des Nachtlagers stellt. Diese lässt sich bei der Befahrung markierter Wanderrouten entlang von Flüssen oder in speziellen Landschaften leicht beantworten, da sich entlang dieser Trassen zumeist zahlreiche Herbergen anbieten und diese auch täglich neue Radler erwarten.

Kosten

Über Geld spricht man im Allgemeinen nicht. Deshalb nur soviel: Die Überquerung des Atlantiks auf der Queen Mary 2 ist zweifellos wesentlich teurer als jede Radtour. Aber schon die von Reiseunternehmen organisierten all inclusive Radtouren mit Hotelunterkunft, Gepäcktransport und Halbpension heben sich preislich von Pauschalreisen in alle

Zugang zu kostengünstiger ... ... oder zu preisintensiver Logis

Himmelsrichtungen der Erde nach oben hin ab. Noch teurer werden Individualreisen, weil für alle Leistungen separat gezahlt werden muss. Es beginnt bei An- und Abreise und endet bei der Ernährung. Wie schon im Prolog angedeutet: Radfahren muss man sich leisten wollen.

Sicher lassen sich die Kosten einer Radtour durch Verzicht auf viele Annehmlichkeiten reduzieren. Wir haben in den Jahren unserer Fußwanderungen und auch später auf den ersten Radtouren Verzicht geübt. Unsere tschechischen Freunde organisierten Unterkünfte zumeist in Schulen. Fünfzehn Personen schliefen in ausgeräumten Klassenräumen oder zweihundert teilten sich eine Turnhalle. Diese Gruppendynamik ist nicht ohne Reiz. Wir lernten auf diese Weise, im positiven Sinne, auf Annehmlichkeiten zu verzichten und Kleinigkeiten zu schätzen.

Da wir wegen unserer Langsamkeit meist als letzte das Quartier erreichten, fiel das Abendessen im Hostinec (Gasthaus) regelmäßig aus. Wenn wir dann von einem der Freunde zu einer auf dem Campingkocher *gekochten, warmen Suppe eingeladen wurden, fühlte sich die Seele schon viel besser. Gab es dann noch einen* Slivovka, *war alles – mit Ausnahme der Blasen an den Füßen – perfekt.*

Auf diese, durchaus schmerzliche Art lernten wir für 100 Mark der DDR zuzüglich der Reisekosten pro Treffen nach und nach die ganze Tschechoslowakei mit ihren territorialen Reizen kennen. Anfangs führten wir eine große Menge Kleidung und Zubehör mit uns und staunten, mit wie viel weniger die Tschechen anreisten.

Von den Tschechen lernten wir auch, uns einzuschränken. Sie luden uns nach der „Wende" zu einer Holland-Rundfahrt ein. Wir schliefen in Zelten. Das Gepäck wurde von einem Begleitfahrzeug transportiert. Da die Tschechen kaum über Devisen verfügten, organisierten sie die Selbstversorgung. Das abendliche warme Essen, aus drei Gängen bestehend, wurde auf dem LKW zubereitet. Es gab als Hauptgerichte Kartoffeln, Reis, Nudeln mit verschiedenen Sorten Fleisch, das vor Beginn der Reise vom Koch als Konserve vorbereitet worden war. Nur das Gemüse wurde frisch dazu gekauft. Neben dem Spareffekt stärkte das gemeinsame Abendessen auch den Zusammenhalt der Gruppe.

Das Gegenteil des kostengünstigen Holland-Aufenthaltes war unsere Tour in Norwegen. Auf größere Ausgaben waren wir durchaus eingestellt, denn neben der Überfahrt mit der Fähre von Kiel nach Oslo und zurück hatten wir den Transfer von Bergen nach Trondheim mit dem Hurtigruten-Schiff sowie die Rückfahrt von Trondheim nach Oslo mit der Bahn geplant. Die Preise für gebuchte Hotels einfacher Ausstattung beliefen sich im Jahr 2 000 auf etwa 200 DM pro Nacht und Doppelzimmer und die von Hütten lagen bei 50–80 DM. Der eigentliche Kostenfaktor war aber die Ernährung. Nur zweimal in drei Wochen gönnten wir uns ein warmes Mittagessen im Restaurant. Auf das skandinavischen Büfetts auf der Fähre wollten wir aber keinesfalls verzichten. Die Color-Line *zelebrierte für fünfzig Mark pro Person einen einmaligen Augen- und Gaumenschmaus, bei dem uns insbesondere die Vielfalt der Fischgerichte faszinierte. Für die Rückfahrt hatten wir die erneute Teilnahme eingeplant, denn so preiswert konnte man nirgends unter norwegischer Flagge wieder essen. Innerhalb von jeweils drei Tagen gaben wir annähernd 500 DM aus. Wir haben diese Ausgaben aber nie bereut – das Land ist einmalig schön!*

In Norwegen trafen wir auf einen deutschen Radfahrer, der das Land zum wiederholten Male nach einem ganz eigenen Konzept bereiste. Er übernachtete in den Häusern zweier Hotelketten. Die exorbitanten Preise reduzierten sich bei Vorlage der Hotelpässe, die er für die beiden Ketten bereits in Deutschland bestellt hatte. Nach einem – wie er schmunzelnd schilderte – ausgiebigen skandinavischen Frühstück, das selbstredend im Preis inbegriffen war, aß er erst wieder am Abend: im Hotel. Auf diese Weise führte er auf den äußerst anstrengenden Touren nur sehr wenig Gepäck mit sich. Vielleicht sollten wir noch erwähnen, dass der Mitdreißiger sich keinen weiteren Urlaub übers Jahr leistete und vom öffentlichen Dienst bezahlt wurde.

Eine gänzlich andere Region, in der wir darbten, war Ungarn im Jahr 1989. Viele DDR-Bürger zog es nach Budapest, das einen Hauch von Westen ausströmte. Auch der sonnige Balaton war bevorzugtes Reiseziel. Da aber nur wenige Ungarn die DDR besuchten, war die touristische Handelsbilanz zwischen beiden Ländern unausgeglichen. Als Folge daraus durften DDR-Bürger pro Jahr nur Forint, die ungarische Währung, im Wert von 30 Mark der DDR pro Tag für maximal zwei Wochen eintauschen, unabhängig davon, wie lange sie das Land bereisen wollten. Mit ein wenig zusätzlichen Forint von Freunden ausgestattet, starteten wir unsere Tour. Da wir die stille Reserve für den Notfall, etwa eine nicht geplante Bahnfahrt, zurückhielten, führten wir ein sehr spartanisches Leben. Erschwerend kam hinzu, dass es in Ungarn zu dieser Zeit sehr nass und kalt war.

Genug der Larmoyanz! Jeder, der Freude am Radfahren hat, wird eine für ihn verträgliche Form der Finanzierung finden.

Fahrt

Nach Auswahl der Route, nach Festlegung der Etappen und Sicherung der Finanzierung kann es losgehen. Da die Radtouristen häufig als Gruppe unterwegs sind, bedarf es einer gewissen Ordnung. Der, der den Weg kennt oder über Kartenkenntnis verfügt, sollte die Gruppe anführen. Die schwächeren Fahrer sollten sich anschließen. Am Ende des Trosses fahren dann die Stärksten, weil sie am leichtesten das stete Abbremsen und wieder Anfahren bewältigen. Soweit die Theorie!

In der Praxis entsteht zumeist schon auf den ersten Metern Chaos. Alle fahren durcheinander. Jeder Teilnehmer ist eine Persönlichkeit mit Rechten, die ausgelebt werden wollen. So entsteht Unruhe, die schnell nervt. Dennoch überholt einer den anderen. Verstimmungen sind vorprogrammiert. Anstatt die Umgebung zu genießen, muss sich jeder an Vorder-, Hinter- und Nebenmann orientieren.

Bei aller Konzentration auf das Fahren und, wenn nötig, auf den Verkehr kann man frei nach Tucholsky durchaus seine „Seele baumeln lassen". Dazu bedarf es aber einer inneren Disziplin. Wettfahrten mit dem Rad sind völlig unnötig. Wie aber schafft man das? Indem man die Gruppe als schützende Meute betrachtet, in der jeder seine Position hat. Die leistungsfähigeren Teilnehmer müssen eben ihre Reserven zügeln und sich anpassen. Es ist Harmonie gefragt!

Fahren nur zwei Leute miteinander, ist Harmonie schon gegeben – denkt man. Unsere Erfahrung sieht da ganz anders aus. Dreißig Jahre lang hatten wir beide am Fahrstil des Anderen etwas auszusetzen.

Reisen		
1983	DDR	Berlin–Boltenhagen–Berlin
1984	ČZ, H	Bratislava–Baja–Debrecen–Košice
1986	P	Gdansk–Augustów
1988	ČZ	Rund um Prag
1989	H	Budapest–Balaton–Sopron–Györ–Bratislava
1990	D	Eifel–Mosel–Hunsrück–Rhein
1991	D, DK	Holstein–Dänemark
1992	A	Znojmo–Donau–Passau
1993	F	Lyon–Haute Jura–Basel
1994	D	Garmisch-Patenkirchen–Oberbayern–Konstanz
1995	NL, D	Amsterdam–Köln
1996	D	Oberstdorf–Weser–Celle
1999	NL, D	Amsterdam–Eutin
2000	N	Oslo–Bergen
2001	A, I	Brenner–Grödnertal–Reschenpass–Achenseepass
2002	S	Stockholm
2003	A, ČZ	Linz–Novy Hrad–Zittau
2004	D	Thüringer Wald–Hohe Rhön–Kyffhäuser–Harz
2005	D, DK	Berlin–Kopenhagen
2006	FIN	Hanko–Turku–Åland Inseln–Helsinki–Hanko
2007	NL, B, L	Amersfoort–Spa–Echternach–Mosel–Rhein
2008	D	Berlin–Usedom
2009	S	Göteborg–Halmstad–Kalmar–Ystad
2010	CH	Zürich–Luzern–Bern–Montreux–Brig–Zürich
2011	CH, A	Zürich–Chur–Sankt Moritz–Innsbruck

Birgit beklagte stets: „Wolfgang fährt zu schnell und unrhythmisch. Ständig zieht er die Geschwindigkeit an, um dann das Rad nur noch rollen zu lassen. Er fährt durch Löcher und über Knüppel, so dass ein enges Miteinander unmöglich ist. Bei Regen spritzt er mich nass“. Wolfgang wiederum: „Birgit hält keinen Anschluss. Selbst, wenn ich mich zurückfallen lasse, zieht sie nicht an. Sie muss immer 50 Meter zurückbleiben. Ständig ruft sie von hinten Kommandos, die ich nicht verstehe. Fahre ich mal Reifen an Reifen hinter ihr, so fühlt sie sich gehetzt und bedrängt“.

Was fängt man mit einer derartigen Disharmonie an? Man übt die nächsten dreißig Jahre weiter. Aber die ganze Wahrheit ist das Gesagte natürlich nicht, denn, wenn es hart auf hart kommt, halten wir zusammen. Bei heftigem Wind wechseln wir uns in der Führung ab. Bei steilen Bergabfahrten müssen wir natürlich Abstand halten – jeder ist für sich und sein Rad verantwortlich. Bei Bergauffahrten haben wir einen unterschiedlichen Rhythmus. Grundsätzlich gilt dabei: Kommt einer von uns an eine Kreuzung oder Weggabelung, wartet er auf den Anderen. Das klappt meistens. Und wenn nicht, wird ein entgegenkommendes Auto angehalten und nach dem anderen gefragt.

Harmonie ist auch bei uns nicht automatisch gegeben. Sie will jedes Mal neu erarbeitet werden. Zumeist klappt es, spätestens am letzten Tag der Tour.

Reisenotizen

In praller Sonne

Sonnenschein und Radtour sind nach unserem Empfinden eineiige Zwillinge. Die Seele ist aufgehellt, die Muskulatur durchwärmt, das Rad läuft wie von selbst. Abweichungen davon – Wind, Regen, Berge – empfinden wir als Angriff auf unsere Persönlichkeit. Solche Angriffe gibt es leider viele, denn das Wetter hält selten die Summe aller Begehrlichkeiten parat. Ein Zuviel an Sonne wirkt aber auch störend. Unsere Haut verbrennt, das Hirn dorrt aus, Müdigkeit macht sich breit. Sollte man da besser zuhause bleiben? Warum nicht! Befindet man sich jedoch auf einer längeren Tour, hilft kein Klagen. Das nächste Ziel wartet. Man muss weiter!

Wir erinnern uns an einen Abend in Norddeich Mole. Wir radelten schon den x-ten Tag in praller Sonne am Deich der Nordsee entlang. Nichts und Niemand spendete Schatten. Der Campingplatz verwies die Zelte auf eine frei liegende Wiese. Auch die nähere Umgebung präsentierte keine Rückzugsmöglichkeit. So erwarteten wir sehnlichst den Sonnenuntergang über der Nordsee. Erst nach 22 Uhr war es so weit. Wir waren beglückt!

Am nächsten Morgen schien sie wieder – die Sonne. Was hätten wir für eine Fahrt im Regen gegeben. Nur einen Tag Abkühlung. Danach konnte es ja wieder warm sein. Der Körper akzeptierte die Sonneneinstrahlung leichter als der Geist. In manchem Urlaub wurden wir nass, mitten im Sommer froren wir sogar. Was hätten wir für einige wärmende Strahlen gegeben – so ungerecht ist das Wetter, so ungerecht sind aber auch wir. Die Touren von Amsterdam nach Eutin 1999 und im Süden Finnlands 2006 legen ein beredtes Zeugnis von der Last des zu schönen Wetters ab.

Amsterdam–Eutin

Holland ist neben Dänemark und der Schweiz das Mekka der Radfahrer. Es existieren parallel zu jeder Autostraße Radwege mit eigener Beschilderung und Hinweisen auf die nächsten Orte mit Kilometerangaben. Häufig werden diese Wege auch abseits vom Verkehr geführt. Gewöhnungsbedürftig sind die ständigen Richtungswechsel, die stete Über-

Holländische Highlights auf einem Bild vereint

querung von Kanälen und die Fahrt auf den zahlreichen Deiche. Wegen der geringen Ausdehnung des Landes durchquert man oft Ortschaften. Das alles macht dennoch große Freude, ist ein Labsal für das Auge, womit nicht nur die Windmühlen und die darunter grasenden Kühe und Schafe gemeint sind. Weil das Land größtenteils dem Meer abgerungen wurde, wird es von seinen Bewohnern sehr gepflegt.

Unsere Reise durch Holland 1999 nahm ihren Anfang in Amsterdam. Der Zug brachte uns auf direktem Weg von Berlin in die holländische Hauptstadt. Wir entgingen dem Trubel des Berufsverkehrs, indem wir am Hauptbahnhof mit der Fähre an das Nordufer des Ijsselmeer-Kanals übersetzten und weiter nach Edam fuhren. Diese von der gleichnamigen Käsesorte bekannte Stadt hat in ihrem Kern ein Ensemble reich verzierte Bürgerhäuser, aufgereiht entlang der Grachten und Gassen.

Vor dem Rathaus wölbt sich das Straßenpflaster auf einer Fläche von 30 mal 50 Meter entlang seiner Längsachse auf eineinhalb Meter Höhe auf. Die zunächst gar nicht als solche erkennbare Brücke über eine Gracht ermöglicht die Unterquerung des Platzes mit flachen Kähnen. Das Rathaus, wie auch die gesamte Stadt, war mit Blumen geschmückt. Die Straßen und Wege blitzten vor Sauberkeit. Dennoch lebten hier Menschen ihren Alltag. Wir, die Großstädter, waren voller Hochachtung.

Die Straßen der Stadt stoßen direkt an die Häuser an. Sie erreichen in der Breite jedoch selten das Ausmaß der zwischen ihnen liegenden Grachten. Diejenigen Hausbesitzer, die über ein Stück Vorgarten verfügen, pflanzen üppige Rosen- oder Hortensiensträucher neben den Hauseingang. Das Grün ist der einzige Schutz der Bewohner vor neugierigen Blicken. Das Licht hat freien Zugang durch die großen Fenster, die selten mit Gardinen verhängt sind.

Wegen des anhaltenden Regens verzichteten wir auf die Nacht im Zelt. Wir fanden eher zufällig eines der wenigen privaten Zimmer un-

Entlang der Nordseeküste ...

... ist manches Mal Wasser zu queren

weit des Stadtzentrums. Unser Vermieter, ein Pensionär, arbeitete in den Sommermonaten jeden Mittwoch auf dem Käsemarkt. Das Touristenspektakel soll einen traditionellen Markttag in Edam nachempfinden, wie er früher stattfand. Käselaibe werden mit dem Kahn antransportiert, auf Tragegestelle umgeladen, gewogen und auf Pferdewagen verladen. Die Beteiligten – fast nur ältere Herren – haben tüchtig zu tun. Sie sind entweder in blauem Drillich oder in weiße Hemden und Hosen gekleidet. Rote Halstücher und grüne Schärpen vervollständigen die Tracht.

Von Edam aus machten wir Ausflüge nach Volendam und Alkmaar. Volendam ist eine lang gestreckte Straße mit kleinen bunten Häusern auf der einen und Schiffsliegeplätzen auf der anderen Seite. Gaststätten, Bars und Geschäfte wechseln am Ufer des Markermeeres einander ab. Traditionelle Segler warten auf ihre Skipper und Chartergäste. Speziell am Wochenende drängen sich hier die Landratten aus der Hauptstadt. In der Woche bleiben die Segler meist unter sich.

Alkmaar empfing uns an einer der typischen Zugbrücken, die wiederholt ein Motiv auf den Bildern des Malers *Vincent van Gogh* waren. Den Marktplatz flankieren stattliche Häuser im Stil der holländischen Renaissance. So mancher Kirchturm scheint den Himmel erobern zu wollen. Zahlreiche Straßencafés laden zum Verweilen ein. Wie schon in Edam fallen die überdimensional großen Fenster der Häuser auf. Manches mittelalterliche Häuschen behauptet sich zwischen den Palästen der Patrizier. Während unseres Aufenthaltes trieben dicke Wol-

Gracht in Edam, der Stadt des Käses

ken über die Stadt, regneten sich aber woanders, vielleicht über dem Ijsselmeer, ab.

Auch am nächsten Tag blieb der Himmel wolkenverhangen. Unser Tagesziel war Den Oever. Wenigstens blies der Wind von Südost und trieb uns tüchtig voran. In Den Oever beginnt der 30 Kilometer lange Damm, der das Ijsselmeer von der Nordsee abtrennt. Er kann sowohl von Kraftfahrzeugen, als auch von Radfahrern auf separaten Wegen benutzt werden. Wir begaben uns nach dem Aufbau des Zeltes zum Außenhafen, in dem die Fahrtensegler nach erfolgreichen Törns auf der Nordsee ankerten. Die Vorhersage versprach für den nächsten Tag Wetterbesserung. Im Abschnitt „Bei Wind und Wetter“ berichten wir über unsere persönlichen Erfahrungen mit dem Wetter und dem Damm. Bei unserer Ankunft in Franeker, östlich des Dammes gelegen, war das Thermometer schon deutlich geklettert. Unterwegs spürten wir die Wärme kaum, weil uns der Wind kräftig ins Gesicht blies. Auf dem Weg dorthin passierten wir manch schöne Ortschaft, deren Grachten über eine Vielzahl kleiner Brücken

Volendam – das Vorzimmer Amsterdams

Segler im Hafen von Volendam

zu queren waren. Wir fuhren im Zick-Zack, die Bewegung eines Hasen auf freiem Feld nachahmend. Der Ferienpark von Franeker vermietete Reihenhäuschen, wovon wir eines buchten. Man kam in die Jahre und zog die weiche Matratze der Isomatte vor!

Wasser, Wasser, Wasser gehört eigentlich in den Abschnitt: „Dem Regen trotzen". In Holland ist es dagegen selbst bei strahlendem Sonnenschein ein ständiger Begleiter. Wegen der zahlreichen Kanäle und Fließe ist die Landschaft auch stets giftig grün, die Wiesen strotzten nur so von saftigem Gras. Und dazwischen stehen immer wieder die Windmühlen. Dem Klischee des Landes unter dem Meer kann man einfach nicht ausweichen, was auch dumm wäre.

Zum Schutz vor dem Wasser hat sich die Gemeinde Vierhuizen hinter dicken Mauern verschanzt. Zugang findet der Besucher nur an mächtigen Holztoren vorbei, die im Ernstfall geschlossen werden. Das Dorf verfügt über kaum mehr als vier Häuser und einen kleinen Campingplatz. Das Gasthaus versorgt die Besucher mit Speisen und Getränken. Nach dem Aufbau des Zeltes nahmen wir unter den schattigen Bäumen des Gartens Platz. Bis zur Öffnung des Ausschanks mussten wir jedoch noch fast zwanzig Minuten warten.

Birgit hatte schon einmal geschmult, wie groß hier die Biergläser ausfielen. Es waren läppische 120 Milliliter! So belief sich unsere erste Bestellung, zum Unverständnis des Wirts, auf sechs Biere. Der Wirt war kaum im Haus, winkten wir ihn schon wieder heran. Daheim berichteten wir in der Art des tapferen Schneiderleins mit seinen *Sieben auf einen*

Zugang zum Zentrum von Alkmar *Wohnviertel der Stadt*

Streich von dreizehn vernichteten Bieren pro Person. Dafür erfuhren wir bedenkliche Beachtung bei unseren Freunden, die natürlich an halbe Liter dachten.

Der nächste Tag brachte noch mehr Windmühlen, Ziehbrücken, Weiden. Pferde wechselten mit Kühen und Schafen. Auch das Federvieh gackerte lautstark ob des schönen Wetters. Der Radweg begleitete weiterhin Kanäle und Flüsse. Die hohe Luftfeuchtigkeit förderte das Pflanzenwachstum in den Zier- und Bauerngärten und ließ unsere Handtücher trotz des Fahrtwindes nicht trocknen.

In keinem der Orte, die wir passierten, standen Privatzimmer zur Verfügung. Dazu sind holländische Häuser wegen ihrer geringen Ausmaße auch wenig geeignet. Die Pension in Edam war also eine absolute Ausnahme.

Die offene Landschaft wechselte im weiteren Verlauf der Etappe in einen mehr von Bäumen und Sträuchern bewachsenen Bereich. Fürstliche Villen und Gehöfte gruppierten sich dazwischen. Auch diese Gegend war eine Augenweide für jeden Besucher. Der Zierrasen zeugte allerorts von bester Pflege – die Bewohner lagen wohl im Wettstreit um die *Goldene Hausnummer*.

Von Zeit zu Zeit stand auch schon mal eine profane Tankstelle am Wegesrand. In Ermangelung von Verkaufstellen und Gasthöfen erwarben wir hier Getränke – zumeist die gelbe Brause. Unsere mit Wasser gefüllten Trinkflaschen reichten nur für die ersten Tageskilometer. So war der Durst unser ständiger Begleiter. Eine Flasche Brause wurde

Ein ausgeklügeltes System von Kanälen hält Holland trocken

gleich vor Ort geleert, die zweite auf den nächsten zehn Kilometern. Danach folgte wieder eine längere *Trockenheit*. Dennoch erreichten wir planmäßig Appingedam. Der dortige Campingplatz wartete mit einer Überraschung auf: Er vermietete Hütten. Eine davon sollte unsere sein.

Ein Wegweiser östlich von Appingedam wies auf „Duitsland" hin. Wir gerieten in das Grenzland. Es fiel durch seine geringe Besiedelung und naturbelassene Umgebung auf. Die Wege waren zum Teil unbefestigt, so dass die Reifen im staubtrockenen Sand mahlten. Auch nach dem plötzlichen Überschreiten der Grenze, das nur am Fehlen jeglicher Hinweisschilder auf Radweg auszumachen war, änderte sich daran nichts. Falsch fahren konnten wir nicht, denn rechter Hand lag der deutsche Festlandsockel und linker Hand der Dollart, eine riesige Beule in der Ems auf ihrem Weg zur Nordsee.

Unser Blick in Richtung Nordost führte zwangsläufig nach Ditzum am Übergang der Ems in die Beule. Die kleinen Fischerhäuser waren durchweg aus roten Klinkern gebaut. Viele Häuser reihten sich zu einem Ensemble auf, das durch schmale Gassen getrennt war. Nur an Menschen fehlte es im Revier. So fuhren wir erst einmal zum Hafen. Die Schiffe lagen etwas ungeschickt seitlich geneigt zwischen langen Dalben auf Grund, an deren Dimension man erahnen konnte, in welcher Höhe die stolzen Fischerboote bei Flut schwammen.

Der einzige Mensch im Hafengebiet verkaufte an seinem Stand Fischbrötchen. Uns gefiel der Ort – so fragten wir nach einem Quartier. Wir sollten 60 Meter zurückfahren und dort warten. Gleich sei das Konzert zu Ende. Wir könnten ja die aus der Kirche kommenden Leute befragen. Die erste Dame wusste zu helfen. Sie bot uns auch für nur eine Nacht ihre Ferienwohnung zu einem angemessenen Preis an. Die Wohnung war vorzüglich. Das Bett befand sich in einen Alkoven, dessen Zustieg mit einem Vorhang vom Zimmer abgetrennt war.

Nachdem wir das Gepäck abgeladen und die Fahrräder in den Stall geschoben hatten, verbrachten wir den Abend am Fischstand im Hafen. Ganz allmählich füllte sich das kleine Hafenbecken mit Wasser. Die Boote erlangten ihre eigentliche Bestimmung zurück – sie schwammen. Die Sonne versank in unserem Rücken am Horizont. Ein erlebnisreicher Fahrradtag in praller Sonne fand seinen würdigen Abschluss. Der Körper kühlte erst bei Einbruch der Dunkelheit allmählich ab.

Die nächste Etappe führte uns nach Norddeich. Den Ort kannten wir aus Ansagen am Berliner Ostbahnhof – *Endstation Norddeich Mole*. Zunächst mussten wir mit der Fähre die Ems überqueren. Dann ging es an Emden vorbei, stramm entlang der Küstenlinie. Der Kreis Krummhörn zeigte zur Linken weidende Schafe auf dem Deich und zur Rechten saftige Wiesen. Die Wiesen wechselten mit Kohlfeldern, diese mit Wiesen. Ein wenig trist empfanden wir den Weg schon. Erst hier, direkt hinter dem Deich, spürten wir die Hitze des Tages. Im Gegensatz zu den vorangegangenen Etappen fehlte jetzt die erfrischende Brise. Der Deich leitete den Wind über uns hinweg.

Norddeich brachte auch keine Erfrischung. Der Ort ist zugepflastert. Riesige Abfertigungsanlagen für Züge und Schiffe dominieren das Terrain. Hinter hohen Mietskasernen erstreckt sich ein Siedlungsland mit vielen Einfamilienhäusern. Es gibt auch einen großen Campingplatz. Aber auch der bot, zumindest damals, kein Schatten. So warteten wir bis zum Anbruch der Nacht, um unseren Kreislauf etwas zu regenerieren. Das erfrischende Bad in der Nordsee fiel wegen Ebbe aus. Unsere Stimmung war am Boden. Nicht nur, dass wir völlig ausgedörrt waren, auch unsere Waden waren völlig verbrannt. Ein Radler, der von West nach Ost fährt, präsentiert seine Waden den lieben langen Tag der Sonne.

In der Nacht schmerzten die verbrannten Beine sehr. Reichlich unausgeschlafen bauten wir das Zelt schon um sieben Uhr in der Früh ab. Für den Tag waren ungeachtet der hohen Temperatur lange Hosen befohlen. An dieser Stelle bewährten sich wieder einmal die alten Seidenhosen, die uns Linderung versprachen.

Der Strandweg hinter dem Deich führte an einem Hotel vorbei. Da schlug Birgit vor, nach dem Frühstücksbüfett zu fragen. Wohl gestärkt brachen wir in Richtung Wilhelmshaven auf. Um dem Deich auf seiner Leeseite zu entgehen, orientierten wir uns ein wenig mehr landeinwärts.

Kurz vor Heidmühle – es war inzwischen Nachmittag geworden – stoppte vor uns ein Auto. Eine junge Frau empfahl die Übernachtung in

Hafen von Norddeich-Mole

Schwebefähre in Rendsburg

ihrer neu eröffneten Pension. Eigentlich wollten wir den Ort passieren. Da wir den ganzen Tag lang durch eine langweilige Landschaft voller Felder gefahren waren, kam uns diese Abwechselung gerade recht. Neben der Pension präsentierte der Ort eine Attraktion, von der wir zufällig vor unserer Abreise schon im Radio gehört hatten: Eiferer saßen seit Tagen – oder sogar Wochen – auf Baumstämmen in zwei Meter Höhe. Sieger der Übung sollte sein, wer als letzter vom Stamm fiel.

Bei Wilhelmshaven war das Niedersächsische Wattenmeer zu überqueren. Kaum hatten wir die Fähre verlassen, begann ein heftiges Sommergewitter. Es goss, wie man zu sagen pflegt, wie aus Kübeln. So standen wir eine halbe Stunde in einer Tordurchfahrt und bekamen trotzdem nasse Füße. Das Wasser floss nur so an uns vorbei. Vom Ort selbst sahen wir nicht viel mehr als maritimes Kriegsgerät.

Nach einem Zwischenstopp in Nordenham mit Übernachtung im Hotel trafen wir tags darauf nach über 100 Kilometern Fahrstrecke kurz vor 20 Uhr in Großenwärder ein. Auf der Suche nach einer Unterkunft – einen Campingplatz gab es hier offensichtlich nicht – standen wir vor einer nett aussehenden Pension, die mitten im Sommer Betriebsurlaub anzeigte! Im Halbdunkel entdeckten wir dann ein älteres Haus, an dessen Eingangstür ein mattes Licht brannte. Darunter stand ein altes

Warten auf die „kleine" Fahrt

Fahrrad. Sollte es sich hierbei um eine Kneipe handeln? Fragen kostete ja nichts.

Das Haus gewährte uns Asyl. Was wir dabei erlebten, bedarf einer detaillierteren Schilderung: Ein Mann in blauem Arbeitsanzug begrüßte uns im Hauseingang. Wir schilderten unsere Situation. Er verwies darauf, dass das Haus wohl über Zimmer verfüge, sich aber in Rekonstruktion befände. Wenn wir nicht zu hohe Ansprüche stellten, könnten wir die eine Nacht bleiben. Er gab uns Zimmer 3, in das wir unser Gepäck brachten. Die Betten waren zwar gemacht aber schon benutzt. Wohin waren wir hier bloß geraten. Die vorsichtige Nachfrage ergab, wir sollten anstelle dessen in Zimmer 2 schlafen. Hier waren die Betten tatsächlich frisch bezogen. Der Mann wollte wissen, ob wir ein Abendessen wünschten – es gäbe Schnitzel mit Bratkartoffeln. Wir wollten.

In der Schankstube saßen sechs Herren an einem runden Tisch. Es waren wohl Bewohner des Ortes. Getränke wurden nur in Flaschen ausgeschenkt. Nach dem Essen kam der Mann im blauen Arbeitsanzug mit drei Kräuterlikören an unseren Tisch. Er fragte nach unserer Tour. Dann berichtete er, das Haus geerbt zu haben und für seine Tochter, einer begabten Köchin, als Gasthaus wieder herrichten zu wollen. Er sei Architekt und lege in der Freizeit selber Hand an.

Dann bestellten wir drei weitere Liköre. Unsere Unterhaltung wurde immer engagierter. Als wir zu politisieren begannen, entpuppte sich der Architekt als Westdeutscher mit gesamtdeutscher Gesinnung. Das forderte weitere Liköre. Dazu hörten wir die Klänge aus einer alten Mu-

Zugang zur Nordsee – der Hafen von Büsum

sikbox. Der Architekt stellte das Gerät so ein, dass die eingesteckte Mark unten immer wieder heraus fiel.

Als die Herren des runden Tisches aufbrachen, fiel uns das khakifarbene Jackett eines der Gäste auf. „Das ist ein ehemaliger *Kaleu* (Kapitänleutnant), dessen U-Boot gesunken ist“, erklärte der Architekt. „Nur er hat überlebt – das war zu viel für seine Psyche. So sitzt er jeden Abend hier“. Auch wir hatten genug und brachen auf. Der Architekt machte noch darauf aufmerksam, dass wir die Nacht alleine im verschlossenen Haus verbrächten, er wünsche eine gute Nacht. Für Wolfgang wurde es eine schlechte.

Mehrmals stieg er über die Wendeltreppe ins Bad. Am Morgen litt er unter akuten Kreislaufstörungen. Er verzichtete auf das Frühstück. Die Abfahrt auf dem Rad wurde für ihn zur Herausforderung. Um das Gleichgewicht halten zu können, fuhr er dicht hinter Birgits Rad her und starrte fest auf das Rücklicht. So erreichte der im Heckteil leicht schwankende Konvoi die Fähre, die uns über die Weser brachte. Wolfgang war schweißgebadet. Während der Überfahrt versuchte er sich an einem Stück trockenen Brotes, das er schließlich aber doch an die Möwen verfütterte.

In Brunsbüttel, auf der anderen Seite des Flusses, machten wir auf einen für Caravans angelegten Platz halt. Da man über keine Wiese für Zelte verfügte, zeigte man uns einen gerade frei gewordenen Stellplatz für Wohnanhänger gleich neben dem Waschhaus. Alles war uns recht an diesem Tag. Nach erholsamer Nacht und wieder reichlichem Appetit folgte der Weg ein Stück entlang dem Nord-Ostsee-Kanal und bog dann scharf in die Felder der Marschlandschaft nach Norden ab. Es war Wochenende. Büsum, unser Zielort war voller Menschen. Selbst das Rad schiebend kamen wir kaum durch den Ortskern dieses beliebten Touristenmagneten. Dutzende alte Segler lagen im Hafen vertäut. Die Sonne beleuchtete die Szene in all ihrer Pracht.

Auf dem Weg in Richtung Kiel blieben wir in Friedrichstadt hängen. Wir beschlossen spontan hier den Tag und die Nacht zu verbringen. Friedrichstadt wurde als künstliche Insel im Jahr 1621 von Herzog Friedrich III gegründet. Um das sumpfige Gelände zwischen den Flüssen Eider und Treene trockenzulegen, lud er als Spezialisten Holländer zur Besiedelung ein. Es war zuerst die im Mutterland verfolgte Religionsgemeinschaft der Remonstranten, die das Land urbar machte. So ist es verständlich, dass sich der Besucher mitten im Nordfriesischen plötzlich in Holland wähnt. An den Grachten stehen Bauten im Stil der niederländischen Backsteinrenaissance. Wir fanden Unterkunft in einem dieser schlichten Häuser, das sich als Hotel mit idyllischem Ambiente in den Zimmern und im Hofbereich entpuppte.

Nach einer Nacht in Kiel waren wir unserem Endziel, dem Holsteinischen Sütel bei Eutin schon sehr nahe. Hier lebten die Bekannten, die wir auf unserer abgebrochenen Dänemarktour 1991 schon einmal aufgesucht hatten. War das Wasser der Nordsee fast nie *zu Hause* – denn mit den Gezeiten kannten wir uns noch nicht so genau aus – *treckten* die Wellen der Ostsee stetig an den Strand. Nach drei sehr erholsamen Tagen im familiären Kreis ging es per Bahn zurück nach Berlin.

Auf dieser Reise fuhren wir 16 Tage ohne Ruhetag und legten dabei 990 Kilometer zurück. Mit Ausnahme eines Gewitterregens und seinen kurzzeitigen Nachwirkungen schien ausnahmslos die Sonne. Wegen unserer Fahrtrichtung Westost verbrannte sie unsere Waden und wärmte den Rücken. Die Fahrt lief derart gut, dass wir gar nicht daran dachten, die geplante Auszeit zu nehmen. Am Ziel nicht gleich in den Zug einsteigen zu müssen, war auch für uns eine neue, angenehme Erfahrung. Unser Puzzle der Radtouren war um einen weiteren Baustein gewachsen.

Hanko–Turku–Ålandinseln–Helsinki–Hanko

2006 sprach jeder vom Jahrhundertsommer, zumindest jeder Mitteleuropäer. Über Wochen überstieg das Quecksilber die 30-Grad-Marke. Die Tage vor der Abreise bescherten Berlin sogar 36° Celsius. Zum Glück fuhren wir in den kühlen Norden, nach Finnland.

Die Fähren der Reederei *Superfast* pendelten zu dieser Zeit zwischen den Ostseehäfen Rostock und Hanko. Ihr Rumpf war nicht nur im ungewöhnlichen Rot gestrichen, sie fuhren auch ungewöhnlich schnell. Abfahrt war in der Früh des ersten Tages und Ankunft am nächsten Tag um die Mittagszeit. Dazwischen lagen an die 550 Seemeilen. Um nicht in der Nacht einchecken zu müssen, durften die Reisenden die Kabinen bereits am Vorabend kostenfrei nutzen. Das Schiff bot den üblichen Komfort guter Fähren. Für Verpflegung und Amüsement war gesorgt. Nur die Mitarbeiter des Servicebereiches wirkten sehr zurückhaltend. „So sind sie wohl, die Finnen", dachten wir.

War das Einschecken im Rostocker Überseehafen problemlos, warteten wir auf der Rücktour in Hanko mehr als zwei Stunden auf den Zugang zum Schiff. Sämtliche PKW, Wohnmobile und Lastwagen wurden vor den Bikern und Radfahrern abgefertigt. So trottelten wir gemeinsam mit drei Motorradfahrern hinterher. Dabei ist es ein ungeschriebenes Gesetz aller Fährlinien, dass Zweiräder mit und ohne Motor das Schiff als erste entern dürfen! Warum sollen sie sich auf den betonierten Wartebereichen auch die Beine in den Bauch stehen. Dafür verlassen sie das Schiff zum Ausgleich zumeist als letzte.

Auf See überholten wir sämtlich Frachtschiffe in zügiger Fahrt. Trotz der intensiven Sonne war es angenehm frisch. Bereits die Überfahrt war Erholung pur. Speisen und Getränke trugen zum Wohlseinbei, trotz des reserviert wirkenden Personals. Eine genauere Inspektion des Empfangstresens brachte die Erklärung. Die finnische Reederei *Superfast* hatte die Fährlinie einschließlich der Schiffe kurz zuvor an die estnische *AS Tallink Group* verkauft.

Nun war alles klar, die Esten lebten jahrzehntelang unter der Herrschaft der Russen. Von denen hatten sie die zurückhaltende Art im Service gelernt. Ein Russe diente seit der Oktoberrevolution keinem Russen, geschweige denn einem Ausländer mehr. Das kannte Wolfgang von seinen Dienstreisen ins Land Lenins nur allzu gut. Wir mussten unsere Wünsche lautstark einfordern. Noch bevor das Schiff den Hafen von Hanko erreichte, leisteten wir Abbitte am finnischen Volk.

Hanko ist ein Industriehafen, in dem technische Güter aller Art umgeschlagen werden. Die Adressaten sind finnische, schwedische und russische Unternehmen. Täglich verlassen im Viertelstundentakt Transporter mit fabrikneuen PKW das Hafengelände in Richtung russischer Grenze. Zweieinhalb Wochen später begegneten uns diese Fahrzeuge auf dem Rückweg von Helsinki nach Hanko auf der Europastraße.

Rechterhand des Industriegeländes liegt Hankos Yachthafen. Daran schließt sich eine Siedlung an. Zwischen Kiefern und Linden stehen gelb, grün und blau gestrichene Holzhäuser mit großer Grundfläche. Das schwedische Rot fehlt. Die verzierten Fensterrahmen strahlen in blendendem weiß. Hier muss einmal das wohlhabende Bürgertum gewohnt haben. Im Stil erinnern die meist einstöckigen Bauten an die Vororte großer russischer Städte. Breite Straßen mit dazwischen liegenden Parkanlagen verleihen ihnen Raum und Würde.

Russische Architektur in Finnland als Zeugnis der Regentschaft des Zaren

Der Reiseführer weiß zu berichten, dass das finnische Territorium bis zum Beginn des 19. Jahrhunderts unter schwedischer Herrschaft stand. In der Folge des russisch-finnischen Krieges fiel es 1808 dem Zarenreich zu. Die Hauptstadt des Protektorats war Turku im äußersten Westen des Festlands. Später siedelte der Zar die Residenz nach Helsinki um. Damit war die neue Hauptstadt in *Reichweite* des Regierungssitzes in Sankt Petersburg gerückt. Nach der Februarrevolution 1917 und dem Zerfall des Zarenreiches erklärte sich Finnland als unabhängig und wurde von Wladimir Iljitsch Lenin Monate darauf als eigenständiger Staat anerkannt. Die finnische Republik war geboren.

Unser erstes Tagesziel auf finnischen Boden war die kleine Stadt Ekenäs. Wir fuhren zunächst auf einer fest gewalzten Sandpiste durch ein zusammenhängendes Waldgebiet. Später ging die Piste in Asphalt über. Das Gelände war absolut flach. Wir schlussfolgerten: Sand, Wald und flaches Terrain sind typisch für Finnland. Dieser Eindruck täuschte, wie sich bereits an den nächsten Tagen schmerzlich herausstellen sollte.

Ekenäs erinnerte in Struktur und Architektur durchaus an eine Kleinstadt in Mitteldeutschland, wenn da nicht wieder die bunten Holzhäuser gewesen wären. Nur fielen diese hier etwas kleiner als in Hanko aus. Der am Stadtrand gelegene Zeltplatz bot Hütten unterschiedlichen Komforts. Aus den meisten blickte man auf den See. Dieser lud zu einem kühlen Bad ein. Uns war schon beim Verlassen der Fähre aufgefallen, dass auch hier hohe Temperaturen herrschten. Der Jahrhundertsommer hatte auch Finnland, wie sich in den nächsten Wochen zeigen sollte, fest im Griff. Die erwartete Kühle des Nordens blieb ein Wunschtraum.

So wurde die Weiterfahrt tags darauf zur körperlichen Tortur. Die Fernverkehrsstraße in Richtung Norden war gut asphaltiert, rechts und links von Wäldern und Feldern gesäumt, und *buckelte*, wie sich Christian E. Hannig in seinem Reisetagebuch *Im Land der Schotten* auszudrücken pflegte. Neben der Wärme und dem Auf und Ab der Straße wurde die Fahrt von überholenden Stahltransportern erschwert. Jeder dieser sechzehn Meter langen Trucks mussten von Formel 1 Piloten, wie Kimi Räikkönen, chauffiert worden sein, denn ein ziviler Kraftfahrer konnte kaum so schnell fahren.

Nach siebzig endlosen Kilometern in trister Landschaft sollte uns ein Campingplatz erwarten. Er tat es nicht. Es gab ihn nicht einmal. Auch die wenigen Ortschaften am Wegesrand waren ohne Quartiermöglichkeit. Nach 101 Kilometern auf aufgeheiztem Asphalt kreuzte unsere Fernverkehrsstraße eine selbige in Ost-West-Richtung. Just hier erblickten wir ein Schild. Es kündigte ein in fünf Kilometer Entfernung befindliches Motel an.

Die bucklige Straße erwies uns noch einmal die Ehre und wurde zur Bergstraße. Oben angekommen mieteten wir ein Zimmer, duschten, aßen in der Gaststätte irgendein frittiertes Etwas und tranken für 20 Euro unsere ersten vier halben Liter finnischen Biers. Dann fielen wir ins Bett und schliefen mehr als zwölf Stunden im geräumigen Zimmer des Reihenbungalows. Alle Stunde mussten wir jedoch unser Flüssigkeitsdefizit an der Wasserleitung auffüllen. Die Hitze des Tages hatte uns völlig ausgezehrt.

Die Fernverkehrsstraße 110, an der das Motel lag, war unser Terrain für die nächste Etappe in Richtung Westen. Wir starteten nach einem einfachen Frühstück auf dem Berg. Hinunter fuhr es sich prächtig. So hätten wir den Schwung bis Turku mitnehmen können, wenn nicht nach fünf Kilometern wieder die Kreuzung vom Vortag zu überqueren gewesen wäre. Also bremsten wir unsere kinetische Energie erheblich ab, schauten nach rechts und nach links und nahmen auf der Gegenseite den ersten Hügel in Angriff.

Die Landschaft wurde freundlicher, der Wegesrain etwas bun-

Finnland begrüßte uns mit perfekten Sandpisten

Unzählige Flüsse durchströmen die finnische Landschaft

ter. Manche Blume hatte sich hierher verirrt. Im Schwedenrot getünchte Hütten und Ställe versteckten sich hinter Wiesen und Feldern. Das Gras war hier genau so verbrannt wie zu Hause. Nach mäßigen 35 Kilometern war Turku, die ehemalige Hauptstadt der Region, erreicht. Schon wieder eine Stadt russischen Typs! Neben charakteristischen Holzhäusern standen im alten Regierungsviertel majestätische Steinbauten, die mit Säulen und Kapitellen die Macht des Zaren repräsentierten.

Im Fremdenverkehrsamt ließen wir uns ein Hotel vermitteln. Man bot sogar eine relativ preiswerte Bleibe für nur 60 Euro an. Unsere Wahl fiel leider schlecht aus. Das Haus war eine einstöckige, langgezogene Baracke mit Büros im Parterre und einer Galerie Zimmer in der ersten Etage. Alle Zimmer blickten gleichermaßen auf die Hauptstraße. Die Rezeption befand sich auf halber Treppe in einem Kabuff, das mit einer großen Scheibe abgetrennt war. Hinter der Scheibe thronte eine ältere Dame mit wallenden schwarzen Haaren in einem wallenden weißen Hausanzug. Nach der Schminke zu urteilen, stand diese Dame früher einem besseren Etablissement vor. Vielleicht war das Hotel früher dieses Etablissement.

Die mit viel Tand drapierten Zimmer hatten aber durchaus ihren Charme. Nur waren sie vom schwarzen Pappdach ordentlich aufgeheizt. Um sie nicht auszukühlen zu lassen, waren die Fenster – warum auch immer – kunstvoll vernagelt. Da wir selbiges nicht waren, wollten wir unsere Räder des Nachts von der Straße in unser Zimmerchen holen.

An der Empfangsdame führte jedoch kein Weg vorbei. Nach 21 Uhr war die Rezeption mit einer Jalousie verschlossen. Kaum betrat man jedoch die Treppe, wurden die Lamellen angestellt, eine Luke geöffnet und nach dem Schlüssel gefragt. Von Angst um unsere Räder getrieben, verbrachten wir eine schlechte Nacht.

Nach diesem Erlebnis ging es weiter südwärts mit dem Ziel Nauko, die Sonne und die Ålandinseln im Blick. Auch dieser Tag versprach große Hitze. Wenigstens lag ein Café am Wegesrand, der ansonsten nur verbranntes Land zeigte. So waren wir froh, nach 70 Kilometern unseren Zielort erreicht zu haben. Hier geriet die Welt wieder ins Gleichgewicht, nachdem wir in einem Holzhaus Quartier bezogen hatten. Die Pension verfügte sogar über einen Imbiss. Die Hausherrin servierte eine finnische Spezialität, die wir erst richtig schätzen lernten, als wir hinein bissen: Gesüßter Pumpernickel, mit Butter bestrichen, mit Scheiben gekochter Eier belegt und mit Sardellenstreifen sowie Kräutern verziert. Diese Brote waren ein Genuss.

Auch den Ort mit seinem ausladenden Strand am glasklaren Wasser konnten wir genießen. Boote schaukelten an den Stegen. Kioske sorgten für das leibliche Wohl. Der See erzeugte ein angenehmes Klima. Sogar die Wiesen waren hier noch grün. Im Kontrast dazu wirkte die aus Feldsteinen gebaute Kirche fast unwirklich. Bis unter das spitze Dach leuchteten die roten, braunen, schwarzen und gelben Steinblöcke. Hinter einer dichten Hecke fand sich unmittelbar daneben ein exklusiv scheinendes Restaurant, dessen Leistung aber allemal bezahlbar war. Im Schatten der groß gewachsenen Eichen bestellten wir köstlichen Fisch. Rundum zufrieden begaben wir uns erst am späten Abend zu Bett.

Das Frühstücksbüfett erwies sich als typisch mitteleuropäisch. Zusätzlich reichte man den für Finnland obligatorischen Haferschleim einschließlich der Zutaten Salz, Zucker, Nüsse, Honig, Früchte. Doch die meisten Finnen aßen ihn pur! Daneben servierte man aufgeschnittene Gurken und Tomaten sowie süß-sauer eingelegte Delikatessgurken und marinierten Hering. Dieser Service verbreitete sich in den folgenden Jahren auch in Mitteleuropa und stellt heute den Standard der meisten deutschen Hotels dar.

Die Straßen wurden schmaler. Der Schwerlastverkehr war schon am Vortag abgebogen. Einen Radweg gab es aber auch weiterhin nicht. Uns blieb all die Tage nur der 20 Zentimeter schmale Streifen rechterhand der weißen Begrenzungslinie des Asphalts. Auf Schatten spendende Straßenbäume mussten wir ebenfalls verzichten. Dafür entdeckten wir im Abstand nur weniger Kilometer am Waldrand stehende Briefkastenbatterien, die auf die dahinter befindlichen Ortschaften hinwiesen. Zu sehen waren diese aber nicht. Nur hin und wieder thronten einzelne Häuser auf felsigem Untergrund, umgeben von großflächigen Wiesen und Äckern.

Begann wieder einmal ein geschlossenes Waldgebiet, brachten nur die sich häufenden Fährfahrten Abwechselung in das wellige Band der Straße. Der Fahrweg endete quasi im Wasser und tauchte auf dem gegenüberliegenden Ufer wieder auf. Die gelben Fährschiffe, die alles transportieren, was des Wegs kommt, gelten als Verlängerung der Straße und sind somit kostenfrei. Im Wechsel von fahren und gefahren werden gelangten wir in Etappen nach Galtby, einer Ansiedelung von nur wenigen Häusern. Von hier startete ein Fährschiff zu den Ålandinseln, unserem nächsten Ziel.

Gemeinsamer Postempfang

Die Inselgruppe der Ålands liegt territorial näher an Schweden denn an Finnland und gehört politisch aber zur finnischen Republik. Die Hauptstadt der westlichsten Provinz des Landes ist Mariehamn, eine Gründung des Zaren aus dem 19. Jahrhundert. Eigene Briefmarken und Autokennzeichen dokumentieren ihre Selbstständigkeit. Schwedisch ist hier die Muttersprache. Die Åländer sollen wohlhabend sein. Jeder Einwohner verfügt nach Aussage der Festlandfinnen über Aktien der Schifffahrt. So ist es kein Zufall, dass das relativ kleine Mariehamn den zweitgrößten Hafen Finnlands betreibt. Viele Reedereien haben sich auf den Inseln etabliert. Viele Schiffe sind hier deklariert.

Zunächst mussten wir die Inselhauptstadt erst einmal erreichen. Der sehr kleine Fahrplan am unspektakulären Fähranleger Galtbys wies Mariehamn als Endstation der Route aus. So wie wir, rätselten auch zwei weitere Radfahrer über die zu zahlenden Preise für die immerhin fünfstündige Überfahrt. Das konnte teuer werden. Doch Geld wurden wir beim Zustieg nicht los. Zwei- und Vierbeiner fuhren kostenlos. Nur für motorgetriebene Fahrzeuge musste gezahlt werden. Mit diesem System wollen die Åländer Touristen anlocken, hingegen deren Fahrzeuge auf das Festland verbannen.

Gegen 20.30 Uhr erreichten wir den Anleger der Hauptstadt, zu der aber noch 20 Straßenkilometer zu bewältigen waren. Um nicht des nachts anzukommen, radelten wir so schnell wie möglich. Natürlich war es bei unserer Ankunft doch bereits dunkel. Ein Zimmer zu suchen war in dieser Situation zwecklos, da die Stadt größtenteils schon schlummerte.

Wir fanden jedoch den Campingplatz, der uns für den folgenden Abend eine Hütte reservierte. Für den Moment mussten wir erst einmal unser Zelt unter einem geschlossenen Laubdach aufbauen. Die zu

Segler im Fjord von Mariehamn

Die Kirche der Stadt

Hause liegen gebliebene Stirnlampe wäre in dieser Situation eine große Hilfe gewesen.

Der Vorzug der finnischen Republik ist es, richtiges Bier auszuschenken. So wurde der gegorenen Saft auch am Kiosk des Campingplatzes verkauft – aber nur bis 22.00 Uhr. Unsere Ankunftszeit war jedoch 22.05 Uhr. Man verwies uns stattdessen auf die international bekannte gelbe Brause. So richteten wir unser Nachtlager mit klebrigen Händen ein.

Da wir am nächsten Tag die avisierte Hütte frühestens gegen Mittag beziehen konnten, gingen wir zunächst einmal in die Stadt. Mit Ausnahme eines großen Kaufhauses und einiger Hotels am östlichen Strand, wirkte Mariehamn wie die Vorstadt einer größeren Ansiedelung. Kleine Häuser lagen hinter Hecken und Zäunen. Entlang quadratisch verlaufender, breiter Straßen standen Schatten spendende Alleebäume. Hier also wurde das größte Bruttosozialprodukt Finnlands verwaltet! Den Wohlstand sah man weder den Menschen noch ihrer Umgebung an. (Wolfgang erinnerte sich an seinen Arbeitsaufenthalt in Bremen, wo man den reichen Tee- und Kaffee-Importeuren ihren Reichtum auch nicht anmerkte.)

Die Straßenschilder und Wegweiser waren ausschließlich in Schwedisch gehalten. Auf dem Festland fielen die Bezeichnungen dagegen zweisprachig aus. Bevorzugt wurde der Name angezeigt, dessen Sprachgruppe vor Ort stärker vertreten war. So nennt sich die Hauptstadt zuerst Helsinki (finnisch) and dann Helsingfors (schwedisch).

Finnische Idylle an einem der „tausend“ Seen

Das wie eine Parklandschaft wirkende Mariehamn öffnete sich zum Hafen hin. Die Passagierkais lagen am Ende eines breiten Fjords, der es den großen Fähren problemlos ermöglichte, auf der Stelle zu drehen. Daran schloss sich ein Anleger für Yachten und Sportboote an. Den Abschluss bildete die stählerne Viermastbark *Pommern*, die zu Beginn des 20. Jahrhunderts unter dem Namen *Mneme* als Frachtensegler in Dienst gestellt wurde. Das Museumsschiff zeigt heute eine sehr informative Ausstellung zur christlichen Seefahrt.

Linksseitig des Fjords steigt das Ufer an. Die bewaldete Steilküste bietet einen guten Blick auf die Küstenlandschaft mit ihren vorgelagerten Schären. Da entdeckte Birgit plötzlich eine einlaufende Fähre. Nach der weiß/roten Lackierung zu urteilen, war es ein Schiff der *Viking Line*. Minuten später bog ein weiß/blaues Schiff der *Stena Line* in den Fjord ein. Im Fünf-Minuten-Takt folgten zwei weitere Schiffe dieser Gesellschaften. Alle Schiffe legten auf kurze Distanz zueinander an. Fahrgäste stiegen ein und um. Schon nach zwanzig Minuten lösten sich die Leinen. Im Abstand von dreihundert Metern verließen die großen Schiffe den Hafen, wie auf eine Schnur aufgefädelt, in Richtung Helsinki, Tallin, Turku oder Stockholm. Welch ein Spektakel!

Am Nachmittag bezogen wir die gemietete Hütte. Da die Schönwetterperiode mit Temperaturen von mehr als 30° Celsius anzuhalten schien, entschlossen wir uns, die weitere Fahrtroute zu ändern. Anstatt in Etappen über Lahti nach Helsinki zu fahren, sollte die neue Trasse direkt in die Hauptstadt führen. So sparten wir zwei Tagesetappen auf Finnlands asphaltierten Rennpisten mit 20 Zentimeter Fahrradstreifen am Rand. Die gewonnene Zeit blieben wir auf den Åland-Inseln.

Eine Tagesfahrt nach Eckerö brachte uns direkt an die Nord-West-Küste der Hauptstadtinsel. Ohne Gepäck rollten die Räder fantastisch leicht. Als wir nach 45 Kilometern den Ort in unerbittlicher Hitze erreichten, war die nur aus wenigen Häusern bestehende Ansiedelung menschenleer. Von einem florierenden Hafenstädtchen konnte nicht die Rede sein. Der von einem Tor abgesperrte Schiffsanleger fiel sehr unscheinbar aus. Stattdessen sahen wir ein großes Schlosses.

In den ehemaligen Stallungen verkauften junge Mädchen Kaffee und Kuchen. Der Gast bezahlte, wie überall im Land, die erste Tasse und schenkte sich beliebig oft nach (wir beließen es stets bei einer zweiten Tasse). Die finnischen Cafés waren zur Selbstbedienung meist nach demselben Schema eingerichtet. Eine Besonderheit stellte das Postamt nebenan dar. Diese Dienststelle versah Briefe mit Sonderstempeln, weil hier der finnische Teil des alten Postwegs, auch als *Kings Road* bekannt, vom norwegischen Bergen in das russische Sankt Petersburg über Oslo, Stockholm und Helsinki begann.

Die *Kings Road* diente dem Transport der Briefpost zu Wasser und zu Lande, der von Bauern der Region bereits im Mittelalter zu bewältigen war. So erhielt der Zar im entfernten Sankt Petersburg stets die neuesten Nachrichten aus seinem Protektorat. In Finnland ist der Weg mit goldener Krone auf braunem Untergrund gekennzeichnet. Im Internet wird er als empfehlenswerte Radwanderroute, an der alle 30–40 Kilometer nette Pensionen den Gast erwarten, dargestellt. Auch wir versuchten uns einige Kilometer auf dieser Trasse. Es ging durch herrliche Natur mit 8- bis 12-prozentigen Steigungen und Abfahrten. Wir verzichteten alsbald auf dieses Naturerlebnis und befuhren wieder die belebten Fernverkehrsstraßen.

Aber zurück zu den Ålands. Der Archipel bezieht seinen Reiz aus der Vielzahl kleiner Inseln, die über Dämme, Brücken oder Fähren miteinander verbunden sind. So radelt man kaum einen Meter über dem Wasser, von Feldsteinen und roter Erde seitlich geschützt. Infolge der vielen Kurven braucht man schon die Sonne zur Orientierung, die unseren Weg weiß Gott gut ausleuchtete. Derart verließen wir zur Weiterreise Mariehamn mittels *Inselhopping* auf dem Rad.

Mit Zwischenstopps auf den Inseln Vardö und Brandö sowie einer abschließenden Fährfahrt kamen wir bei Naantali wieder auf das Festland. Da es nach Verlassen von Mariehamn quasi keinen Autoverkehr mehr gab, fuhren wir in einem Radlerparadies. Deshalb reisen viele Radtouristen nach Stockholm, um von dort auf die Ålands überzusetzen. Haben sie einmal müde Beine, finden sie Busse, die im unteren Heckbereich über eine *Garage* verfügen, die von modernen Wohnmobilen bekannt ist und der Fahrrad-Mitnahme dient.

Naantali empfing uns in Wochenendstimmung. Der Campingplatz hatte gerade noch eine freie Hütte (die erzählen einem manchmal viel, wenn der Tag lang und heiß ist). Dabei stand die Hälfte der Hütten leer! Nach zwei Stunden sah die Situation völlig anders aus. Alle Fensterläden und Türen standen offen. Die Ursache ist schnell erzählt: Das Wochenende verbringen viele Finnen auf dem Campingplatz. Sie gehen in die Sauna, grillen am offenen Feuer und trinken *Lapin Kulta*, eine bekannte Biermarke. Wir hatten also Glück, tatsächlich die letzte freie Hütte ergattert zu haben.

Inselhopping auf den Ålands

Naantali besticht durch seine reizvolle Altstadt – natürlich mit Häusern im russischen Stil. Diese sind allerdings von schwedischer Architektur durchsetzt. So wechseln Holzhäuser mit Steinbauten. Allen ist aber eines eigen: sie überragen mit Ausnahme der Kirche nie die Baumkronen. Dass der Ort über einen Yachthafen verfügt, erklärt sich von selbst. Diese Häfen für alte und neue Segler beeindrucken in Finnland durch ihre urbane Anlage. Sie sind in erster Linie Orte der Erholung für die Menschen. Erst dann folgen sie der Funktion als Liegeplatz für Boote.

Über Salo und Lohja fuhren wir nördlich der Fernverkehrstraße 110 weiter in Richtung Helsinki. Die Fährfahrten wurden seltener. Zeitweilig stand sogar ein großzügig ausgebauter Asphaltstreifen für Fußgänger, Skater und Radfahrer zur Verfügung. Die Landschaft wurde weit und trist. Satellitenstädte tauchten rechts und links des Weges auf. Unsere täglichen Etappen bemaßen sich auf 80 bis 100 Kilometer. Die Temperatur des Asphalts lag selbst auf den Radwegen bis zu 15° Celsius über der der Luft. Unter diesen Umständen konnte man von reinen Überführungsetappen sprechen.

Die Einfahrt nach Helsinki gestaltete sich etwas schwierig, weil die Hauptstadt mit den Städten Espoo und Vantaa zusammengewachsen ist. Wenigstens gab es hier, wie auch in einigen anderen Gemeinden, lokale Radwege. Die Auszeichnung betraf allerdings nur die Namen der umliegenden Vororte, so dass wir auch hier auf die mitgeführte Landkarte nicht verzichten konnten. Den Campingplatz *Rastila* fanden wir mehr durch Zufall. Wir kamen aus westlicher Richtung, er lag am östlichen Stadtrand. Auf der Straße waren sicherlich Hinweisschilder auf ihn auszumachen, auf den Radwegen fehlten sie dagegen. Die Stellflächen für Zelte waren bestens besetzt. Viele Wanderer besuchten Ende

Der Dom von Helsinki begrüßt die Seefahrer schon aus der Ferne

August die Stadt. Hütten gab es verschiedene: zu 40 Euro (2 Betten), 80 Euro (4 Betten), 120 Euro (2 + 2 + Komfort) und 240 Euro (Luxus pur). Alle Hütten waren belegt. Ein Blockhaus für 120 Euro konnten wir für die nächste Nacht ordern. Wir griffen zu, denn wann kamen wir schon wieder einmal nach Helsinki. So campierten wir die erste Nacht zwischen dem Wirrwarr von Zeltschnüren unter eigenem Dach.

Der Reiseführer beschreibt Helsinki im Vergleich zu seinen nordischen Schwestern Oslo und Stockholm als etwas spröde. Unser Gefühl war ein anderes. Der massige Dom überragt, weil auf einer Anhöhe errichtet, die Altstadt und den Hafen. Die weiße Fassade strahlt bei Sonnenschein weit sichtbar wie ein Leuchtturm über die Schärenlandschaft. Auf seinen ausladenden Treppen sammelt sich bei schönem Wetter allerlei Volk.

Das ganze Gegenteil ist die flache Felsenkirche mitten in einem Wohngebiet. Sie wurde in einem der Felsen errichtet, die die Stadt durchziehen. Aus Sichthöhe der Straße ist sie kaum zu erkennen, weil ihre Innenwände in den Fels hineingeschlagen wurden. Ihr flaches Glasdach passt sich der Form des freigelegten Gesteins an. Nur aus den Fenstern der fünfgeschossigen Wohnhäuser, die die Kirche kreisrund umgeben, kann das wahre Ausmaß dieser architektonischen Meisterleistung wahrgenommen werden.

Die Besucher der Stadt kommen nicht an einer Besichtigung der Hafenanlagen umhin. Der sommers wie winters frei liegende Markt und die alte Markthalle bieten vor allem kulinarische Genüsse. An den

Kais legen die kleinen, wie auch großen Fähren an. Unweit der Anleger befinden sich das Parlament und der Sitz des Ministerpräsidenten, erbaut zur Zeit der zaristischen Besetzung. Alte Speicher mutierten zu Gourmettempeln. Macht man mit einem der Boote eine Hafenrundfahrt, wird man mehr mit exklusiven Wohnsiedlungen auf einer der vielen Schäreninsel als mit industriellen Hafenanlagen konfrontiert. Die Umschlagplätze für industrielle Güter liegen abseits vom Zentrum im alten Hafen oder im neuen auf der Insel Vuosaari östlich der Stadt.

Ein Muss ist auch die Besichtigung des Olympia-Stadions, der Festung Suomenlinna, der Universität, des Bahnhofs und des Nationaltheaters im Stil der finnischen Nationalromantik. Helsinkis Geschäftsstraßen mit der Prachtstraße Esplanari und dem dort gelegenen schwedischen Theater ergänzen das Besichtigungsprogramm. Der Stadtrundgang ist von einer Besonderheit geprägt. Auf den farblich markierten Straßenübergängen, die in Deutschland „Zebrastreifen" heißen, veranstalten finnische Autofahrer extensiv Menschenjagd.

Zurück auf dem Campingplatz *Rastila* genossen wir den Komfort des gemieteten Blockhauses: Wohnbereich mit Fernseher und Radio, kleiner Küche, separatem Schlafraum, Bad und WC. Im ausgebauten Dach konnten mindestens zwei weitere Personen schlafen. So saßen wir pflastermüde auf der Terrasse des Häuschens und tranken Kaffee. Kaufen konnte man den, einschließlich anderer Lebensmittel gleich nebenan im Supermarkt an der U-Bahn-Station. Von hier starten die roten Züge direkt in das Zentrum der Stadt.

So begann nach drei erlebnisreichen Tagen in der Großstadt die Rückreise nach Hanko. Übernachtungen waren in Masala und dem schon bekannten Ekenäs geplant. Es bot sich an, hinter Helsinki den Radweg neben der Autobahn zu verlassen und weiter auf Nebenstraßen zu fahren. In unseren Augen spiegelte sich die liebliche Natur des Nordens wieder. Sonne und Wärme hatten uns noch immer nicht verlassen. Auf den schmalen Nebenstraßen fand sich sogar hin und wieder kühlender Schatten, gespendet von den zahlreichen Birken. Das Terrain war recht eben, so dass wir gut vorankamen. Nur auf den letzten 10 Kilometern vor Masala ging es wieder einmal heftig zur Sache – ein Buckel folgte dem anderen.

In Masala angekommen fragten wir zuerst nach dem Campingplatz und dann nach der Jugendherberge. Beide waren im Reiseführer angekündigt, beide existierten jedoch nicht mehr. Freundliche Menschen empfahlen ein Hotel. Es befand sich in 10 Kilometer Entfernung da, wo die Berg- und Talfahrt gerade begonnen hatte. Das Kongresshotel lag in wunderschöner Umgebung. Die Anlage und die Zimmer waren sehr gepflegt, die Preise gepfeffert.

Wir überstanden die Nobelnacht bei guter Gesundheit, brachen zeitig auf und freuten uns auf die kleine Hütte des Campings Ekenäs. Be-

Obst und Gemüse werden in Finnland nach „Litern" verkauft

vor wir zum Platz einbogen, kauften wir Lebensmittel für den Abend und den nächsten Tag, an dem wir in Hanko die Fähre nach Rostock wieder besteigen wollten. Als Delikatesse des Nordens mussten wir natürlich Moltebeeren-Marmelade mitnehmen. Die gelben Moltebeeren wachsen ähnlich unseren Blaubeeren an flachen Sträuchern. Sie reifen in den Sümpfen des Nordens zu einer Zeit, in der die größte Population an Mücken auftritt. Entsprechend hoch ist ihr Preis. Übliches Obst und Gemüse erwarben wir als frische Ware an einem Stand vor der Halle. Die Ware wurde nach finnischer Art nicht gewogen, sondern in Messbecher abgefüllt. Also: „Bitte einen Liter Kirschen und einen halben Liter Pflaumen".

Zurück in Hanko hatten wir bis zum Einchecken noch reichlich Zeit. Die verbrachten wir an schattigen Plätzen mit Essen und Trinken. Es ließ sich dabei herrlich über die drei vergangenen Wochen, in denen wir 1100 Kilometer in 15 Fahrtagen zurückgelegt hatten, plaudern. Mit Ausnahme eines 30-minütigen Gewitterschauers schien durchweg die Sonne. Ähnlich der Natur, dörrten auch wir dabei mehr und mehr aus. Wir trafen ausschließlich nette Finnen, die entgegen der Aussage des Reiseführers, aufgeschlossen waren. Einige von ihnen konnte man sogar schon als schwatzhaft bezeichnen. Wie unterschiedlich man doch die Welt erleben kann. Wir möchten die Erfahrung nicht missen, empfehlen ungeübten Radlern eine solche Tour aber nicht. Nur die Åland-Inseln nehmen wir dabei ausdrücklich aus. Sie sind ein Terrain für jedermann. Man erreicht sie am besten mit der Fähre von Stockholm.

Bei Wind und Wetter

Die Hauptfeinde des Radfahrers sind Sonne, Wind und Regen. Gegen Sonne und Regen kann man sich bedingt schützen – nicht aber gegen den Wind. Der in Radfahrerkreisen gebräuchliche Satz: „Der Wind weht immer von vorne“ trifft jedoch im Allgemeinen nicht zu.

Wind ist bewegte Luft, bestehend aus den Molekülen Stickstoff und Sauerstoff. Diese wollen durchfahren werden, unabhängig davon, ob sich das Molekülgemisch bewegt oder verharrt. Grundsätzlich gilt die Einsteinsche Formel $E = m \cdot c^2$, die uns lehrt, dass der Verbrauch an Energie E bei gegebener Masse m (Mensch plus Material) mit der Fahrgeschwindigkeit im Quadrat ansteigt. Einfach ausgedrückt, heißt das nichts anderes als: „Leute, fahrt langsamer, dann geht es euch besser“. Spaß beiseite, je schneller wir fahren, desto stärker spüren wir den Fahrtwind als Widerstand. Nicht umsonst heißt es in Reportagen zur Zielankunft bei Radrennen auch bei völliger Windstille: „Der Fahrer XYZ hat sich im Spurt zu zeitig in den Wind begeben“.

Dass der Abschnitt „Wind und Wetter“ nur wenige Berichte enthält, beweist, dass wir kräftigen Gegenwind, vielleicht über Tage hinweg, selten erlebten. Wenn doch, dann nahmen wir heftigen Schaden. In der ungarischen Puszta 1986 wurden wir fast umgeweht. Besonders unangenehm wirkten die Windböen, die uns beinahe zum Anhalten zwangen. Die Puszta gewährte keinerlei Schutz. So attraktiv das flache Land von Wiesen und Seen auch wirkt, angenehm zu fahren ist es nur bei Windstille.

Heftiger Wind wirkt sogar beängstigend, wenn man rechts und links eines relativ schmalen Fahrweges von Wasser umgeben ist. Zweimal erlebten wir diese Situation auf dem holländischen Ijsselmeer-Damm, der das Ijsselmeer von der Nordsee abtrennt. Man fühlt sich sehr hilflos, wenn vorn noch kein Festland in Sicht und hinten schon keines mehr zu sehen ist. Die Durchquerung von 30 Kilometer Wasser bei heftigem Gegenwind fordert körperlich wie geistig die ganze Persönlichkeit heraus.

Bratislava–Baja–Debrecen–Košice

Unsere tschechischen Freunde kombinierten 1984 eine Schlauchboot-Fahrt auf der Donau mit einer Radtour von Süd- nach Nordost-Ungarn. Wir starteten in Bratislava und fuhren auf dem Wasser bis Baja, einem kleinen Dorf kurz vor der jugoslawischen Grenze. Dorthin sandten wir unsere Räder per Bahn. Da die Tschechen selbiges taten, reichte der dörfliche Bahnschuppen nicht aus, um die insgesamt 120 Fahrräder aufzunehmen. So fanden wir unsere Räder im Warteraum, der speziell für diese kostbare Fracht zweckentfremdet verwendet wurde, wieder.

Die Bootsfahrt auf der Donau war für alle Teilnehmer ein äußerst aufregendes Erlebnis. Zum einen hatten die meisten Freunde wenig Erfahrung mit dem Wassersport und zum anderen wusste niemand mit der hohen Fließgeschwindigkeit der Donau von sieben Kilometern pro Stunde umzugehen. Der Organisator empfahl lediglich, gegen die Strömung des Flusses an den vereinbarten Stellen des Ufers anzulanden. Nun ist die Donau sehr breit. Um Seitenströmungen auszuweichen, fuhren wir in der Mitte des Flusses, die aber der Berufsschifffahrt vorbehalten war. So richtete sich unser Augenmerk sowohl auf die Schubverbände als auch die Markierung am Ufer. Kentern durften wir aber auch nicht. Unser seelisches Gleichgewicht war erst wieder hergestellt, als wir in Baja auf die Räder umstiegen. Trotz des langen Weges von Berlin bis hierher waren die Fahrräder wohlbehalten angekommen.

Das Ufer der Donau besteht im Norden und Süden Ungarns aus Sandstreifen und im mittleren Bereich aus geschütteten Steinquadern. In voller Länge ist es von einer Böschung eingerahmt. So merkten wir nicht, wie stark der Wind im Verlauf des Tages auffrischte. Als wir dann mit den Rädern in flachem, offenem Terrain fuhren, wehte er mit 4–5 und in Böen sogar 6 Windstärken. Er kam aus Nordost – und wir wollten genau dorthin. Die slowakische Stadt Košice war unser Ziel. Dazwischen lagen fünf Etappen von zumeist mehr als 100 Kilometern Länge.

Die Strecke zog sich in einem leichten Bogen parallel zur Kontur der Landesgrenze zu Jugoslawien und Rumänien hin. In regelmäßigen Abständen tauchten Dörfer auf, die uns ein wenig Schutz vor dem anstürmenden Wind boten. Jedoch gewährleisteten sie Nachschub an Getränken und Nahrung. Wegen der enormen Anstrengungen auf der ungeschützten Landstraße ließen wir dann auch keine Gelegenheit aus, uns für die erbrachte Leistung auf den Märkten und in Straßenrestaurants zu belohnen.

124 Kilometer hatte uns der Veranstalter für den ersten Tag auferlegt. Diese Strecke fahren wir

Typisch ungarischer Ziehbrunnen

Neunbögige Brücke im Puszta-Nationalpark Hortobágy

auch bei günstigen Witterungsverhältnissen nur selten. Hier in Ungarn aber wurden sie zu einer echten Tortur. Wir waren einfach noch zu unerfahren, um uns in einer Fahrradstaffel, dem *belgischen Kreisel*, zu formieren. Die Stimmungslage unserer Gruppe hätte dazu auch wenig Anlass gegeben. Während der Schlauchbootfahrt auf der Donau gab es nur Streit über Frequenz, Rhythmus und Harmonie des Paddelns. An Land konnte man sich wenigstens aus dem Weg gehen, besser gesagt fahren.

Und dennoch kamen wir irgendwann am späten Nachmittag in der Nähe von Opusztaszu an. Den Campingplatz des Ortes ließen wir auf Wunsch der tschechischen Freunde, die Geld sparen wollten, links liegen. An einer langen Hecke bauten wir unsere Zelte auf einem abgeernteten Acker auf. Der Boden bestand aus einer guten Krume, die sich schnell in Zelt und Kleidung verteilte. Der über die Puszta stürmende Wind half ihr dabei. Zum Trinken und Waschen standen jedem Radfahrer zwei Liter Wasser zur Verfügung, die der Busfahrer irgendwo unterwegs in Kanistern gebunkert hatte. Die in der Nähe gelegenen typischen Ziehbrunnen waren zu wenig vertrauenerweckend, um aus ihnen zusätzliches Wasser zu entnehmen (auf einer Wanderung in der Hohen Tatra bedienten wir uns einmal an einer solchen Viehtränke, woraufhin die komplette Gruppe erkrankte).

Am nächsten Tag bemaß sich die Strecke nach Szeghalom auf 129 Kilometer. Die Sonne schien, der Wind tobte sich erneut aus. Wir befanden uns mitten in der Puszta. Der Horizont war genau so weit entfernt wie auf dem Meer. Kein Hügel, geschweige denn Berg, störte den Anblick. Die weitläufigen Weidegründe waren von zahlreichen Wasserflächen durchsetzt. Dazwischen hoben sich aus der Fläche immer wieder die markanten Ziehbrunnen ab. Da der ungarische Touristenverband von unserer Durchfahrt nicht informiert worden war, ließ er

Die unendliche Weite der Puszta

Ungarischer Schafshirt

auch keine galoppierenden Herden rassiger Pferde vorbeitreiben. Dafür schwammen auf den Teichen Enten und Schwäne in großer Zahl. An vielen Stellen fanden sich Storchennester auf speziell errichteten Masten.

Nach über 100 Tageskilometern stand der Organisator im Vorgarten einer Csárda, in der landestypische Fleisch- und Fischgerichte bereitet wurden. Wir hatten uns schon beinahe gesetzt, als er mitteilte: „Es ist nicht mehr weit, nur noch knapp zwanzig Kilometer." Uns war der Appetit auf ungarisches *gulyás* (Gulasch) mit *sör* (Bier) vergangen. Szeghalom war uns als Zielort wohl genannt worden, dass unser Zeltplatz weit außerhalb lag, erfuhren wir erst jetzt. Er war im eigentlichen Sinne auch kein Zeltplatz, nicht einmal ein Biwak – wir campierten auf einer naturbelassenen Wiese unweit der Hauptstraße. Neben den schon beschriebenen zwei Litern gab es zusätzliches Wasser nur im Flussbett des Berettyó. Es war braun gefärbt und von zahlreichen Schlangen bewohnt, so dass wir uns nur auf die zugestandene Ration aus dem Bus beschränkten mochten.

Für den Abend des dritten Tages wurde uns eine Dusche auf einem richtigen Campingplatz versprochen. Die *nur* 80 Kilometer bis zur nächsten Stadt bewältigten wir trotz des heftigen Gegenwindes in weniger als fünf Stunden. Es hatte auch keinen Sinn, an öffentlichen Plätzen anzuhalten, muffelten wir inzwischen doch zu streng. Jeder Händler hätte uns spornstreichs vom Markt gejagt. Eine Csárda hätte uns den Einlass verwehrt.

Vor unserer Ankunft musste die Gruppe noch die letzten Ausläufer der Puszta bezwingen. Die höchsten Erhebungen dieser Landschaft waren vereinzelt liegende Gehöfte mit ihren Maisfeldern. Das Schlagen der Maisblätter übertönte teilweise das Rauschen des Windes. Wir versuchten, uns die Schönheit der Gegend im Zustand völliger Windstille vorzustellen. Ohne fremde Geräusche musste der Eindruck von Einsamkeit in der Weite dieser Landschaft noch viel beeindruckender sein.

Debrecen war für jeden Teilnehmer der Tour eine Auszeichnung. Die Zivilisation hatte uns wieder. Wir nutzten die freie Zeit, um unsere geschwollenen Knie zu salben. Den Körper tauchten wir in das Wasser einer Heilquelle. Es war angenehm ruhig im Thermalbad. Der Wind war offensichtlich eingeschlafen. Uns widerfuhr gleiches. Um Punkt 16.02 Uhr wurden wir von zahlreichen Stimmen geweckt: Drei Dutzend Tschechen betraten gleichzeitig die Liegewiese. Sie hatten den ganzen Tag auf dem Campingplatz ausgeharrt, um die Halbierung der Eintrittspreise am Nachmittag abzuwarten.

Die Stadt Debrecen stellte seit ihrer Gründung ein bedeutendes Handelszentrum im Osten des Landes dar. Ihre Entwicklung war maßgeblich durch die Besetzung der Türken und später der Rumänen geprägt. Obwohl Debrecen über keine geschlossene Stadtarchitektur verfügt, gibt es verschiedene sehenswerte Objekte der klassizistischen und neobarocken Baukunst zu sehen. Der Besucher bestaunt die große reformistische Kirche, das Csokonoi Theater, die St.-Anna-Kirche und das Universitätsgebäude.

Halbwegs erholt brachen wir nach unserem Ruhetag zur vorletzten Etappe auf. Ziel war das Ufer der Tisza in Höhe von Tokaj. Wieder ein wildes Camping, wieder nur zwei Liter Wasser. Auch das Wasser der Tisza wies keine ausreichende Qualität auf, um sich darin den Schmutz der Straße vom Körper zu waschen. Trotz Müdigkeit und wiederum 107 Kilometern in den Beinen salbten wir zumindest das Gemüt bei einbrechender Nacht in den Weinkellern der nahe gelegenen Stadt Tokaj.

So nahmen wir mit müden Beinen die letzten hundert Kilometer nach Košice in Angriff. Dabei ging es sehr fröhlich zu. Wir hatten den Unbilden des Windes standgehalten. Am Abend würden wir mit dem Zug nach 569 Fahrradkilometern in die Heimat zurückkehren. Diese Tour wurde unerwartet zu einer besonderen Herausforderung. Die Puszta hatte dennoch unser Gefallen gefunden.

Ijsselmeer-Damm

Ein untrügliches Maß für die Herkunft des Windes ist das Ohrgeräusch. Bei Gegenwind pfeift es tüchtig am Kopf, bei Windstille ist ein leises

Rauschen zu vernehmen und bei Rückenwind ist es still. Diese Beobachtung machten wir 1995 und 1999 speziell auf Touren in Holland. Beide Jahre fuhren wir über den Ijsselmeer-Damm, der über eine Distanz von 30 Kilometern Den Oever und Harlingen mitten durch das Wasser verbindet.

Neben dem eigentlichen Schutzdamm verlaufen auf der dem Binnenmeer zugewandten Seite ein Radweg und eine Straße, alles zusammen vielleicht 80 Meter breit. Vor der ersten Überquerung teilten wir unseren tschechischen Freunden die Notiz aus dem Reiseführer mit, man solle den Damm in West-Ost-Richtung befahren, um den zumeist aus Westen wehenden Wind als Unterstützung zu nutzen. Die Organisatoren bestanden aber auf der Umrundung des Binnenmeeres entgegen dem Uhrzeigersinn. Und so hatten wir das Malheur. Nach bereits bewältigten 90 Fahrkilometern blies uns ein heftiger Wind auf der vollen Länge des Dammes entgegen.

Ähnlich der Puszta war auch hier der Weg völlig ungeschützt. Es bedurfte des belgischen Kreisels, um diese Anstrengung zu schaffen. Wir teilten uns in Gruppen von zwölf Fahrern auf und nutzten wie die Radrennfahrer den Windschatten des Vordermannes. Auf der Straße gab es Kilometersteine. So fuhren die Frauen einen halben Kilometer und die Männer einen Kilometer an der Spitze des Konvois. In Den Oever angekommen, ließen wir uns vorsichtig in das Gras des Campingplatzes fallen. Eine damals 70-jährige Sportsfreundin, deren Leben der Radsport nicht im Entferntesten berührte, fuhr die gesamte Strecke übrigens alleine.

Bei unserem zweiten Kontakt mit demselben Damm, auf der Tour von Amsterdam nach Eutin, waren wir klüger. Wir starteten die Damm-Überquerung in Den Oever. Das Wetter war schlecht, Regenschauer durchzogen das Land. Am Abend, diesmal waren wir nur zu zweit, wehte der Wind ordnungsgemäß aus Westen. Im kleinen Hafen der Stadt, hörten wir Bruchstücke des Wetterberichtes. Als wir am Morgen aus dem Zelt krab-

Niederländer in Betrachtung des Ijsselmeeres

Eine Großzahl von Schleusen verbinden das Ijsselmeer mit den Kanälen

belten, kamen die Wolken aus Nordost! Wieder hatten wir Gegenwind, nur diesmal nicht so heftig. Wir bewältigten die Fahrt dieses Mal auch ohne den Kreisel.

Daraufhin verabredeten wir einen dritten Versuch. Auf der Hälfte des Weges befindet sich ein Café mit Aussichtsplattform und Schiffsanleger. Dorthin lassen wir uns mit dem Boot übersetzen und entscheiden vor Ort die Fahrtrichtung – Den Oever oder Harlingen. Herrscht an diesem Tag nicht gerade Windstille, lassen wir uns vom Gemisch aus Sauerstoff und Stickstoff treiben, so wie wir es voller Neid zwei Mal bei entgegenkommenden Pedalisten gesehen haben.

Dem Regen trotzen

Regen ist Wasser – Wasser ist Leben. Jeder Mensch kennt diese einfache Formel. Und dennoch kommt der Regen meist zu unpassender Zeit. Man muss ihn doch nicht unmittelbar miterleben müssen. Nachts kann er fallen, oder dort, wo sich der Nachbar gerade aufhält, aber bitte nicht gerade hier.

Permanente Regenschauer begleiteten uns 1986 auf der Tour in Polen und 1989 im ansonsten sonnenverwöhnten Ungarn. In beiden Ur-

lauben verbrachten wir die Nacht größtenteils im Zelt. Damals, in Ungarn reichte unser Geld nicht einmal, um ein Zimmer mieten zu können. Unser Verdienst in der Heimat war allemal hoch genug, nur bekamen wir zu wenig der ungarischen Landeswährung eingetauscht.

Wir verhielten uns wie Helden und setzten uns gegen die Unbilden durch. Dabei lernten wir, wie man sich besser gegen Nässe von oben (Regen), unten (Spritzwasser des Rades) oder der Seite (Spritzwasser der Autos) schützen kann. So wurde die Ausrüstung von Jahr zu Jahr besser – perfekt ist sie aber selbst nach Jahrzehnten noch nicht. Gegen die sich stauende Feuchtigkeit des Körpers ist keine Kleidung gefeit.

Und dennoch starten wir heute viel gelassener in verregnete Tage. Das über Gesicht und Hände laufende Wasser kann man hin und wieder abstreifen. Nur Birgit muss von Zeit zu Zeit anhalten, um die Brille trocken zu wischen. Lange hält die Wirkung jedoch nicht an. Wichtig ist nur, dass der Inhalt der Taschen und vor allem die Schuhe trocken bleiben. Der Rest lässt sich ertragen.

Acht-, neun- oder sogar zehnstündige Regenfahrten in Schweden, Belgien, Deutschland oder der Schweiz waren keine Seltenheit. So manchen Abend standen wir triefend vor Nässe im Foyer eines Hotels. Bekamen wir ein Zimmer, nahm der Tag einen guten Ausklang. Die Gelassenheit der Seele und die Hoffnung auf bessere Zeiten trugen dazu bei.

Gdánsk–Augustów

Als wir Ende August 1986 in Gdánsk (Danzig) den Zug verließen, begrüßte uns die Stadt bei herrlichstem Sonnenschein. Unser Quartier, eine Schule, fanden wir schnell. Wir mussten nur einem der zu Dutzenden in der Stadt sichtbaren grünen T-Shirts mit dem *Interkvadrant*-Logo auf der Brust folgen. Die tschechischen Freunde waren schon am frühen Vormittag mit Bussen eingetroffen. Ihre Fahrräder hatte ein Lastwagen transportiert. Unsere Räder empfingen wir am Hauptbahnhof, wohin wir sie vom Berliner Ostbahnhof schon zwei Wochen zuvor abgeschickt hatten. Den Transport hatten sie schadlos überstanden.

Nach den Touren in der DDR (Mecklenburg) und Ungarn (Donau, Puszta) waren wir im Rahmen der neuen Serie nun auch in Polen zu Gast. Örtlicher Organisator war dieses Mal eine Wandergruppe aus Elblag. Nach einwöchiger Radtour über die Straßen der Region sollte der zweite Teil in Kanus auf den Gewässern der masurischen Seenlandschaft stattfinden. Bis zur Abfahrt war aber noch genug Zeit, die alte Hansestadt westlich der Weichselmündung zu besichtigen.

Um der geschichtlichen Bedeutung des Handels- und Kulturzentrums Danzig gerecht zu werden, bedarf es viel Zeit und einer eigenen Darstellung. Aber schon ein flüchtiger Blick auf den langen Markt mit dem

Das Krantor im Gdánsker Hafen

Danziger Artushof, den davor stehenden Neptunbrunnen, das Rechtsstädtische Rathaus, das Grüne Tor und das Speichermannshaus, wie auch auf die Marien- und Katharinenkirche, die Alte Mühle und natürlich das Krantor verdeutlicht den Reichtum und die zentrale Funktion der Hansestadt im Mittelalter. Der Fremdenführer empfiehlt eine Vielzahl weiterer Sehenswürdigkeiten.

Vom Stadtrundgang erschöpft gingen wir in die Schule, um den uns zugewiesenen Klassenraum in ein Nachtlager zu verwandeln. Luftmatratzen und Schlafsäcke hatten wir wegen des Campings unterwegs ohnehin dabei. Nach einem nur kärglichen Frühstück starteten wir am nächsten Morgen gleich am Stadtrand mitten hinein in die Natur. Neben flachen Passagen trafen wir immer wieder auf beachtliche Hügel, die sich südlich der Ostsee als Endmoränenlandschaft von Mecklenburg bis weit in den Osten Polens erstrecken.

Über Nacht hatte es sich eingetrübt. Es folgte Regen von mäßiger bis großer Dauer. Mit Folie deckten wir die Packtaschen ab. Wir selber gönnten uns einen leichten Regenmantel als Schutz. Das Hauptgepäck wurde inzwischen mit dem Bus zu unserem Ziel nach Elblag transportiert.

Über Owislina und Tezen erreichten wir in einer Regenpause Malbork (Marienburg). Die Stadt, die südlich von Gdánsk am Fluss Nogat liegt, wird Jahr für Jahr von Hunderttausenden Touristen besucht. Sie alle sind an der gleichnamigen Ordensburg des Deutschritterordens aus dem 14. und der ersten Hälfte des 15. Jahrhunderts interessiert. Die

Die Marienburg, Sinnbild des Deutschritterordens aus dem 14. Jahrhundert

weiträumige Burganlage mit dem Haupthaus des Ordensstaates stellt den größten Backsteinbau des Kontinents dar. Neben der imposanten Kulisse am Ufer des Flusses, sind die Pfarrkirche St. Johannes, das Rathaus der Stadt und die erhaltengebliebenen Teile der Stadtbefestigung Zeugnis der hohen Kunst des Handwerks im Mittelalter.

Elblag (Elbingen) wurde im Jahre 1237 nahe der Mündung von Elbling und Nogat in das Frische Haff als Teil des Deutschordenlandes gegründet. Es entwickelte sich später neben Gdánsk und Toruń zu einer bedeutenden Hanse-Stadt. Als erhaltengebliebene historische Backsteinbauten sind der Dom, das Heilig-Geist-Hospital, das Markttor sowie die Marien- und die Nikolaikirche zu nennen. Die Schule, in der wir auch hier schliefen, strahlte schlichte Architektur aus. Wir waren sehr froh, anstatt in unserem Zelt wieder in einem Klassenraum untergekommen zu sein, da es erneut zu regnen begann. 102 Kilometer hatten uns die Organisatoren an diesem Tag durch die Nässe geschickt.

Die zweite Etappe führte über Frombork (Frauenburg) nach Pieniężno. Das Tiefdruckgebiet aus Nordosten hatte mit dem vielen Regen auch die Kälte gebracht. Wir tauschten den dünnen Regenmantel gegen Ölzeug, das die Segler bei stürmischer See zu tragen pflegen. Während es uns später, auf dem Kanu, gute Dienste leistete, war es beim Radfahren wegen seiner Steifheit hinderlich. Außerdem sammelte sich Schwitzwasser des Körpers unter der *Ölhaut*. Als wir gegen Mittag die Stadt Frombork ansteuerten, hatten wir wieder Glück – der Regen legte eine Pause ein.

Frombork liegt direkt am Frischen Haff, einer Bucht der Ostsee. Neben dem kleinen Hafen ist die Stadt vor allem durch den Dom aus dem 14. Jahrhundert repräsentiert. Um die als Hallenschiff angelegte Kirche wurde später eine Wehranlage errichtet. Sie schützte neben zahlreichen Wohngebäuden der Domherren auch den später errichteten Glockenturm. Jeder Besucher ist entzückt über die wuchtige Orgel, die eine Vielzahl Vogelstimmen nachahmen kann. Neben der Kunst war Frombork auch ein Zentrum der Wissenschaft. Nikolaus Kopernikus entwickelte hier sein heliozentrisches Weltbild. Unsere profane Interessenlage zum Geschehen der Welt war wieder einmal auf das Wasser gerichtet – es goss erneut in Strömen.

Der weitere Weg führte durch ausgedehnte Waldgebiete, unterbrochen nur von Dörfern mit alten Backsteinkirchen und den Resten landwirtschaftlicher Güter, die häufig noch in Betrieb waren. Auf den Teichen tummelten sich Enten. Pferde und Kühe grasten auf fetten Weiden. Wegen der sauberen Luft wirkte der Farbkontrast rot/grün äußerst intensiv. Dieses Farbspiel ist auf den Fotos, die wegen des vielen Regens ohnehin nur in geringer Zahl entstanden sind, leider nicht nachzuvollziehen – wir arbeiteten zu dieser Zeit noch mit Schwarz-Weiß-Filmen.

In Pieniężno erwartete uns als Nachtquartier ein Klosterseminar. Die Unterkunft in den heiligen Hallen war ein Geschenk Gottes. Es gelang unseren Organisatoren, vom Abt die Genehmigung zur Übernachtung im Dormitorium zu erwirken. Im großen Saal standen der Länge nach zwei Reihen Stahlbetten mit Matratzen. Da die Zahl der Betten bei Leibe nicht ausreichte, wurden zwischen ihnen noch eigene Luftmatratzen ausgebreitet. Auf diese Weise waren die Männer untergebracht. Die kleinere Zahl an Frauen kam in einem separaten Raum unter.

Der Gästewaschraum verfügte über eine Vielzahl von Hähnen für kaltes Wasser an wiederum zwei Reihen von Trögen. Zur Differenzierung der Nutzung wurden – wie üblich beim Kvadrant – die Waschzeiten an die Tür geschlagen: zur halben Stunde die Frauen und zur vollen die Männer. Unsere nasse Kleidung hing derweil im Heizhaus, nicht nach dem Geschlecht getrennt. Am nächsten Morgen startete eine Armada Räucherware – wir interpretierten den Geruch als Weihrauch – in die frische Natur. Beim nächsten Regen, der nicht lange auf sich warten ließ, wurden wir wieder reingewaschen.

Zur Durchquerung von Pieniężno benötigten wir keine zehn Minuten. Die Stadt wurde im zweiten Weltkrieg stark zerstört und später nur schleppend wieder aufgebaut. Bemerkenswert sind die Reste des nach Entwürfen von Karl Friedrich Schinkel gebauten Stadtturmes und die quadratische Anordnung der Straßen nach klassizistischem Vorbild.

Die nächsten fünfundsiebzig Kilometer waren von Kurven, Hügeln und wieder ausgedehnten Waldstücken charakterisiert. Kętrzyn erreichten wir nach 117 Kilometern über Worm, Bistynek und Rezel. Auf einem Biwak-Platz unweit der Wolfschanze schlugen wir im nassen Gras unse-

Unberührte Natur in Masuren

Camping an einem der vielen Seen

re Zelte auf. Da die Wanderzelte zu dieser Zeit noch sehr klein waren, stand unser Gepäck in Plastiktüten verpackt davor. Mit großer Missbilligung sahen wir, wie sich eine Romafamilie auf dem Platz breit machte. Als die später ein Lagerfeuer entzündete, auf der Gitarre spielte und dazu sang, nahmen wir vorsichtig Kontakt auf. Sie waren sehr nett, diese Roma. Der Mensch lebt eben nicht nur vom Vorurteil alleine.

Der Ort Kętrzyn (Rastenburg) geht auf die Übernahme der Rastenburg durch den Deutschen Orden im 14. Jahrhundert zurück. Die mittelalterliche Burg wurde später ausgebaut und diente den Ordensrittern als Übernachtungsstätte. Die St.-Georg-Kirche und das alte Landratsamt sind die einzigen verbliebenen Zeugnisse der Backsteingotik. Überdimensioniert große Drachen spieen während unseres Aufenthaltes von den Zinnen große Mengen Wassers aus. Es musste also schon früher in dieser Gegend recht feucht zugegangen sein.

Nach weiteren 120 Kilometern rasteten wir bei Ełk auf einem Biwakplatz. Der lag unmittelbar am Lyck-See. Sein Service bestand neben einem Herzhäuschen nur aus einer Feuerstelle. Die feuchte Wäsche und die Handtücher trockneten wir versuchsweise am Lagerfeuer. Da das Biwak weit ab jeglicher Zivilisation lag, kaufte die Besatzung des begleitenden Busses für uns ein – pro Zelt drei Artikel. Wir lebten deshalb von Brot, viel Marmelade und einer Art hartem Pfefferkuchen. Einmal kamen wir durch ein Dorf mit Lebensmittelladen. Es war in der Mittagszeit. Die Verkäuferin, die unweit des Ladens wohnte, öffnete ihren Laden trotz der Mittagspause. So konnten wir einige Lebensmittel mehr einkaufen.

Unterwegs, in Malbork, Frombork oder Bistynek, hätten wir nach Belieben einkaufen und essen gehen können. Daran hinderte uns aber die Gruppendynamik. Als Außenstehender kann man sich kaum vorstellen, wie es ist, mit knapp 100 Radfahrern unterwegs zu sein. Es geht, und es hat auch Vorteile: wir verloren die Angst vor der Strecke.

Auf der Tour in der DDR, als wir von Berlin an die Ostsee und zurück fuhren, waren wir die Anführer und durften keine Schwäche zeigen. In Ungarn und Polen versteckten wir uns im Rudel – würde einmal etwas passieren, käme immer ein Gleichgesinnter des Wegs. Nur durfte man nie der letzte sein. So war selten genug Zeit, uns etwas Gutes anzutun. Vielleicht bestand hierin auch die Ursache, weshalb wir in den darauffolgenden Jahren nur noch individuell nach eigenen Plänen fuhren.

Am Abend spiegelte sich plötzlich die Sonne im Lyck-See. Spontan breiteten wir Schlafsäcke und Kleidung zum Trocknen aus. Im klaren Wasser des Sees zu schwimmen, verkniffen wir uns wegen der niedrigen Temperatur dennoch. Uns in ihm zu waschen, war dagegen eine Wohltat, da wir seit vier Tagen keine Dusche mehr gesehen hatten.

Zum Abendbrot gab es wieder einmal warme Suppe. Wir hatten – zum Glück – ein Dutzend Tüten Fruchtsuppe dabei. Neben einem undefinierbaren Fruchtgeschmack enthielt sie Zucker und Sago. Da der Sago im Wasser aufquillt, verfügt er über eine hohe Wärmekapazität, die unserer Gemütsverfassung gut tat. Der zusätzlich hohe Verbrauch an Mehrfruchtmarmelade erklärte sich aus dem Bedarf an schnell in Energie umsetzbarer Nahrung. Wir blieben auf unserer Salami und dem aus Berlin mitgebrachten Käse sitzen. Was zu Hause einen Genuss darstellt, gerät unterwegs oft ins Abseits.

Nach weiteren 107 Kilometern trafen wir schließlich am Endpunkt des ersten Teils der Reise in Augustów ein. Das Tiefdruckgebiet legte eine kurze Pause ein. Bei nahezu perfekter Sonne wurden die Fahrräder nach Warschau abgeschickt, damit wir in den folgenden Tagen ungehindert mit dem Kajak auf den Flüssen, Kanälen und Seen Ostpolens unterwegs sein konnten. Als wir tags darauf zuerst die Stadt besichtigten und dann die Kajaks zu Wasser ließen, standen wir erneut im Regen. Ab hier drang unser Konvoi noch tiefer in die Natur ein. Lebensmittelläden und Gaststätten gab es nun überhaupt nicht mehr. Die Verbindung zur Zivilisation war alleine der Bus und unser Glaube an bessere Zeiten. Mit der Bewältigung des Augustówský kanál, der Czarna honcza und diversen Seen endete der Rundkurs wieder in Augustów.

Die Odyssee mit den Rädern war damit aber noch nicht beendet. Die Tschechen fuhren mit Bussen nach Warschau. Dort wollten wir uns am anderen Morgen gegen zehn Uhr auf den Stufen des Kulturpalastes treffen. Unsere Gruppe musste den Zug in die Hauptstadt nehmen. Da wir in Warschau kein Quartier hatten, wählten wir einen späten Zug, um die Nacht auf der Bahn zu verbringen. Unsere polnischen Freunde hatten sich schon mittags nach Hause abgesetzt. Da auch die Tschechen schon lange fort waren, fehlten uns einige wichtige Informationen.

Wir staunten nicht schlecht, schon gegen 23 Uhr in den Warschauer Hauptbahnhof einzufahren. Unser Gepäck verstauten wir in der Ecke des zentralen Warteraumes. Vier Freunde wurden zur Bewachung abgestellt. Sie hatten, wie wir später hörten, alle Hände voll zu tun, weil

Zuflucht für eine Nacht bot die Klosteranlage der Kamaldulenser im Wigry

dieser Eckbereich den Obdachlosen gewöhnlich als Schlafplatz diente. Die Miliz kontrollierte zumeist nur die vorderen Sitzreihen, von denen Schlafende mit Gummiknüppeln verjagt wurden. Wir anderen fuhren mit der Metro zum Westbahnhof, um die Fahrräder auszulösen. Die waren aber entgegen aller Voraussagen bei ihrer Abgabe noch nicht angekommen. Man wolle sich aber erkundigen, wo sie verblieben sind, war die verbindliche Aussage des Bahnhofspersonals.

Also ging es wieder zurück zum Hauptbahnhof. Dort kauften wir uns erst einmal am Nachtkiosk einige Verpflegung. Danach starteten wir zum zweiten Versuch. Die Räder seien in Warschau, müssten aber noch hertransportiert werden, lautete die ermutigende Auskunft. Also fuhren wir abermals zurück zum Hauptbahnhof und eine Stunde später wieder hin zum Westbahnhof. Obwohl sich die sprachliche Verständigung mit dem Mitarbeiter der Gepäckaufbewahrung nicht wesentlich verbessert hatte, fanden wir die Räder vor. Woher sie gekommen waren, entzog sich zu diesem Zeitpunkt unserer Kenntnis. Ein Mann, zwei Räder – so ging es mit der Metro zurück. Nun hatten wir alles beisammen!

Der Morgen nahte. Es regnete. Nicht alle hatten Lust auf das Treffen am Kulturpalast. Die anderen trafen die Tschechen hoch über der Stadt auf der Aussichtsplattform des Kulturpalastes. Warschau im Regen! Ein Bekannter fragte uns, warum wir die Nacht nicht in der Schule verbracht hätten; sie war sehr geräumig, man konnte warm duschen, sogar einen Farbfernseher hat es gegeben. Was sagt man dazu! Da besaßen die Tschechen einen kompletten Organisationsstab von zehn Mann und keiner von denen hatte uns informiert. Merde!

Zurück am Hauptbahnhof, wollten wir die Räder mit der Bahn nach Berlin aufgeben. Man sagte uns, das sei unmöglich, da am Sonntag der Zoll nicht arbeite. Somit entfiel die Möglichkeit, mit dem Warschau-Berlin-Express zu reisen. Der hatte bekanntlich keinen Gepäckwagen. Uns blieb, auf einen Schnellzug zu warten, der am späten Nachmittag starten sollte – vom Warschauer Ostbahnhof! Also fuhren wir mit der Metro zum Ostbahnhof, wo tatsächlich ein Zug nach Berlin weit vor der Zeit bereitstand. Zuerst verluden wir das Handgepäck, um später die Räder am Hauptbahnhof abzuholen. Unterwegs kam uns der Verdacht, dass die Räder des Nachts vom Ostbahnhof per Gepäckwagen zum Westbahnhof transportiert worden waren. So kamen sie letztlich an den Ursprungsort wieder zurück.

Birgit sollte auf das verladene Gepäck aufpassen. Als wir mit den Rädern kamen, war der Zug einschließlich Birgit verschwunden. Sie erzählte später, auf ein Abstellgleis gefahren zu sein und bange Minuten erlebt zu haben. Mut gab ihr eine Bedienung im Speisewagen, die in aller Ruhe eine Fahrt vorbereitete. Wohin diese aber gehen würde, war unklar? Sie ging nach Berlin. Es erübrigt sich darauf zu verweisen, dass es die komplette Zeit regnete und die Bahnsteige nicht überdacht waren.

Schließlich saßen wir durchnässt im Zug, waren vollzählig und führten Gepäck wie auch Räder mit uns. Kurz vor Erreichen der polnisch-deutschen Grenze in Frankfurt/Oder teilte uns der Zugschaffner mit, der Gepäckwagen würde auf polnischer Seite abgehängt werden, so dass die Fahrräder auszuladen seien. Die Frage, ob wir sie in den Abteilwagen mit seinen zwei Mitteleinstiegen herüberladen könnten, wusste er nicht zu beantworten. Nur die Grenzorgane der DDR könnten dazu Auskunft geben. So lief Wolfgang den Bahnsteig entlang, um einen Verantwortlichen des Zolls zu befragen. Ausnahmsweise durften die Räder mitgenommen werden. Heinrich Heine sprach in seinem *Wintermärchen* zu Recht vom „spezifischen Wesen des deutschen Zollvereins", das unergründlich sei.

Eine knappe Stunde später trafen wir in Berlin ein. Es regnete immer noch in Strömen. Wir stiegen auf unsere Räder und fuhren gegen Mitternacht ganz langsam die drei Kilometer bis zu unserer Wohnung. Es war ein Genuss. Heute schmunzeln wir über das Erlebte. Eine solche Tour von 400 Kilometern in fünf Fahrtagen muss man nicht erleben, wenngleich sie ein Beweis dafür ist, dass wir mehr ertragen als man glaubt. Bei schönem Wetter und guter Organisation muss die Reise von Gdańsk nach Augustów ein Vergnügen sein. Nichtsdestotrotz haben wir auch bei schlechtem Wetter, das niemand voraussah, höchst interessante kulturhistorische Stätten erlebt. Der Radurlaub des Jahres 1986 wird also nicht aus dem Gedächtnis gestrichen.

Ohne die gravierenden politischen Veränderungen in Osteuropa des Jahres 1989 wäre unsere Regentour durch Ungarn in den Hintergrund geraten. Ungarn war für DDR-Bürger wegen seines angenehmen Klimas, insbesondere aber wegen eines gewissen westlichen Lebensstils ein beliebtes Reiseziel. Nachdem wir 1984 Teile Ostungarns auf unserer „Windtour" kennengelernt hatten, wollten wir nun den westlichen Teil des Landes besuchen. Die Hauptstadt Budapest, geprägt von Fischerbastei, Parlament, breiten Boulevards wie auch schmalen Einkaufspassagen und, natürlich, der Donau war unser Ausgangspunkt. Der Weg führte über breite Ausfallstraßen zum Balaton und später zu den Heilbädern im Westen des Landes. Begleitet wurden wir von Regen und immer wieder Regen. Hinzu kam eine für dieses Land untypische Kälte, mitten im August.

Zwischenstation auf dem Weg zum Balaton war der Badeort Agárd am Südufer des Velence-Sees. Von Budapest bis hier hatten wir die Ausfallstraße benutzt, auf der wir vom Strom vorbeirasender Autos ordentlich feucht gehalten wurden. Unsere Regencapes schützten nach oben, nicht aber zur Seite. Das Zelt bauten wir im Regen auf und am nächsten Morgen wieder ab. Trotzdem glaubten wir zu diesem Zeitpunkt durchaus nur an ein feuchtes Intermezzo.

In Azófö, das unweit der von Weinbergen umrahmten Halbinsel Tihany liegt, schüttelten wir das vom Einpacken noch tropfnasse Zelt aus dem Packsack. Im benachbarten, recht üppig ausgestatteten

Beginn der Ungarn-Reise auf Höhe des Budapester Parlaments im Regen

Blick von der Halbinsel Tyhani auf den Balaton

Zeit für einen Kaffee in der Regenpause

Campinganhänger drückten sich drei Nasen an die Scheibe, um unser Tun zu beobachten. Wir dachten: „Die könnten mal einen Kaffee zum Aufwärmen rausreichen." Nichts dergleichen geschah. Während wir darauf warteten, dass das Unterzelt abtrocknete – es ging zum Glück ein leichter Wind – kam ein älterer Herr auf uns zu: „Wir kochen gerade Wasser. Vielleicht möchten Sie sich etwas aufbrühen". Dieser Vorschlag tat wohl, zumal es vom Besitzer eines bescheidenen Zeltes kam. Geraume Zeit später saßen wir beieinander, wärmten unsere Hände an den Bechern und tauschten Ungarnerfahrungen aus.

Tihany ist eine weit in den Balaton hineinragende Halbinsel, die den See in einen nördlichen und südlichen Teil gliedert. Wahrzeichen der gleichnamigen Stadt ist die im 11. Jahrhundert errichtete Klosterabtei. An den sonnenbeschienenen Nordhängen des Sees gedeihen die Rebsorten Ruländer, Pinot Gris, Silvaner und Weißburgunder, sofern die Sonne scheint. Mit einem süffigen Schoppen in der Hand hat man von der Halbinsel einen phantastischen Blick auf die gesamte Region.

Am späteren Abend trafen wir beim Abwasch eine Radfahrerin aus Dortmund. Auch sie beklagte das schreckliche Wetter. Ihre Feststellung, gegebenenfalls das Zelt mit einem gemütlichen Privatzimmer zu tauschen, bestätigten wir mit einem dezenten Kopfnicken als zweckmäßig. Der Preis sollte bei maximal 20 DM liegen und war, selbst für einen Studenten, in einer solchen Ausnahmesituation durchaus akzeptabel. Für ein kleines Zelt mit zwei Mann Besatzung waren allerdings nur 6 DM zu zahlen. Wir erklärten der jungen Frau, noch einige Tage durchhalten zu wollen. Unsere Rechnung – in Mark der DDR – unterlag anderen Gesetzen.

Die Währungen der osteuropäischen Staaten waren untereinander nicht frei konvertierbar. Die Höhe des Taschengeldes für einen „befreundeten" sozialistischen Staat unterlag der Handelsbilanz. Der Touristenaustausch zwischen Ungarn und der DDR war in einer heftigen Schieflage. Die Ungarn interessierte ein Besuch der DDR wenig. Deshalb war der Umtauschsatz von Mark der DDR in ungarische Forint stark eingeschränkt. Jeder Reisende erhielt 1989 Forint nur im Wert von 30 Mark je Tag. Pro Kalenderjahr gab es maximal 14 dieser sogenannten Tagessätze. Wir waren demgemäß mit 60 Mark pro Tag für zwei Wochen ausgestattet. Für das Zelt und seine zwei Bewohner zahlten wir annähernd 30 Mark und für einige Grundnahrungsmittel noch einmal dieselbe Summe. Damit erübrigten sich alle Überlegungen, ein Zimmer zu mieten oder ein warmes Essen in einem der attraktiven ungarischen Landgasthöfe einzunehmen. Auf Tihany, dem Urlauberparadies für In- und Ausländer leisteten wir uns an einem Kiosk *eine* gebratene Makrele – für ganze 25 Mark!

Trost fanden wir in den vielen Thermalbädern, die sich flächendeckend über das Land verteilen. Neben der heilenden Wirkung ihrer Wässer wärmten sie unsere Seelen nach bis zu zehnstündigen Regenfahrten. Vom steten Regen nahmen nicht nur wir, sondern auch die Räder Schaden. Das Spritzwasser der Autos kroch mehr und mehr in Lager und Zahnkränze, deren härter werdendes Fett den Freilauf eines Kranzes außer Kraft setzte. Ein Zahnradpaket mussten wir komplett austauschen. Ersatz fand sich jedoch in unserem reichlich ausgestatteten Ersatzteillager.

Wir bauten unser Zelt an der Südspitze des Balatons in Keszthely auf. Diese Gegend ist seit der Zeit der Römer besiedelt. Markantestes Wahrzeichen der Stadt ist sein Barock-Schloss aus der Mitte des 18. Jahrhunderts. Die dazugehörige Innenstadt ist ein Besuchermagnet aller Balaton-Touristen. Wie schön musste dieses Ensemble im Sonnenschein wirken. Wir machten das Beste aus unserer Situation und erwärmten uns wieder einmal im warmen Wasser.

Unabhängig von der Währungsdifferenz von Ost- und West-Mark behandelten die Ungarn ihre Gäste ausnahmslos korrekt. Ausdruck ihres sympathischen Lebensstils sind die gepflegten Städte und Dörfer, die sie ihren Besuchern gerne zeigen. Dazu passten allerdings nicht die oft bis auf die Karosserie ausgeschlachteten Autowracks, von denen wir die ersten hinter Ksezthely entdeckten. Es waren ausschließlich Fahrzeuge der Marken Wartburg, Trabant und vereinzelt Škoda, die in Ungarn viel gefahren wurden. Je weiter wir uns der Grenzregion zu Österreich näherten, umso dichter wurde die Zahl dieser Schrottlauben am Rande der Wiesen und Äcker. Bedachte man die hohen Autopreise in Ungarn und die dadurch notwendige lange Nutzungsdauer eines solchen Gefährts, machte diese Umweltverschandelung keinen rechten Sinn.

Auf dem Campingplatz bei Szombathely entdeckten wir dann auch noch leerstehende Zelte und abgestellt PKW, Campinganhänger und Motorräder. Während die Herkunft der Wracks nicht auszumachen war, hatten diese Fahrzeuge auf dem Platz Nummerschilder aus der DDR.

Überbleibsel von DDR-Bürgern auf der Flucht nach Österreich

Intakte wie auch ausgeschlachtete Fahrzeuge gehörten also DDR-Bürger, die die grüne Grenze zu Österreich überwunden hatten oder es beabsichtigten.

Für die Fluchtwilligen war die Historie von Szombathely, das bereits im Jahre 43 nach Christus vom römischen Kaiser Claudius gegründet worden war, ohne Bedeutung. Die Stadt wurde zur Zeit der k. u. k.-Monarchie wegen ihrer zentralen Lage zu einem Verkehrsknotenpunkt des Kaiserreiches ausgebaut. Deshalb siedelte sich auch die Industrie hier an.

Auf den Campingplätzen in Bük und Hegyko, zwei Orten, die nördlich von Szombately in unmittelbarer Nähe zur Grenze liegen, trafen wir auf noch mehr Ausreisewillige. Knisternde Spannung lag über dem Areal. Die *Urlauber* aus der DDR warteten auf die offizielle Öffnung der Grenze zu Österreich. Weil wir schon geraume Zeit unterwegs und der ungarischen Sprache nicht mächtig waren, hatten wir den aktuellen Stand der Verhandlungen zwischen Ungarn und Österreich in dieser Frage nicht registriert.

So richtete sich unser Blick auf die Weiterfahrt in Richtung Norden, immer wieder nach links, nach Österreich blickend. Die Maisfelder zu beiden Seiten der Grenze wirkten aber recht verschlafen, zumindest am Tage. In der Nacht erhielten sie Besuch von den Flüchtenden, die von den ungarischen Grenzsoldaten jedoch immer wieder zurückgewiesen wurden.

Mit diesen Soldaten hätten auch wir beinahe Kontakt gehabt. Unsere Reiseroute bog kurz vor Sopron scharf nach Osten ab, was nicht politisch zu verstehen ist. Über Györ wollten wir nach Bratislava fahren, um von dort mit dem Zug nach Hause zu reisen. An der Rezeption des Campingplatzes von Hegykö erkundigten wir uns, ob der Weg nach Sopron frei sei. Sopron liegt am Neusiedler See und ist die Grenzstadt zu Österreich. Speziell an Wochenenden treffen sich hier viele Radfahrer aus Wien zum Mittagsmahl. Für DDR-Bürger war die Einfahrt in die Stadt 1989 geschlossen. Einmal hier, wollten wir doch wenigstens den Fuß auf diesen historischen Flecken setzen. Man riet uns jedoch ab: „ Wenn Sie wieder in die DDR zurückkehren wollen, so meiden Sie Sopron“, war die Auskunft der freundlichen Dame von der Rezeption.

Bei uns zuhause gab es genug der Verbote. Hier war Ungarn, wir waren Gäste, ein Versuch war es wert. Also bogen wir an der entscheidenden Kreuzung nicht ab, sondern fuhren stramm weiter mit gewissem Herzklopfen. Von Sperrung der Straße konnte nicht die Rede sein. Als uns aber ein Trabant überholte, sprangen mehrere Grenzsoldaten in 200 Meter Entfernung aus dem Straßengraben. Die mit *Kalaschnikows* bewaffneten Männer kontrollierten den Wagen. Aus der Entfernung konnten sie nicht ausmachen, ob der Wagen in Ungarn oder der DDR zugelassen war. Wir fuhren auf den Posten zu und wurden *nicht* kontrolliert. So erreichten wir nach wenigen Minuten die für DDR-Bürger geschlossene Stadt. Zu unserem Erstaunen hielten sich dort jedoch sehr viele Ostdeutsche in den Straßen auf, die leicht an ihrer etwas derangierten Kleidung auszumachen waren. Alle warteten auf die Öffnung des Grenzübergangs.

Der *Durchbruch* des Grenzpostens hatte sich gelohnt. Sopron strotzt nur so vor bürgerlicher Kultur. Viele Gäste ließen sich die ungarische Küche schmecken. Aus Gründen des fehlenden Budgets erfreuten wir uns mehr an der Architektur der Stadt. Feuerturm, Rathaus, Treuetor und Geißkirche ordnen sich perfekt in das geschlossene barocke und neogotische Ensemble des Zentrums ein. Wir verabschiedeten uns von hier, nicht ohne das Versprechen, die schöne Stadt zu „besseren“ Zeiten noch einmal zu besuchen – vielleicht auf dem Rad, von Wien kommend, zum Mittagsmahl.

Im Thermalbad Hegykö, das am Südufer des Neusiedler Sees liegt, ließen wir es uns wieder gut gehen. Der Regen pausierte. Sogar einige Sonnenstrahlen lugten zwischen den Wolken hervor. Am Kiosk erwarben wir die erste *Frankfurter Allgemeine Zeitung* unseres schon nicht mehr ganz jungen Lebens. So waren wir auf die zehnstündige Regenfahrt am nächsten Tag gut vorbereitet.

Erst als wir auf den Campingplatz von Györ einbogen, hörte der Regen auf. Wieder waren wir mehr als 80 Kilometer unterwegs gewesen. Dieses Mal erwischte es unsere Schuhe. Die Pfützen auf der Fernverkehrsstraße waren so tief, dass wir mehrere Male Schwalle von Wasser in die Schuhe gespritzt bekamen. So saßen wir im Zelt und versuchten, die Schuhe über dem Spirituskocher ein wenig zu trocknen. Um keinen Schnupfen zu bekommen, kauften wir vom restlichen Geld – am nächs-

Ziel von Radtouristen aus Wien – der Marktplatz von Sopron

ten Tag verließen wir Ungarn – vier Brötchen, zwei überdimensional große Zwiebeln und einen halben Liter *Palinka,* das Pendant zum österreichischen Obstler. Dazu zogen wir alle verfügbare Kleidung an, denn für das *warme* Ungarn hatten wir nur sehr dünne Schlafsäcke eingepackt. Wir überlebten die Nacht, leicht trunken, in gesundem Tiefschlaf.

Vor dem Aufbruch zur nächsten über 80 Kilometer lange Etappe nach Bratislava, galten die Blicke der reizvollen Stadt Györ. Auch dieser Ort war als erstes von Römern besiedelt. Die Stadt gewann während der Türkenkriege eine hohe militärische Bedeutung als letzter Vorposten Wiens. Die barocke Altstadt mit Rathaus, Nationaltheater und zahlreichen Sakralbauten zeugt vom kulturellen Einfluss des Kaiserreiches. Wegen der immer noch nassen Schuhe verließen wir die Stadt jedoch zeitig wieder.

In Bratislava, unserem Zielort, angekommen, wollten wir die Räder als Expressgut nach Berlin aufgeben. Dazu mussten sie dem Zoll zugeführt werden. Nun war aber wieder einmal Wochenende, an dem auch hier der Zoll nicht arbeitete. Also schickten wir die Räder mit einem Nachtzug nach Dečin, der Grenzstation zwischen der Tschechoslowakei und der DDR, und fuhren mit dem nächsten Zug hinterher. Der nächste Morgen, es war der 5. September, wäre unspektakulär verlaufen, wenn wir nicht nochmals ausreisewillige DDR-Bürger gesehen hätten.

Zu diesem Zeitpunkt waren die Botschaften der Bundesrepublik Deutschland in Prag und Budapest bereits von Hunderten DDR-Bürgern seit Wochen besetzt. In Dečin fuhr ein Zug aus Dresden kommend nach

Die Klosterkirche zu Györ zeugt von der Hochkultur der k. u. k.-Monarchie

Budapest ein. Alle Fenster der Waggons waren geöffnet. Die Fahrgäste drängten sich dahinter schweigend in großer Zahl. Da wir die einzigen Fahrgäste in die Gegenrichtung waren, herrschte auf dem Bahnsteig eine beängstigende Stille. Als der Zug nach Budapest wieder Fahrt aufnahm, löste sich die Starre, einige Fahrgäste lachten, andere weinten, die meisten aber winkten uns zu. Sie fuhren jetzt in Richtung Osten, um auf Umwegen in den Westen zu gelangen, wir begaben uns dagegen in Richtung Westen, um im Osten, in der DDR, zu bleiben. Keiner von uns wusste, dass wir uns nur wenige Wochen später, nach dem Fall der Berliner Mauer am 9. November 1989, wiedersehen sollten.

Die 980 Kilometer im Westen Ungarns wären bei schönem Wetter eine reizvolle Fahrt geworden. Kultur und Badefreuden gab es in Fülle. Kälte und Regen haben leider unsere Freude an 13 Fahrtagen getrübt. Die gewählten Streckenabschnitte waren für diese Bedingungen mit meist über 80 Kilometer zu lang gewählt. Wir hatten zu wenig warme Kleidung und zu dünne Schlafsäcke dabei. Auf unserer ersten Tour – im Osten Ungarns – kämpften wir zwar mit dem Wind, aber die Temperaturen waren fast zu hoch. Davon haben wir uns beeinflussen lassen. Daraufhin stellten wir unsere Packlisten neu zusammen.

Die An- und Abreise über Bratislava war der politischen Teilung Europas geschuldet. Heute würden wir mit Sicherheit Wien in die Tour mit einbeziehen. Heute verfügen wir aber auch über das *richtige* Geld, um uns Zimmer in Pensionen oder Privathäusern mieten zu können. Angebote gibt es zur Genüge – es gab sie auch schon 1989.

Berge voraus

Was ist ein Berg? Dem ungeübten Radfahrer bereitet die Auffahrt zum Deich an Nord- und Ostsee Mühe, dem Radprofi der Anstieg nach Alpe d' Huez, *einer Bergankunft der Tour de France in den französischen Alpen. Aber auch das hüglige Land in Böhmen, der Eifel oder im Süden Finnlands ist eine nicht zu unterschätzende Herausforderung, wenn zwischen Start und Ziel Strecken von 100 Kilometer Länge liegen. In Kettler's Radführer* Norwegen per Rad *lasen wir in der Einleitung von Frank Pathe: „Radtouristen sollten sich bewusst sein, dass die Höhenunterschiede teilweise sehr groß sind und gewisse Anforderungen an den physischen Leistungswillen des Radlers stellen. ... Auch ein angemessen ausgestattetes Rad ist nicht der Weisheit letzter Schluss, entscheidend ist vielmehr die innere Einstellung, die Berge nicht nur als unbezwingbare Wand, sondern als Ort höchster Genüsse auf dem Sattel zu sehen".*

Wir selber weichen den Bergen gerne aus. Stemmen wir uns dennoch gegen sie, bietet der Weg keine andere Variante, um ans Ziel zu kommen – so geschehen im französischen Haute Jura, *den norwegischen Fjells, den Alpen oder den Bergen Mitteldeutschlands. Die Bergfahrt vermittelte uns bemerkenswerte Einsichten. Zu Beginn schüttet der Körper Stresshormone aus. Schon bald, wenn sich entschieden hat, dass der Anstieg fahrend zu bewältigen ist, stellt er sich trotz Beanspruchung auf Ruhe ein. Die Beine folgen einem gleichmäßigen Rhythmus.*

Die Situation am Berg ist einer Bahnfahrt auf alten Geleisen vergleichbar: Der Einstieg und die Platzsuche verursachen Stress, der schnell nach der ersten Orientierung im Abteil verfliegt. Sitzt der Reisende in seiner Ecke, schweift der Blick alsbald auf die vorbeihuschende Landschaft. Das gleichmäßige Klacken der Räder beruhigt Körper und Geist. Auch auf dem Rad wird die Natur am Berg nur untergründig wahrgenommen. Die Gedanken gehen gleichermaßen auf Ruhestellung. Die Seele kann der Geschwindigkeit folgen.

Lyon–Haute Jura–Basel

Im Jahr 1993, kurz nach der Öffnung der innerdeutschen Grenze, fuhren wir von St. Etienne über das französische Jura-Gebirge nach Basel. Von Berlin mit dem Zug kommend, nutzten wir ab Osnabrück zum ersten Mal den Transfer mit einem sogenannten Fahrradbus. Dieser fuhr in den Sommermonaten Juli/August verschiedene Stationen in Frankreich an. Die Räder waren auf dem Dach des Busses quer zur Fahrtrichtung, leicht nach hinten geneigt, auf einem Gepäckträger untergebracht. Pro-

In Lyon starteten wir unsre Frankreich-Tour früh morgens am Ufer der Rhóne

bleme gab es in Frankfurt am Main, einem der Zustiegorte, als ein nicht angemeldetes Tandem zu verstauen war. Wegen seiner Länge musste es längst zur Fahrrichtung angebunden werden, wofür die Konstruktion des Trägers aber nicht geeignet war. Die beiden Fahrer, eine junge Frau und ein junger Mann hatten viel Mühe. Nach einstündigem Umbau, der im feinen Nieselregen stattfand, starteten wir doch noch nach Frankreich. Unser Zielort am nächsten Morgen war die mittelfranzösische Stadt Lyon, wo wir auf das Rad stiegen, um nach St. Etienne weiter zu fahren. Dort wartete die Verwandtschaft auf uns.

Der Weg führte zunächst südwärts durch das Breite Tal der Rhóne entlang einer römischen Wasserleitung, die als kilometerlanges Viadukt gut erhalten war. Dann bogen wir nach Südwest in ein Seitental ab. Eisenbahn und Autoverkehr teilten sich die Talsohle, Radfahrer nutzten die an ein Mittelgebirge erinnernde Flanke. Mit der Ankunft rechneten wir gegen 16 Uhr, wohl glaubend, die Strecke von 70 Kilometern ohne Probleme in sechs Stunden bewältigen zu können. Das ständige Klettern auf die Hügel forderte jedoch dem von der Busfahrt übermüdeten Körpern eine tüchtige Leistung ab. Mehrfach meldeten wir der wartenden Tante telefonisch eine weitere Verspätung. Um 20 Uhr war der Weg endlich geschafft.

Die komplette Familie – Tante, Sohn, Töchter und Enkel – wartete mit dem Aperitif. Es gab Kanapees und Drinks. Rotwein nahm man nur zum Essen. Als Aperitif wurden herzhaftere Getränke gereicht. Die Herren tranken Pernod oder Whisky, die Damen *Bleu* – Curacao mit Sekt

Ein Zeugnis alter Zeit – römisches Viadukt auf dem Weg nach St. Etienne

oder Kokoslikör aufgefüllt. Nach der überstandenen Etappe hatten wir uns ein Schlückchen verdient. Die Würdigung ob der vollbrachten Leistung forderte noch manches Schlückchen mehr, so dass wir von der französischen Lebensart stark benommen in die Betten sanken.

Am nächsten Morgen, wir verbrachten den Tag mit der Tante alleine, galt es, im Supermarkt den zum Mittagsmenü passenden Wein zu kaufen. Die Tante, eine Deutsche, heiratete am Ende des zweiten Weltkrieges einen französischen Soldaten und übersiedelte mit ihm nach Frankreich. Sie beherrschte die französische Küche perfekt, verstand aber rein gar nichts vom Wein. Als wir die überdimensional langen Weinregale des Supermarktes sahen, verstanden wir sie. Der Wein und das kulinarische Angebot überraschten uns sehr.

Weitere Kostproben der französischen Küche genossen wir bei Ausflügen mit Cousin und Cousine, die uns unter anderem in die sanfte Hügellandschaft der

Vorort von St. Etienne

Blick auf die reizvolle Landschaft der Loire in Mittelfrankreich

Loire entführten. Nach diesen Gaumenfreuden flüchteten wir vor der Gastfreundschaft mit den Rädern in Richtung Haute Jura. Der Cousin, der gewöhnlich mit seinem Pizza-Auto die Wochenmärkte der umliegenden Dörfer versorgt, fuhr uns zurück nach Lyon, wo die eigentliche Tour begann.

Als erstes Ziel steuerten wir Bourg-en-Bress an. Diese bürgerliche Kleinstadt am Fuß der Berge war auf flachem Terrain durch Wälder und Auenlandschaft zu erreichen. Anstelle des Campingplatzes stießen wir zunächst am Marktplatz auf das *Hotel de Ville*, was bei uns schlicht Rathaus heißt. Ohne der französischen Sprache mächtig zu sein, sprachen wir einen Passanten an: „Monsieur, Camping …?“. Wir unterstrichen unser Begehren mit einem fragenden, etwas dümmlichen Gesichtsausdruck. Er antwortete weitschweifig und fand kein Ende. Wir vermuteten, die Stadt umkreisen zu sollen. Das taten wir dann auch und fanden die Herberge für die erste Nacht – nur nicht an der Stelle, die der Radführer voraussagt hatte.

Das Juragebirge empfing uns am folgenden Tag mit den ersten Auffahrten, die sich mit Flachstücken abwechselten. So war die Strecke mit mäßigen Anstrengungen zu bewältigen, zumal die Anstiege 2–3 Prozent nicht überschritten. In einer der Bergkehren fand sich ein Landgasthof, der einen schönen Blick auf die Kalksteinfelsen der umliegenden Berge gewährte und Ausflugsziel am Abend und Mittagstisch am Tag, auszumachen an den festlich eingedeckten Tischen des Gastraumes und den groben Holzmöbeln des Schankraumes, war.

Auffahrt zum Pass im Jura-Gebirge – hier schoben wir das Rad nie

Gemeinsam mit Bauarbeitern und Büroangestellten der Umgebung nahmen wir ein opulentes Mahl ein. Anstelle einer Speisekarte wurde das Menü des Tages serviert: Suppe, Salat, Fleisch, Käse und Kaffee mit Kuchen. Als Getränk reichte der Wirt Wein für die Franzosen und Bier für die Deutschen. Der Preis für alles von umgerechnet nur 15 DM überraschte angenehm. Leider wirkte sich das Bier lähmend auf unsere Beine aus. Die Strafe spürten wir alsbald beim weiteren Anstieg hinauf zum Bergsattel.

Auf den nächsten Etappen machten wir eine wichtige Erfahrung: Essen gab es von 12 bis 14 Uhr und ab 18 Uhr wieder. Diesen Umstand hatten wir zunächst gar nicht bemerkt. So gab es nur an zwei Tagen mittags ein warmes Essen, waren wir doch nie zur rechten Zeit am rechten Ort. Die Lebensmittelläden hatten, wenn in den Bergdörfern überhaupt vorhanden, von 12 bis 16 Uhr geschlossen. Die uns immer begleitende Essensschachtel erwies sich wieder einmal als sehr nützlich.

Die Etappe von Dortan, einer Kleinstadt moderner Prägung mit Industrieanlagen, in der wir wiederum unser Zelt aufgestellt hatten, nach St. Laurent-en-Grandvaux flößte sehr großen Respekt ein. Auf einer Länge von 15 Kilometern war ein Höhenunterschied von 500 Meter zu überwinden. Wir schliefen in dieser Nacht sehr unruhig. Solch einen langen Anstieg von durchschnittlich 3,3 Prozent waren wir noch nie gefahren. Wir stellten uns auf längere Zufuß-Passagen ein. Zu unserer Freude bewältigten wir den Anstieg, ohne das Rad schieben zu müssen, wenngleich in langsamer Fahrt. Stolz erreichten wir das weit ausladende Hochplateau des Grandvaux, das von Seen, Feldern und Buschwerk eingerahmt und von sanften Hügeln durchsetzt war. Die Landschaft erinnerte ein wenig an die Lüneburger Heide.

Auch St. Laurent-en-Grandvaux besaß einen Campingplatz. Zu dieser Zeit bereiteten uns Nächte auf hartem Lager noch keine Probleme, zu-

St. Laurent-en-Grandvaux

Schweizer Enklave in Frankreich

mal das Wetter sehr schön war. Weil wir wegen des Anstiegs auf diese Höhe zeitig aufgebrochen waren, standen wir schon gegen 16 Uhr geschniegelt im Zentrum des maximal 200 Meter langen Ortes. Post, Pizzeria und Bistro vereinten sich mit den Wohnhäusern zu einem typisch französischen Bergdorf. Die Pizzeria schob den belegten Teig natürlich auch erst um 18 Uhr in den Steinofen. So stießen wir im benachbarten Bistro mit ein, zwei, ... Gläsern Rotwein auf unseren Tageserfolg an. Man kann sich denken, in welchem Zustand wir die später servierte Pizza angingen.

Das Radfahren auf der Hochebene war ein Vergnügen. Den Augen boten sich tiefgrüne Wiesen und Waldpartien, Gebirgsbäche, die von alten Steinbrücken überspannt wurden, und viele rustikale Gehöfte, gebaut aus dem groben Kalkstein der Region. Inmitten der großflächigen Marktflecken fanden sich Springbrunnen und stählerne Viehtränken.

In leichtem bergauf und bergab fuhren wir zum Lac de Saint-Point, dem größten natürlichen Jurabergsee. Der Campingplatz, direkt am See gelegen, war nahezu verwaist. Wir schrieben den 14. September. Zu dieser Zeit weilten die Franzosen schon mehr als zwei Wochen wieder in Paris. Die einstöckigen Häuser aus massiven Steinen und roten Dächern waren charakteristisch für die Region. Auch hier stand eine Viehtränke auf dem Marktflecken. Kühe oder andere Haustiere sahen wir zwar zahlreich auf den Weiden, aber nie in den Orten selbst.

Ein Laden für Molkereiprodukte verkaufte besten französischen Käse, der in der danebengelegenen Meierei produziert wurde. Ein Bistro oder Restaurant gab es aber nicht. Also verpflegten wir uns wieder einmal aus der Essenschachtel, die im Käsepaket eine willkommene Ergänzung fand.

Am nächsten Tag, es war Sonntag, fuhren wir in weiterhin welliger Landschaft zum Geläut der Mittagsglocken in eine kleine Ortschaft ein. Sie besaß ein Gasthaus. Zum zweiten Mal kamen wir zur richtigen Zeit an. In der Gaststube saß eine Jagdgesellschaft, die im Unterschied zu uns, ihr Tagewerk bereits vollbracht hatte. Der 12jährige Sohn des Hauses brachte die Speisekarte, nahm die Bestellung der sorgfältig ausgewählten Menüs aber nicht entgegen. Da wir, trotz unserer Ohnmacht in französischer Sprache, auf der Bestellung beharrten, rief er laut „Mamaaa". Die Mama bat uns an den Tisch der Jäger, damit wir durch Sichtkontakt am dort bereits servierten Essen ein Menü zusammenstellen konnten. Das taten wir und merkten jetzt erst, dass wir uns aus der Karte vier Vorspeisen beziehungsweise fünf Suppen bestellen wollten.

An anderer Stelle, wir übernachteten im Hotel des Städtchens, zeigte man uns erst gar keine Karte, sondern nahm einen präparierten Hechtkopf von der Wand – es gab Forelle. Standen unsere Räder bislang im Freien – die Ledersättel waren selbstverständlich immer gegen Regen geschützt – waren sie hier in der Nachtbar untergebracht. Erstmals vervielfältigten sie sich durch Reflexion in den üppig installierten Spiegeln des Nachtlebens. Dies war möglich, weil wir außerhalb der Ferien und mitten in der Woche die einzigen Gäste des Hauses waren.

Auf dem Weg in Richtung Schweiz – die nächsten Stationen hießen Maiche', Vernois, Benndorf und St. Lois – änderte sich die Struktur der Dörfer. Hier standen wuchtige Bauernhäuser auf weitem Areal verstreut. Sie hatten eine Grundfläche von 15 mal 20 Metern. Gewaltige Satteldächer vereinten Wohn- und Wirtschaftsteil. Hier, in der einsamen Bergwelt, wie auch später auf dem flacheren Land, gab es keine Verständigungsprobleme mit den Franzosen. Mimik und Gestik ersetzten zumeist die fehlenden Worte.

Als Radfahrer hieß man uns immer willkommen. Von der vielbeschworenen Ablehnung der Deutschen, die manchen Mitbürger von einem Individualbesuch des Auslands abhält, haben wir nie etwas gespürt. Vielleicht lag es daran, dass wir nach Frankreich und allen anderen Ländern als Gäste und nicht Touristen kamen. Vielleicht genossen wir auch eine gewisse Wertschätzung unseres Alters wegen.

Die Überfahrt zur Schweiz, zurück in eine französische Enklave und weiter nach Basel war unspektakulär. Kontrollen gab es nicht, eine Situation, die in uns viel Wärme aufkommen ließ, waren wir doch eine solche Freizügigkeit von Osteuropa nicht gewohnt. Nach 620 Kilometern in neun Fahrtagen bestiegen wir in Basel die Bahn am Badischen Bahnhof und waren zurück in Deutschland. Zuvor genossen wir das Panorama der architektonisch reizvollen Stadt am Ufer des Rheins.

Stadtansicht von Basel, dem Endpunkt der Frankreich-Tour

Drei erlebnisreiche Wochen, die uns die erste Auseinandersetzung mit langen Anstiegen abverlangten, fanden ihr Ende. Da die Tagesetappen selten 75 Tageskilometer überschritten, hielt sich die körperliche Anstrengung in einem erträglichen Maß. Eine Herausforderung stellte die Tour für uns aber in jedem Falle dar.

Im Zug, die Räder standen im komfortablen Gepäckwagen, erteilten wir uns wechselseitig die erste Bergweihe mit französischem Champagner, der mehrere Tage in unseren Packtaschen tüchtig durchgeschüttelt worden war.

Oslo–Bergen

Unsere zweite Weihe, nun aber für heftige Bergerfahrungen, erhielten wir Jahre später in Norwegen. Im Jahr 2000 führte uns die Reise von Oslo nach Bergen. Mit der Fähre aus Kiel kommend, erreichten wir die norwegische Hauptstadt in den Morgenstunden.

Sogleich starteten wir die erste Etappe am Oslofjord. Es galt zunächst, das Wasser nahe dem alten Seglerhafens auf einer Fähre zu überwinden. Am anderen Ufer lag ein Parkplatz. Diese einhundert Meter lange Parkfläche war für die nächsten zwei Wochen die einzige flache Strecke. Die Räder rollten selbst dann schwer, wenn es mal bergab ging. Diese Erfahrung, natürlich Folge einer Täuschung der entkräfteten Sinne, war uns neu. So kamen wir in den folgenden Tagen leicht ent-

Anfahrt auf die norwegische Hauptstadt im Oslofjord

nervt in Drammen, Jondalen und Buvannshytta an. Fast hätten wir die älteste Brücke der Region bei Kongsberg übersehen. Das aus Steinen gestapelte Bauwerk, das einen kleinen Fluss überspannt, sah so manchen Karren voller Silbererz, das seit Beginn des 17. Jahrhunderts hier abgebaut wurde.

Älteste Brücke Norwegens bei Kongsberg

Außerhalb der Städte und Gemeinden waren die Straßen – Radwege gab es höchst selten – von lockeren Mischwäldern und natürlich immer wieder viel Wasser gesäumt. Der Baumbestand krallte sich auf felsigem Untergrund fest. Der hüglige Charakter der Landschaft erinnerte durchaus an das Haute Jura, wenngleich auf den ersten Etappen die hohen Berge fehlten. Obwohl wir Anfang August gestartet waren, vermittelte die Natur bereits einen Hauch

Aber auch Brücken neuerer Bauart zieren die wasserreiche Landschaft

von Herbststimmung. Da, wo die Felsen mit Humus, Moos und Gräsern bedeckt waren, fanden sich Pilze und Blaubeeren. Nur die viel gepriesenen Moltebeeren waren hier nicht zu finden.

In Bakko, einer kleinen Gemeinde am Tinnsjo See, trafen wir auf eine Situation ähnlich der im französischen Dortan. Wie auch dort, erwartete uns im Tessungdalen ein zwanzig Kilometer langer 3–4-prozentiger Anstieg, der dann in wenigen sehr steilen Kehren von 7–8 Prozent auf ein Fjell führte. Dieser zweite vier Kilometer lange Anstieg musste natürlich zu Fuß bewältigt werden. Auf 1100 Meter Höhe angekommen konnte sich unser Rücken auf einer Strecke von allerdings nur drei Kilometern ein wenig entkrampfen, um dann auf den folgenden Serpentinen zurück auf Meeresniveau wieder zu erstarren. Die bepackten Räder waren kaum zu halten. Von Zeit zu Zeit hielten wir an, um unsere Hände vom steten Bremsen zu entlasten.

Vor dieser Strapaze mieteten wir unten am See eine alte Hütte. Sie verfügte weder über Wasser noch Strom, strahlte aber umso mehr einen morbiden Charme aus. Nach den nicht erwarteten Mühen der ersten vier Tage blieben wir in Bakko zwei Nächte. Die Holzhäuser des Ortes, zwei und dreigeschossig, waren im typischen dunkelrot des Landes gestrichen. Die Fenster waren weiß gerahmt. Das Land drum herum fiel bemerkenswert großzügig aus.

Unmittelbar am Rand des Ortes begann das Tessungdalen. Die Straße war wiederum von Mischwald begleitet. Linkerhand ergoß sich eine große Menge Wassers in einer Breite von bis zu 20 Meter über den fel-

Ein Radweg der Sonderklasse – der Rallarvegen begleitet die Trasse der Bergenbahn

Kjosfossen. So können die Reisenden von einem hölzernen Perron den tosenden Wassermassen, die sich partiell durch einen Tunnel hinabwälzen, zuschauen.

Bei einer Höchstgeschwindigkeit von 30 Stundenkilometern ist Blumenpflücken während der Weiterfahrt durchaus erlaubt. Die Abschnitte zwischen den zwanzig Tunneln geben die Sicht auf schneebedeckte Berggipfel, unzählige kleine Wasserfälle und kärglich bewachsene Hänge frei. Ist der die Bahntrasse begleitende Radweg im oberen Teil eine steinige Polterstrecke, geht er weiter unten in eine feste Sandpiste und schließlich in eine asphaltierte Straße über. Gräser und Farne säumen den Weg, den wir nun doch gerne mit dem Rad gefahren wären. Der Campingplatz von Flåm liegt neben Bahnhof und Fähranleger direkt unterhalb eines achthundert Meter hohen Felsens. Wir mieteten eine komfor-

Die Flåm-Bahn überwindet von Myrdal nach Flåm 863 Höhenmeter mit großer Power

tabel eingerichtete Hütte und genossen die nordische Sonne, die das Farbspiel der bunten Häuser noch verstärkte. Sie verteilten sich in respektvollem Abstand auf dem zwei Meter über Null liegenden Festlandsockel. Ähnlich unserem Verhalten auf kleinen Inseln, gingen wir mehrfach am Tage zum Fähranleger, um dem Treiben der Aus- und Umsteigenden zuzusehen. Wie überall im Lande vollzog sich auch dieses Treiben mit großer Ruhe, die sogar auf die Asiaten überzugehen schien.

In Norwegen möglich – Umstieg vom Zug auf die Fähre

Vom Flecken Flåm führen nur zwei, für Räder gesperrte, Autotunnel weg. Die Alternative für Radfahrer bieten die Flåm-Bahn zurück nach Myrdal oder die Fähre nach Gudvangen. Zug und Fähre nutzen denselben Terminal, stehen also nebeneinander. Die Norweger wechseln ihre Transportsysteme wie wir Mitteleuropäer Bus und Bahn. Die Fähre passiert auf dem Weg nach Gudvangen den *Nærøyfjord*, eine der engsten auf dem Wasser befahrenen Schluchten. Die fast senkrechten Felsen sind wenig mehr als 100 Meter voneinander entfernt. Das tiefgrüne Wasser, auf dem bei unserer Überfahrt zarte Nebelschwaden lagen, verlieh dem Fjord einen gespenstigen Charakter. Es fehlte nur die Untermalung durch die Musik zu *Peer Gynt*.

Nachdem wir kurz zuvor die älteste Brücke Norwegens überquert, die steilste Bahnstrecke ohne Zahnradantrieb genutzt und einen der schmalsten Fjorde durchfahren hatten, erwartete uns nunmehr ein weiterer Superlativ: die mit 20 Prozent Steigung steilste Straße des Landes. Sie verbindet das in der Kleivaschlucht gelegene Gudvangen mit dem auf der Hochebene angesiedelten Stalheim.

Die Straße war beim Anlanden des Schiffes zunächst gar nicht zu erkennen. Das kurze Tal wurde von den motorisierten Besuchern durch einen Tunnel schnell wieder verlassen. Auch dieser Tunnel war wegen seiner Länge von mehreren Kilometern für Radfahrer gesperrt. Mit dem Rad in dunklen Tunneln zu fahren, ist schon bei kurzen Strecken beängstigend. Schlechte Sichtverhältnisse, Abgase der Autos und ein höllischer Lärm belasten das Gemüt eines jeden Pedalisten.

So entkommen Radfahrer der Kleivaschlucht nur über die Straße, deren Verlauf wir am Ende des Tals als schräg zum Hang verlaufende Farblinien wahrnahmen. Die Linien waren Touristen-Busse auf den Serpentinen. Zu Beginn des Anstiegs zogen wir uns bis aufs Hemd aus, weil

Reste von Schnee im August

es zu regnen begann. Der Schweiß unserer Körper konnte auf diese Weise sogleich weggespült werden. Diese Anstrengung war tatsächlich von besonderer Art – mal stemmten wir das Rad gegen den Berg, mal zerrten wir es hinter uns her. Nach einer langen Stunde hatten wir die dreizehn engen Kurven und 370 Höhenmeter auf einer Länge von nur 1,5 Kilometern bewältigt.

Am Rand des auf einem Plateau gelegenen Ortes befindet sich ein Hotel. Im Torbogen dieses im typischen Rot-Braun gestrichenen Häuserkomplexes wechselten wir zum Vergnügen der Gäste die Kleidung. Da es noch immer regnete, streiften wir Regenkleidung über und zogen die Südwester tief ins Gesicht. Die folgende seichte Abfahrt empfanden wir trotz der Feuchtigkeit als angemessene Belohnung für die Anstrengung am Berg.

Nach wenigen Kilometern riss uns eine Gruppe japanischer Touristen aus dem Zustand der Meditation. Sie stellten sich uns in den Weg, um zu der vollbrachten Leistung zu gratulieren. Dabei bemerkten wir plötzlich rechter Hand den Wasserfall *Tvinnefossen*, der sich über Kaskaden 126 Meter in die Tiefe stürzt. Wir waren den Japanern für ihre Anteilnahme sehr dankbar. Der Superlative waren es an diesem Tage damit aber genug.

Im stärker werdenden Regen steuerten wir in leichtem Terrain – eine absolute Ausnahme in diesen nordischen Gefilden – den avisierten Campingplatz am Rande der Kleinstadt Voss an. Leider waren alle Hütten wegen des schlechten Wetters schon belegt – zum ersten Mal auf unserer Reise. Wir entschlossen uns daher, einen 15 Kilometer entfernt liegenden Campingplatz anzufahren. Diese zusätzliche Strecke lag uns nach den bereits bewältigten 65 Kilometern schwer in den Beinen. Der Weg stieg ständig an. Am Ziel wurden wir dafür mit einer warmen Hütte belohnt und brauchten nicht mit nasser Kleidung in unser kleines Zelt zu kriechen.

Im Nærøyfjord stoßen die Berge fast zusammen

Östlicher Teil des Hardangerfjords bei Kinsnarvik

Gigantischer Wasserfall bei Voss, der die Straße unterquert

Nur Bier gab es nicht im Revier, wir nahmen erneut gelbe Brause dafür. Von der Brause hatten wir aber eigentlich für diesen Tag genug getrunken. Wir kauften sie in den Läden am Rande der Strecke oder auf den Fähren, um zum einen den Durst zu löschen und zum anderen den Energiespeicher wieder aufzuladen. Dazu aßen wir trockene Brötchen, etwas Wurst oder Käse sowie ein bis zwei Bananen und waren ein kleines Vermögen los.

An diesem Abend wollten wir aber die älteste Brücke, die steilste Bahn, den schmalsten Fjord und die steilste Straße mit einem Bier feiern. Das gab es im fünf Kilometer entfernten Supermarkt, den wir kurz zuvor passiert aber leider übersehen hatten. So hieß es, noch einmal zurück zu fahren, diesmal aber ohne Gepäck. Nur die großen Supermärkte verfügen über die Konzession, Bier verkaufen zu dürfen, allerdings nur bis 20 Uhr. Um 19.50 Uhr verließen wir mit vier Rohren (neudeutsch: Bierbüchsen) die Halle. Diese zehn Zusatzkilometer hatten sich also gelohnt.

Die weiteren Etappen brachten uns über Kinsarvik und Jondal in Richtung des Endziels nach Bergen. Die Region war hier lieblicher – die Berge erreichten nur noch Höhen von wenigen hundert Metern, Bäume und Sträucher erstreckten sich bis auf ihre Gipfel, die Natur spiegelte sich in den vielen Seen wider. Grabenbrüche durchzogen das Land. Die Zahl der Tunnel, auch solche die wir zu durchfahren hatten, nahm zu. Es fiel schwer, bei langsamer Fahrt und schlechter Sicht in ihnen die Balance des Rades zu halten. Das Felsgestein schluckte das mäßige

Hardangerfjord im westlich gelegenen Jondal

Licht der Fahrradbeleuchtung. Ein am Kopf zu tragende Halogenstrahler wäre hier notwendig gewesen!

Eine Reihe der Tunnel war für uns aber auch wieder gesperrt. Diese hatten wir auf den alten Landstraßen zu umfahren, was immer bedeutete, über den durchbohrten Berg zu klettern. Oben angekommen, ergaben sich dafür jedes Mal neue faszinierende Ausblicke auf die Spielzeuglandschaft Norwegens. Nach einer Abfahrt mit stetem Blick auf den weit ausladenden Hardangerfjord trafen wir auf den Campingplatz von Kinsarvik mit seinen direkt am Ufer gelegenen Hütten.

Die Fahrt am Ufer des Hardanger Fjords nach Jondal, unserem nächsten Ziel, schien angenehm leicht zu werden, zumindest aus der Sicht unserer Hütte am Scheitelpunkt des 179 Kilometer langen Wassers. Das Gegenteil war aber der Fall. Wir mussten immer wieder Höhenunterschiede von 50 bis 100 Meter überwinden, obwohl wir die *Küstenstraße* nie verließen. Die Ursache bestand in Felsvorsprüngen, die wie Zungen ins Wasser ragten. Diese boten, sofern sie flach ausliefen, Siedlungen Platz, oder fielen als Felsvorsprünge steil zum Wasser ab. In jedem Falle mussten sie einige zehn oder hundert Meter vom Ufer entfernt überfahren werden.

Hatten wir wieder einmal eine solche Höhe erklommen, zeigte sich die Natur in ihrer ganzen Schönheit. Auf der Nordseite des Wassers reflektierten silbrig glänzende Flächen die Sonne. Es waren Folien, mit denen die Obstplantagen zur Wärmespeicherung abgedeckt waren. Nunmehr verstanden wir, warum die Bauern trotz der weit im Norden

Kaufmannstradition der Hanse – die Brygge in Bergen

gelegenen Vegetation Mitte August Becher mit Süßkirschen am Straßenrand verkauften. Die Bezahlung der Ware erfolgte durch Einwurf des Geldes in eine Pappschachtel.

Unsere Vorfreude auf Jondal resultierte aus der Annahme, auch hier einen Campingplatz am Wasser vorzufinden. Jondal bestand jedoch nur aus einem Fähranleger, verstärkt durch einen Parkplatz. Wenigstens verkaufte der dazugehörige Kiosk frisches Brot und Kuchen. Ein Aushang am Kiosk empfahl *hytter* (Hütten) in 5 Kilometer Entfernung, die über ein abzweigendes Seitental zu erreichen waren. Beim Einstieg ins Tal, der wieder einmal nur schiebend zu schaffen war, entdeckten wir doch noch eine Siedlung mit Kirche – Jondal. Der Weg stieg im Weiteren permanent an.

Ein mindestens gleich steiler Anstieg erwartete uns am Nordufer des Fjords, nachdem wir auf der Alm einen entspannten Abend vor der Hütte sitzend verbracht und das Wasser mit der Fähre gequert hatten. Der Vermieter der Hütten war ein ehemaliger Ski-Langläufer. Die Nachbarhütten waren von Leistungssportlern bewohnt, die auf dem nahegelegenen Gletscher trainierten.

Nachdem wir in dieser Idylle gemäß Tucholsky *die Seele baumeln ließen*, wurden wir am nächsten Tag in unseren Alltag als Städter zurückgerufen. Wir quälten uns zusammen mit dem kommunalen Nahverkehr auf engen Straßen nach Bergen. Obwohl der Weg nicht lang war, erreichten wir die Stadt erst am frühen Abend. Die Lage Bergens, ihre nordische Architektur, das pulsierende Leben im Hafen zu schildern,

Abschied von den Schären vor Bergen

soll anderen vorbehalten bleiben, denn diese Schilderung betrifft nur am Rande das Kapitel „Berge voran“.

Die 650 Kilometer von Oslo nach Bergen in zehn Tagen abseits der Route der Bergenbahn war die größte Herausforderung unseres Radlerlebens. Sie ohne Schaden bewältigt zu haben, spricht für die Schönheit Norwegens und für unsere positive Grundhaltung: Herausforderungen kann man sich stellen, muss es aber nicht. Diese Fahrt war sicherlich nicht unser letztes Abenteuer im Land der Elche und Trolle. Eine weitere Tour fällt aber mit Sicherheit leichter aus. Dafür bietet sich die Region südlich der Linie Oslo-Bergen an.

Brenner–Grödnertal–Reschenpass–Achenseepass

Waren die norwegischen Berge unser Meisterstück, konnten uns die Alpen nicht mehr schrecken. So unternahmen wir folgerichtig im Jahr 2001 die „Vier-Pässe-Tour“.

Unsere Fahrt startete in Mittenwald, wohin wir mit dem Zug gefahren waren. Die zweihundert Meter Höhenunterschied hinauf zur Leutasch-Alm (1130 Meter ü. NN) waren trotz der Serpentinen fast mit Leichtigkeit zu bewältigen. Die Leutasch kannten wir bereits von unserem Ski-Urlaub. Unser Winterquartier mutierte, jetzt im August, zu einer Sommerresidenz.

Kirche im Leutasch-Tal mit Hoher Munde als Hausberg

Nach einigen Tagen der Akklimatisierung begann die Tour mit der Fahrt über Buchen hinab nach Telfs am Inn. Auch hier waren die Räder in Analogie zu den Erfahrungen des Vorjahres auf dem 8-prozentigen Gefälle kaum zu bändigen. Der nachfolgende Radweg im Inntal glich einem Paradies, sieht man vom Lärmpegel, verursacht durch Autos, Bahn und Wasser einmal ab. In Innsbruck wechselten wir das Ufer des Inn und begannen unterhalb der bekannten Skisprung-Schanzen auf der neuen Bundesstraße mit dem Aufstieg zum Brenner. Auf der Hälfte des 35 Kilometer langen Anstiegs fand sich in Mühlbach ein Quartier für die Nacht. Dort kamen wir wegen zweier Reparaturen unterwegs etwas derangiert an. Am folgenden Tag erklommen wir, die letzten 1,5 Kilometer unsere Räder schiebend, die Pass-Höhe in 1374 Metern Höhe. Hier trafen Bahntrasse, Autobahn und alte Bundesstraße zusammen.

Nach rasanter Abfahrt – im Wettstreit mit den Autos – begann in Klausen der Aufstieg in

Flotte Abfahrt durch Sterzing

das Grödnertal. In dieses Tal, das im Sommer von Wanderern und im Winter von Skiläufern besucht wird, führt eine alte und eine neue Straße. Da wir zunächst auf die neue Straße trafen und diese mit dem Auto auch schon mehrfach gefahren waren, erklärten wir sie zu unserer Route. Wie richtig diese Entscheidung war, konnten wir bei der Abfahrt aus dem Tal über die alte Straße, die ein Gefälle von bis zu 14 Prozent aufweist, feststellen. Der 22 Kilometer lange Anstieg bis nach St. Ulrich (1 236 Meter) war fahrbar, obgleich ein Höhenunterschied von mehr als 700 Metern zu überwinden war. Ermuntert wurden wir von trainierenden Radrennfahrern, die diesen Weg bis hinauf zum *Grödnerjoch* als Trainingsstrecke nutzten. Sie waren erheblich schneller als wir – na klar – fuhren sie doch ohne Gepäck.

Seiseralm oberhalb von St. Ulrich mit Blick auf den Langkofel

An einem der nächsten Tage sollte das Grödnerjoch, das auf 2 121 Meter Höhe liegt, auch unser Ziel sein. In Wolkenstein, wo die Serpentinen begannen, bogen wir jedoch kurz entschlossen auf einen Kaffee nach links in den Ort ab. Wie sehr man als Fußwanderer, die wir mehrfach in dieser Süd-Tiroler Region waren, die Anforderungen an einen Radfahrer unterschätzt, wurde nunmehr klar. Daher erklärt sich auch, warum viele Mitmenschen ihre Fähigkeiten in bezug auf Geschwindigkeit und Streckenlänge vor einer Radtour total überschätzen.

Nach einem Besuch der *Seceda* und der *Seiseralm* – zu Fuß natürlich – galt es, vom Grödnertal wieder Abschied zu nehmen. Wir fuhren die besagte alte Straße und mussten die Räder zweimal auf geschotterten Seitenwegen ausrollen lassen, um sie zum Stehen zu bringen. Unser Glück war, dass die Straße oberhalb von Klausen wegen Bauarbeiten für den Verkehr gesperrt war. Mit quietschenden Brem-sen und strapazierten Händen erreichten wir die Hauptstadt Südtirols – Bozen. Die Fahrt führte jedoch geradewegs weiter in den Vinschgau, dem Apfelgarten Europas, bis kurz vor Meran. Da Bozen im Tal liegt, bestand die zweite Tageshälfte aus Anstiegen, wenngleich mäßigen.Das sollte sich am nächsten Tag aber ändern.

Nach einer doppelten Portion Spagetti und Besichtigung der Stadt Meran, ging es wieder kräftig bergauf, dieses Mal aber brutal. Die Ausfahrt aus der Stadt steigt mit 5 Prozent an. Die Straße ist schmal, linker

Auffahrt zum Reschenpass durch den Vinschgau

Hand von Fels und rechter Hand von Leitplanken eingefasst. An diesem Tag, einem Sonnabend, schob sich eine Fahrzeugkolonne bergauf und eine zweite bergab. Wir fuhren mittendrin. Wegen der geringen Geschwindigkeit behinderten wir natürlich den Verkehr. Die Reisebusse konnten nicht überholen. Wir hatten wegen der Leitplanke auch keine Chance auszuweichen. Und so quälten wir uns gemeinsam bergauf, bis ein landwirtschaftlicher Weg nach rechts steil abfiel. Dieser ermöglichte uns, eine Pause zu machen, und dem Verkehr, wieder Fahrt aufzunehmen. Niemand schimpfte auf die beiden Radfahrer!

Endlich oben angekommen, öffnete sich der Weg in ein breites Tal geringer Neigung. Sogar ein Radweg war vorhanden. Ein Einheimischer empfahl uns, das Tal linkerhand der Hauptstraße zu befahren. So erlebten wir abseits des Trubels wunderschöne Dörfer mit mittelalterlichen Häusern, Kirchen und Plätzen. Typisch für den Vinschgau sind die dicken Mauern der Häuser, die von massigen Pfeilern schräg abgestützt werden. Zwischen den Dörfern erstrecken sich kilometerweit Apfelplantagen, die zu durchfahren waren. So leicht die Räder durch das von Bergen eingerahmte Grün auch rollten – Ziel war nach einer weiteren Übernachtung der Reschenpass. Deshalb stieg das Gelände terrassenförmig an, wobei die Anfahrt von einer zur anderen Ebene erhebliche Mühen abverlangte.

Am Reschensee war die Pass-Höhe bei 1504 Metern erreicht. Die Region ist durch den im Wasser stehenden Kirchturm bekannt, der bei der Anlage des Stausees nicht mit umgesetzt wurde. An dieser markanten

Der Reschensee einverleibte sich den romanischen Kirchturm von Alt-Graun

Stelle verabschiedeten wir uns von Süd-Tirol mit dem Ziel Nauders, einem bekannten Wintersportzentrums in Tirol. Hier blieben wir für eine Nacht, um am nächsten Morgen auf regennasser Straße wieder zum Inn abzufahren. Das Gefälle der Straße und die, wenngleich auch nur kurzen Tunnel waren respekteinflößend. Wie musste man sich erst auf der Bergfahrt fühlen? Da aber jeder Berg einmal in sanften Schwüngen ausläuft, trafen wir in Pfunds wieder auf den Inn mit dem Ziel Landeck, Innsbruck und Jenbach. Einen Teil der Strecke kannten wir bereits vom Beginn der Reise, weshalb wir die Bahn benutzten.

In Jenbach sollte der 12-prozentige Anstieg zum Aachensee (929 Meter) mit der Schmalspurbahn bewältigt werden. Kurz vor Jenbach ertönte zu ungewohnter Stunde eine Sirene. Kurze Zeit später waren über der Stadt dunkle Wolken zu sehen: ein Haus brannte. Die Feuerwehr stand auf den Schienen der Schmalspurbahn, die auf diesem Abschnitt mitten durch die Stadt fährt. Die Bahn blieb im Depot. Und wir? Wir schoben wieder einmal die Räder eine Stunde den Berg hinauf – natürlich im Regen. Oben angekommen waren es nur noch wenige Kilometer bis nach Pertisau am Aachensee, womit wir auch die vierte avisierte Höhe, den Aachensee-Pass, erreicht hatten. In einem uns vom Winter auch schon bekannten Quartier erholten wir uns, um über Achenkirch nach Bad Tölz abzufahren, von wo aus wir die Heimreise mit dem Zug antraten.

Die Vier-Pässe-Tour war für uns eine sportliche Herausforderung, wenngleich sie nur über 560 Kilometer führte. Von den 14 Reisetagen galten 8 Tage der Bewältigung der Strecke. Die Distanz der Tagesetappen lag bei durchschnittlich 70 Kilometer. Um die Wege zu fahren, mussten wir manchen Tag unseren Schweinehund überwinden. Trotzdem kamen wir an jedem Tagesziel in guter Stimmung an. Vielleicht verlieh uns unser *Heldenmut*, ein solches Unterfangen begonnen zu haben, die Kraft dazu.

Thüringer Wald–Hohe Rhön–Kyffhäuser–Harz

Eine abgespeckte *Vier-Pässe-Tour* unternahmen wir 2004 in Mitteldeutschland. Sie begann in Gotha und endete in Quedlinburg. Dazwischen lagen der Rennsteig, die Hohe Rhön, der Kyffhäuser und der Harz. Nach den Erfahrungen der Alpenüberquerung erschien uns diese Strecke als leicht. Die Realität belehrte uns wieder einmal eines Besseren.

Wir verließen den Zug in Gotha, um uns auf schmaler Regionalstraße im Berufsverkehr dem *Wald* zu nähern. Als wir die Auffahrt zum Höhenweg des Thüringer Waldes erreichten, begann ein heftiger Gewitterguss, ein Ereignis, das wir allzu häufig schon erlebt haben. Berge und Regen schienen sich gegen uns einvernehmlich zu verbünden. Nach diversen Zwangsaufenthalten, die dem Luftholen dienten, oben angekommen, beäugten mancherlei Rennsteinwanderer die tropfnassen Radfahrer. Der Kamm des Thüringer Waldes ist eine beliebte Wanderstrecke von 169 Kilometer Länge, die man zu Fuß und immer häufiger auch mit dem Rad angeht. Unterkunft findet man in zahlreichen Pensionen oder speziellen Rennsteighütten am Rande der Strecke.

Entgegen der allgemeinen Bewegungsrichtung bogen wir weder nach links noch rechts auf den Rennsteig ab, sondern querten ihn, nicht ohne im *Heuberghaus* (688 Meter) eine kurze Rast eingelegt zu haben. Unser Tagesziel war Schmalkalden, eine Kleinstadt mit mittelalterlichem Flair, über das die trutzige Schwarzburg wacht. Sie fand Erwähnung bereits im Jahre 1071 als Festungsanlage. Das gotische Rathaus ist von einer Reihe ansehnlicher Fachwerkbauten umgeben. Die spätklassizistische Hochofenanlage von 1835 zeugt von der für diese Gegend typischen Verarbeitung einheimischer Erze. Man erreicht die Stadt über Klein-Schmalkalden, das zur Zeit der DDR den Namen eines kommunistischen Führers – Pappenheim – trug. Gleich hinter Klein-Schmalkalden beginnt ein Radweg, dessen Unterbau ein ehemaliger Bahndamm ist. Auf dem leicht abfallenden Weg strebt der Radfahrer leichten Trittes über ein hohes Viadukt und durch einen dunklen Tunnel der Stadt zu. Solche entspannten Fahrstrecken abseits des Autoverkehrs gibt es glücklicher Weise immer häufiger.

Wir hatten Schmalkalden nicht zufällig für die Übernachtung gewählt. Hier wurden die Ski der Marke *Germina*® gefertigt, die uns ein halbes Leben lang begleitet haben. Nach der Wende war es zu-

Ernst I. von Sachsen-Gotha gab 1643 den Bau des Schlosses Friedenstein in Auftrag

nehmend schwieriger, dieses Material des wohl letzten deutschen Skiproduzenten im Fachhandel zu bekommen. Die Wirren der Nachwendezeit bescherten der Firma immer wieder neue Eigentümer, nicht gerade zum Vorteil der Unternehmensstrategie. 2004 hatte sich die Situation aber ein wenig stabilisiert. Obwohl wir keineswegs ewig gestrige DDR-Bürger sind, wollten wir der Marke treu bleiben, auch oder gerade in schlechten Zeiten. So wie wir um unsere Arbeitsplätze kämpften, taten es die Thüringer auch. Und schließlich, auf *Germina*-Ski wurde mancher heutige Bundestrainer Weltmeister. Dieser Tradition folgend, rüsteten wir uns vor Ort für den nächsten Winter aus.

Von Schmalkalden, das in der Sprache der Thüringer *hinter dem Berg*, also südlich vom Kamm, liegt, ging es in welliger Fahrt vorbei an zahlreichen Dörfern mit massigen Kirchen nach Meiningen. Die 1000-jährige Stadt an der Werra gilt als Kultur-, Justiz- und Finanzzentrum Südthüringens. Sie ist ne-

Die Schwarzburg thront über Schmalkalden

Eines der lieblichen Dörfer der Rhön

ben der prunkvollen Schlossanlage und der kunstvollen Parklandschaft durch sein im klassizistischen Stil erbautes Theater repräsentiert. Viele Thüringer nutzen das kulturelle Angebot der Stadt seit Jahrzehnten. Wie in allen Städten und Gemeinden der Region fiel uns Großstädtern die Gepflegtheit von Land und Leuten auf.

Daran änderte sich auch nichts in der Rhön, der wir nach erholsamer Nacht in leichter Fahrt, vorbei an nicht ganz frischen Wiesen und überreifen Getreidefeldern, zustrebten. Mit Ausnahme des Gewittergusses zu Beginn der Fahrt litt die Natur unter fehlendem Regen. Über Zentraleuropa lag schon seit Wochen ein Hochdruckgebiet.

In der Gemeinde Gersfeld, in der wir unser nächstes Quartier nahmen, besichtigten wir Schloss, Park und mittelalterliche Bürgerhäuser. Der Markflecken inmitten der Rhön bot, nicht zuletzt wegen des sommerlichen Wetters, bis in den späten Abend ein mediterranes Flair. Von hier aus besuchten wir die in lieblicher Tallandschaft gelegene Stadt Fulda.

Fulda ist seit dem 8. Jahrhundert eng mit der Entwicklung des deutschen Christentums verbunden. Hier ist der Sitz der *Katholischen Deutschen Bischofskonferenz* und des *Evangelischen Kirchentags*. Dom und Schlossviertel, im Barockstil angelegt, aber auch die Bürgerhäuser der Altstadt, künden vom Wohlstand ihrer Bewohner.

In Fulda beginnt der *Milseburg*-Radweg auf der 25 Kilometer langen Rhönbahntrasse, einem früheren Bahndamm. Aus Gersfeld kommend, stießen wir zwei Tage später in Langenbiber auf diese Trasse, um auf ihr in Richtung Nordost weiter zu fahren. Die ursprünglichen Haltepunkte der Bahn waren erhalten geblieben und bieten heute den Radfahrern Rastplätze. Neben der Überfahrung kühner Viadukte hatten wir auch einen 1172 Meter langen Tunnel, beleuchtet und videoüberwacht, zu durchfahren. Spannend war die Fahrt in jedem Falle. Der ehemalige Bahndamm erlaubt schöne Ausblicke auf die sanften Hügel der Umgebung, in deren Tälern sich die Dörfer, zu erkennen meist nur an den herausragenden Kirchturmspitzen, kuscheln. Vor diesem bis zur Hälfte der Strecke leicht ansteigenden und danach stetig abfallenden Weg war die Wasserkuppe, der mit 950 Metern höchste Berg der Rhön, zu überfahren.

Die Wasserkuppe ist ein weit ausladendes Plateau aus Basalt und Buntsandstein, das nach allen Himmelsrichtungen sanft abfällt. Wegen der hervorragenden Thermik liegt hier die Wiege des Gleit- und Segelfluges. Große Flugzeughangar verschiedener Vereine zeugen davon. Bei Flugbetrieb wird von Zeit zu Zeit die Straße mittels Schranken gesperrt, um den Wechsel der Fluggeräte auf die über die Fläche verteilten Startbahnen zu ermöglichen.

Auf ein nicht gerade kleines Areal müssen die Flieger allerdings verzichten. Hinter hohen Zäunen hatten sich die *US Air Force* und die französische *Armée de láir* breitgemacht. Die Kasernen waren von einer Reihe weiß strahlender Kuppeln umgeben, in denen Menschen mit großen Ohren lauschten, was andere sich auf der Welt mitzuteilen hatten. Die sogenannten Radome wurden inzwischen zurückgebaut, um dem Berg wieder ein ziviles Aussehen zu geben. Heute sind auf dem Gelände neben einer Station des Deutschen Wetterdienstes auch Anlagen der zivilen Flugsicherung beheimatet. Ein Radom blieb als Denkmal erhalten, natürlich ohne die Lauscher darin.

Auch an kultureller Betreuung fehlt es auf dem Berg nicht. Neben Thüringer Bratwurst und Fuldaer Gerstenbräu werden vielfältige Andenken verkauft. Um dem großen Ansturm an Tagesgästen gerecht zu werden, sind zahlreiche Parkplätze angelegt worden. Fahrradständer gibt es jedoch nicht. Umso leichter fällt dem Radler die zünftige Abfahrt hinab ins Tal.

Die im Mittelalter wehrhaft angelegte Stadt Tann empfing uns am folgenden Abend mit seinem protzigen Stadttor, das in der Mitte des 16. Jahrhunderts errichtet wurde. Der Marktplatz mit seinem überdimensional großen Brunnen ist gesäumt von stilvollen Bürgerhäusern. Hier, wie auch in anderen Städten der Region, fielen uns jedoch auch hässliche Lückenbauten auf, die dem Architekturverständnis der sechziger und siebziger Jahre entsprachen. So mancher Kubikmeter Beton war vor Ort verbaut worden.

Abseits des Zentrums, zum Hang hin, gruppierten sich Einfamilienhäuser aus derselben Zeit. Mittendrin lag ein großes Hotel. Wir sollten uns eines der hundert freien Zimmer aussuchen. Empfohlen wurde uns

Das mittelalterliche Tann erwartet seine Gäste am Schlossbrunnen

aber der größte Raum, in dem jeder ein 1,40 Meter breites Bett mit eigenem großem Kleiderschrank zur Verfügung hatte.

Tann war vor der Wende, weil an drei Seiten von der innerdeutschen Grenze umgeben, ein Wallfahrtsort. Bundesrepublikanische Sportgruppen, Vereine und Gesellschaften – wir nannten sie in der DDR vereinfacht Kollektive – besuchten diese Stätte in großer Zahl zum Mauergang. Sie kamen gemischt oder nach Geschlechtern getrennt, um sich vor Ort zu vermischen. Deshalb waren die Hotels auch mit Begegnungsstätten, wie Sauna, Schwimmbecken, Bar und, natürlich, großem Tanzsaal, ausgestattet. Die Wende brachte dem Tourismus im sogenannten Zonenrandgebiet das Aus. Zudem fiel die Zonenrandförderung weg, die dem Stadtsäckel so manche Mark zugeführt hatte.

Als wir Tann verließen, regnete es plötzlich, die Schönwetterlage nahm eine Auszeit. Die Hotelwirtin empfahl uns, noch eine Nacht in Tann zu verweilen, um den Regen abzuwarten. Für sie war es unvorstellbar, sich in diese Nässe zu begeben. Sie bot uns Regenschirme aus dem Hotelfundus an. Aber trotz der Fürsorge und der hervorragenden Verpflegung des Hauses machten wir uns auf den Weg. Und wie so oft, gegen Mittag, als wir die Werra erreichten, schloss Petrus die Schleusen. Sogar die Sonne zeigte sich. Nachdem wir die Regenkleidung abgelegt hatten, war die Radfahrerwelt fast wieder in Ordnung.

Rechts und links des Weges zeugten die überdimensional großen Abraumkegel vom Kali-Bergbau im Revier. Zu beiden Seiten der ehemaligen Grenze deuteten die Ortschaften auf einen gewissen Wohlstand

Die Halden des Kalibergbaus dominieren die Landschaft nördlich der Rhön

der Kali-Werker hin. Da wir permanent die Seiten wechselten, nahmen wir unterschiedliche Merkmale der Gemeinden wahr. Die West-Orte waren, wie schon in Tann, durch die neue Beton-Architektur und die Ost-Orte mehr durch die alte Fachwerkstruktur geprägt. Während der Westen über ausreichend Geld verfügte, neu zu bauen, bemühten sich die Menschen des Ostens individuell, ihre Häuser trotz fehlender Unterstützung des Staates, nicht völlig dem Verfall preiszugeben. So stand nach der Wende noch ausreichend Substanz zur Verfügung, um aus Mitteln des Solidaritätspaktes, der übrigens von den alten wie den neuen Bundesbürgern gemeinsam gespeist wird, die ursprüngliche Architektur zu rekonstruieren.

Die Werra, der Grenzfluss der Systeme, erlitt ein besonderes Schicksal. Der Kali-Bergbau der DDR verseuchte das Gewässer jahrzehntelang mit einer erheblichen Salzlast, so dass auf westdeutscher Seite oberhalb von Kassel nur noch eine Sole ankam. Der Fluss renaturierte sich erst nach Einstellung der meisten Minen des Ostens nach der Wende. So erlebten wir das Werratal als eine wahre Idylle. Die sanften Hügel zu beiden Seiten verliehen der Landschaft einen geschlossenen Raum. Die grünen Mischwälder ragten bis an die Uferregion heran, nur durchbrochen von einzelnen Auen. Zahlreiche Wasserpflanzen wurden wieder heimisch. Viele Tierarten nahmen den sich erholenden Lebensraum neu an. Und immer wieder beeindruckte die Stille.

Wieder einmal auf die Ostseite gewechselt, erwartete uns am späten Nachmittag das Städtchen Dankmarshausen unweit des Werra-Tales.

Kleine Dörfer verstecken sich östlich und westlich der Werra in der Landschaft

Während der Suche nach einem Nachtlager hielt in der ansonsten verwaisten Stadt ein Auto neben uns. Ein vor Gesundheit trotzender Mann mittleren Jahrgangs sagte: „Sie suchen eine Beherbergung, ich kann Ihnen Unterkunft im Bürgerzentrum anbieten. Sie befinden sich direkt davor, vor unserer früheren Grundschule. Klingeln sie bei Frau Schmidt nebenan. Sie gibt Ihnen den Hausschlüssel".

So hatten wir plötzlich ein sehr gut gepflegtes dreigeschossiges Haus für uns alleine. Neben diversen Kultur- und Versammlungsräumen verfügten wir über eine modern ausgestattete Küche. Nach einer Tütensuppe stand uns an diesem Abend jedoch nicht der Sinn. Wir machten uns, nach Wahl des schönsten der drei geschmackvoll eingerichteten Zimmer, auf die Suche nach einem Restaurant.

Wieder auf der Straße, aber diesmal zu Fuß, fanden wir den Hinweis auf ein Hotel, natürlich am entgegengesetzten Ende des langgestreckten Ortes gelegen. Im Wintergarten des Hauses servierte man ein schmackhaftes Mahl, bei dem unser Blick in die weitflächige Landschaft schweifte. Die Frage der Hotelchefin, wo wir denn untergekommen seien, beantworten wir stolz mit der Feststellung: „Im Gemeindezentrum, nach dem Hinweis eines Wartburgfahrers". „Das ist typisch", stellte sie lakonisch fest, „der Bürgermeister spielt den Wegelagerer. Ständig fängt er uns Gäste weg. Wir werden ihn zukünftig nicht mehr wählen." Für den nächsten Morgen, auch als Zeichen der Solidarität, verabredeten wir ein Frühstück. Man offerierte uns ganz köstliche Dinge. Der Tisch

Mit Mühe und Leidenschaft gelang die Renaturierung des Werra-Tales

war für zwei eingedeckt, hätte aber auch eine halbe Fußballmannschaft zufrieden gestellt. Bezahlen sollten wir peinlich wenig.

Bis Hayerode, unserer nächsten Station, stellten uns die Ausläufer Thüringens noch so manchen Hügel in den Weg. Im *Alten Bahnhof*, oberhalb der Stadt fanden wir Aufnahme in einem kleinen Hotel. Es wurde von einem Verein geführt, der es sich zur Aufgabe gestellt hat, geistig behinderte Menschen in die Berufstätigkeit zu integrieren. Es klappte alles vorzüglich, ohne jegliche Hektik. Nur am nächsten Morgen gab es Ärger. Wegen fehlender Unterstellmöglichkeit standen unsere Räder im schmalen Treppenhaus am hinteren Ausgang. Die Mitarbeiter, die an diesem Tag hier Reinigungsarbeiten durchzuführen hatten, schimpften tüchtig über diese Behinderung – und das zu Recht! Wir wollten ohnehin die Räder gerade bepacken, um in den neuen Tag zu starten. Dieser Start war eine kilometerlange Abfahrt in Richtung Mühlhausen.

In großer Hitze bewegten wir die Räder zwischen unendlich großen Getreidefeldern durch die *Goldene Aue*. Mohn- und Kornblumen säumten den Wegesrand. Schatten spendende Alleebäume, die für unser Brandenburg so typisch sind, gab es hier nicht. Selbst die Autos schienen bei dieser Wärme die Straße zu meiden. So trafen wir in der Zwischenstation Mühlhausen etwas erschöpft ein. Das Zentrum der Stadt wird von einer fünf Meter hohen Mauer mit zahlreichen Wachtürmen vor Eindringlingen geschützt. Die offenen Stadttore luden jedoch freundlich zu einem Besuch ein.

Restauriertes Fachwerk am Werratal-Radweg

Die Altstadt vereint neben Kirchen, Handelshäusern auch zahlreiche Bauten des öffentlichen Lebens aus der Zeit des Mittelalters. Die Architektur der Häuser ist von bis zu vier Meter hohen Steinsockeln geprägt, auf denen Fachwerk aufgesetzt ist. Wegen der vielen verwinkelten Gassen hat sich das mittelalterliche Gepräge der Stadt bis in die Neuzeit weitestgehend erhalten. Durch die Gassen fließt ein von Sandstein eingefasster Bach, der dem Flecken ein angenehm kühles Mikroklima verleiht.

Vieles in Mühlhausen, das erstmals 967 erwähnt und später freie Reichs- und Hansestadt wurde, erinnert an den deutschen Bauernkrieg der Jahre 1524/25 dessen bedeutendster Führer der Reformer Thomas Müntzer war. In Bad Frankenhausen, unserem Tagesziel, stellt ein überdimensionales Tafelbild die Zeit der Bauernaufstände dar.

Bad Frankenhausen liegt am Südhang des Kyffhäuser. Der Kyffhäuser, ein 477 Meter hohes Waldgebirge zwischen Harz und Thüringer Wald, hebt sich mit einer Fläche von nur 133 Qua-dratkilometern scharf aus der Ebene hervor. Auf dem Rad kann man das Massiv rechts oder links umrunden. Wir erinnerten uns des Gesetzes aus dem Physikunterricht: „Was man an Kraft spart, muss man an Weg zulegen." Wir entschieden uns für die Kraft, natürlich der Ehre wegen. Von Bad Frankenhausen führt eine Straße in Süd/Nord-Richtung über den Gipfel. Kurz davor trifft der Reisende auf das Kyffhäuser-Denkmal auf dem Gelände der aus dem 11. Jahrhundert stammenden Reichsburg *Kyffhausen*.

Das im Jahre 1896 eingeweihte 81 Meter hohe Denkmal trägt an seiner Spitze das Reiterstandbild Kaiser Wilhelm I. vereint mit einem steinernen Abbild Kaiser Friedrich I., der auch unter dem Namen Barbarossa bekannt ist, zu seinen Füßen. Der Sage nach schlummert Barbarossa im Berg und wartet seit 1000 Jahren auf die Neugründung des Deutschen Reiches. 1989, nach dem Fall der Mauer, wäre der richtige Zeitpunkt für sein Erwachen gewesen. Die Vereinigung von West und Ost schien ihm aber unzureichend gelungen zu sein, so schlief er unbeeindruckt weiter.

Ob Bad Frankenhausen noch den Status eines Bades trägt, war nicht festzustellen. Zumindest sahen wir keinen Kurbetrieb. Eine andere Attraktion zieht dagegen Jahr für Jahr viele Tausend Besucher an – das Bauernschlachtdenkmal. Es ist mit seinen virtuosen Figurenarrangements im altmeisterlichen Stil eine Referenz an die Aufstände der unterdrückten Bauern im 15. und 16. Jahrhundert. Das kreisrunde, in Öl ausgefertigte Monumentalbild mit 123 Meter Länge und 14 Meter Höhe wurde von dem Maler und Grafiker Werner Tübke entworfen und von ihm und seinen Mitarbeitern in den Jahren 1983 bis 1987 auf die Spezialleinwand übertragen. Mehr als 3000 Einzelfiguren vermitteln dem Betrachter einen Eindruck deutscher Geschichte. Die Besichtigung dieses Museums sollte fester Bestandteil aller Besucher der Stadt sein, weil nur an wenigen Orten Europas, wie zum Beispiel im polnischen Wrocław, Bilder solcher Dimension zu sehen sind.

Unweit des Denkmals führt die Straße von Bad Frankenhausen in nördlicher Richtung auf den Kulpenberg, der höchsten Erhebung des Nationalparks. Von Süden her ist der Kyffhäuser leichter zu bewältigen, weil der Anstieg hier flacher als auf der Gegenseite verläuft. Die 36 Serpentinen dieser anderen Seiten enden in Berga-Kelbra nach ausgesprochen zügiger Abfahrt. Hier ist große Vorsicht geboten, weil Motorradfahrer den Abschnitt für manch ein gewagtes Manöver nutzen. Sie fahren bergauf und bergab – wie oft, haben wir nicht gezählt, denn wir hatten genug mit uns zu tun. Den Fuß des Kyffhäusers ohne Blessuren erreicht habend, radelten wir zügig nach Nordhausen, am Südrand des Harzes und vor der Kornkammer Thüringens gelegen, weiter.

Der *Roland*, eine mittelalterliche Figur des Ritterstandes, symbolisiert das Markrecht und die freie Gerichtsbarkeit Nordhausens. Ansonsten erinnert das Stadtensemble eher an einen industriellen Standort. Bergbauausrüstungen waren Markenzeichen der Region. Davon zeugt auch das 1899 errichtete Transportsystem – die Harzer Schmalspurbahn. Auf dem 140 Kilometer langen Schienennetz wurden Bodenschätze zur verarbeitenden Industrie der Region bewegt. Harzquerbahn, Selketalbahn und Brockenbahn verbinden Nordhausen mit den Städten Wernigerode und Quedlinburg und führen auf den 1142 Meter hoch gelegenen Brocken, der Dank seiner auf ihm lebenden Hexen überregional bekannt ist. Diese sind besonders aktiv in der Walpurgisnacht, die bei unserem Besuch zum Glück schon vorbei war.

Bad Frankenhausen, Ort der letzten großen Schlacht des Bauernkrieges 1525

Nicht aus Schwäche und schon gar nicht aus Faulheit bestiegen wir in Nordhausen die Harzquerbahn, die nach Überwindung von 500 Höhenmetern hinter Drei-Annen-Hohne die Ebene in Wernigerode wieder erreicht. Unser Ziel, der Ort Hohegeiß, liegt mit 600 Metern *janz weit oben*. Es war bereits später Nachmittag, weshalb die Bahnfahrt zur Überwindung des Harzer Profils eine gute Entscheidung war. Die Kyffhäuserquerung hatte doch mehr Zeit und Kraft gekostet als vermutet. In Benneckenstein kurz vor dem Abzweig der Brockenbahn, bestiegen wir wieder die Räder und staunten nicht schlecht, wie viel Zeit die nur drei Kilometer lange Anfahrt auf die Höhe in Anspruch nahm. Wir mussten uns beeilen, da in dem uns schon bekannten Hotel pünktlich um 20 Uhr das Abendessen gereicht wird. Telefonisch hatten wir am Vortag eines der beiden zur Auswahl stehenden Menüs gewählt. Erinnerte diese Zeremonie nicht an die Gewerkschaftsheime der DDR? Im Grunde waren wir tatsächlich zurück in der Vergangenheit, obwohl der filigran auf einer Bergkuppe gelegene Ort immer Teil der alten Bundesrepublik war. Hohegeiß zählte, wie auch die

Das Bauernkriegspanorama von Werner Tübke auf dem Schlachtberg

Halt der Harzquerbahn in Drei Annen-Hohne

Stadt Tann, vor der Wende zu den Ausflugszielen vieler westdeutscher Wochenendtouristen, da auch der Harzer Ort von der innerdeutschen Grenze umgeben war. Dem gemäß gab es hier wieder Bäder, Saunen, Tanzsäle und eine Vielzahl an Zimmern. Nach dem Wegfall der Grenzanlagen, blieb der Mauertourismus aus, die Eigner verkauften ihre Hotels – oft an Ostdeutsche.

Auch das Hotel *Hohegeiß* war nunmehr im Besitz einer Ostberliner Familie, die um Gäste aus Berlin und dem umgebenden Brandenburg warb. Wir waren, in dem gut geführten Haus, also wieder unter uns. Von Hohegeiß erkundeten wir das Umland, fuhren nach Braunlage in den *Westen* und über Drei-Annen-Hohne mit der Brockenbahn auf den Brocken, also wieder in den *Osten*.

Der Brocken, eine runde Granitkuppe, ist das Quellgebiet für Bode, Ecker, Ilse und Oder. Auf dem großflächigen Areal wachsen nur vereinzelt flache Sträucher und Gräser. In dem bereits 1890 angelegten Brockengarten können jedoch 1400 Pflanzenarten bewundert werden, die dem rauen Klima des Berges Widerstand zu leisten vermögen. Während der deutschen Teilung war der Brocken stark denaturiert und, ähnlich der Wasserkuppe, militärisches Sperrgebiet. Volksarmee, Polizei, Staatssicherheit und russische Streitkräfte teilten sich das Revier für allerlei Erkundungen. Ihre Baracken, Abhöranlagen und Sendetechnik wurden nach der Wende vollständig abgebaut und durch ein Hotel, ein Museum, eine Wetterstation und eine Rundfunksendeanlage ersetzt. Diese passen sich in die Landschaft auch nur bedingt ein, sind aber für mehr als 300 Tage im Jahr vom Nebel verhüllt.

Sendeanlage auf dem Brocken

Heinrich Heine soll nach einer Übernachtung in der Brockenherberge in das Gästebuch geschrieben haben:

Große Steine, müde Beine,
saure Weine, Aussicht keine,

Heinrich Heine.

Wir hatten schönes Wetter, zum ersten Mal auf dem Berg. Unser Blick galt deshalb nicht nur der näheren Umgebung sonder auch den weiter entfernt liegenden Kyffhäuser, Thüringer Wald und Rhön, Regionen, die wir auf unserer Tour durchquert hatten. Unsere nunmehr vorletzte Station – Wernigerode – erreichten wir mit der Brockenbahn. Kurze Zeit nachdem wir die Kuppe verlassen hatten, hielt der Zug mitten im Wald. Ein Baum war auf die Gleise gefallen. Das sich neben uns kosende Paar hielt plötzlich inne und griff zu den Handys. Man teilte den zu Hause gebliebenen Partner eine verspätete Heimkehr mit. Die für die Zerlegung des Baumes benötigte Kettensäge wurde mit der Lokomotive des Gegenzuges, der auf uns in der Zwischenstation Schierke wartete, den Berg hinauf gebracht. Nach einer Stunde ging es unter Volldampf weiter.

Im Depot der Brocken- und Harzquerbahn, am Rande von Wernigerode, gerieten wir beim Anblick der in tief stehender Abendsonne goldglänzenden Dampfrösser in eine anheimelnde Stimmung. In ihnen köchelte mit leicht singendem Geräusch das Wasser, das am nächsten Tag als Dampf die Bahn wieder über die Berge treiben sollte. Jetzt aber schlummerten die Riesen in die Nacht hinein und gedachten der Leistung des Tages – so wie wir es nebst unseren Stahlrössern taten.

Über die *bunte Stadt* Wernigerode selbst ist wenig oder eben sehr viel zu sagen. Sie ist ein Kleinod mittelalterlichen Fachwerks mit dem filigranen Rathaus und der über der Stadt wachenden Burg. Für *stop and go* ist die Stadt viel zu schade. Radtouren haben aber ihre eigenen Gesetze. Es musste weitergehen, wenn auch mit Bedauern. So bleibt nur zu erwähnen, dass die Abfahrt in die Ebene als Belohnung für manche erlittene Pein während der Tour durch den Thüringer Wald, die Hohe Rhön, den Kyffhäuser und den Harz war. Zurück nach Berlin ging es im Zug, im IC mit Fahrradabteil.

Der Reiz dieser 2-wöchigen Tour bestand im Wechsel von Bergen und Ebene. Die 655 Kilometer lange Strecke bewältigten wir in 8 Fahrtagen, mit Etappenlängen von durchschnittlich 80 Kilometern. Ein untrainierter Freizeitsportler, wozu wir uns zählen, ist damit durchaus herausgefordert. Andererseits verweilten wir an verschiedenen Orten zwei Nächte. Erholungsphasen waren so gegeben. Wir möchten diese Tour aus sportlicher Sicht nicht missen. Gleichzeitig hat sie uns viele kulturgeschichtliche Eindrücke unserer Heimat in Ost wie auch West vermittelt.

Zürich–Luzern–Bern–Montreux–Brig–Zürich

Die Schweiz riecht – nach Geld und Landwirtschaft! Die Schweiz ist ebenso fahrradfreundlich wie Holland und Dänemark! Die Schweiz ist für Mitteleuropäer teuer!

Im Jahre 2010 kam uns spontan die Idee, das Land der Eidgenossen zu besuchen. Wir waren beide arbeitslos und verfügten somit über Geld, das wir normalerweise für Alltäglichkeiten ausgegeben hätten. Das Angesparte stellten wir dann komplett dem Land in den Alpen zur Verfügung. Es wurde akzeptiert und mit guter Dienstleistung honoriert.

Nach Anreise aus Berlin in einem bequemen Nachtzug, der über ein komfortables Fahrradabteil verfügte, begann die Tour in den frühen Morgenstunden in Zürich. Die Hauptstadt des Schweizer Finanzwesens liegt am nördlichen Ende des Zürichsees. Die größte Ansiedelung der Schweiz ist von repräsentativen Zunfthäusern und stattlichen Sakralbauten zu beiden Ufern des Flusses Limmat gekennzeichnet. Während die westliche Altstadt das weltmännische Flair mit Nobelmeile, Banken, Museen und Galerien bietet, beeindruckt die östliche Altstadt mit einer Vielzahl kleiner und kleinster gastronomischer Einrichtungen in ihren Gassen. Hier trifft man auch die Studenten der Eidgenössischen Technischen Hochschule in den Szenetreffs.

Da unsere Fahrradtouren in erster Linie der Natur und nicht Museen, Kirchen und Ausstellungen gelten, verließen wir die Stadt mit dem Ziel Zug. Dazu nutzten wir zunächst das Ufer des Zürichsees. Wie viele große Seen und kleine Gewässer uns noch erwarteten, ahnten wir nicht im Mindesten. Dazu kamen die überregionalen Flüsse Aare und Rhone sowie eine Vielzahl kleiner Bäche. Mit der Nennung dieser regionalen Besonderheit wird auf eine Möglichkeit hingewiesen, die Schweiz in bequemer Weise zu bereisen – unter Umgehung der alpinen Pässe immer entlang des Wassers! Lediglich beim Wechsel von einem See zum anderen kann das Gelände auch schon mal ansteigen.

Einen solchen Anstieg hatten wir bei der Überfahrt vom Zürichsee zum Zuger See zu bewältigen. Dabei waren die alpinen Gipfel noch weit außerhalb unseres Gesichtsfeldes. Schließlich befanden wir uns im fla-

Der Finanzplatz Zürich ist vom Hochschulbereich der ETH durch den Limmat getrennt

chen Teil, dort, wo die Schweizer weit sichtbar Korn und Kartoffeln anbauen. Die Rinder- und Schweineintensivhaltung nahmen wir dagegen allerorts mit der Nase wahr. So machten wir uns um unsere Ernährung zunächst keine Sorgen. Dann stellte sich jedoch heraus, dass äußerster Mangel an ambulantem Würstchenhandel bestand. Nirgends gab es Imbissbuden – alle paar hundert Meter aber einen Autohandel. Ob in der Stadt oder auf dem Land: die Autos waren von edelstem Design. So viele Nobelmarken in hoher Dichte hatten wir zuvor noch nie gesehen.

In Ergänzung zu den PS-Boliden präsentierte man exklusive Fahrräder, im Preis ähnlich dem Bruttomonatslohn eines Mitarbeiters im gehobenen öffentlichen Dienst Deutschlands. Beides bestaunten wir im Zentrum von Zug an ein und derselben Straßenkreuzung in gegenüberliegenden Salons. In Zug, wie auch allen anderen Zielorten, schliefen wir im Hotel, das wir über den *Hotel Reservation Service* (HRS) im Internet vorgebucht hatten. Die Zimmerpreise lagen deutlich über den unsrigen. Die Entscheidung, so zu handeln, erwies sich als richtig, denn *Bed & Breakfest* stand selten im Angebot.

Zug entpuppte sich als typisch Schweizer Stadt. In den Vororten siedelt die Industrie. Daran schließen sich Geschäfts- und Wohnviertel nichtssagender moderner Architektur an. Im Zentrum jedoch trifft man auf ein apartes mittelalterliches Viertel. Der Zytturm überragt die zahlreichen Gassen mit ihren Bürger- und Handelshäusern. Die Burg und das spätgotische Rathaus komplettieren das Ensemble. Diese alten Stadt-

Die Kapell-Brücke überspannt in Höhe des Wasserturmes die Reuss in Luzern

kerne überdauerten die Jahrhunderte Schweizer Lebens und wurden gepflegt und gehegt. Kein Krieg hat sie je beschädigt oder gar vernichtet.

Daneben lebt aber auch die Moderne – und nicht schlecht. In Zug, der Landeshauptstadt des flächenmäßig kleinsten Schweizer Kantons, erzielt die Bevölkerung das höchste Pro-Kopf-Einkommen des Landes. Mehr als eintausend multinationale Gesellschaften sind hier ansässig oder betreiben zumindest einen Briefkasten. So erklärt sich auch die hohe Zahl an Lamborghini, Maserati und Ferrari auf den Straßen. Die Marke Porsche wird dagegen eher auf dem Land gefahren.

Bevor wir die Preise der Gaststätten erfuhren, stießen wir am Zuger See auf eine Bühne, die das örtliche Jazz-Festival zelebrierte. Daneben stand eine Vielzahl kleiner Buden. So aßen wir am ersten Abend Bratwurst. Auf diese Weise verköstigten wir uns auch an den nächsten Abenden. Die Schweiz feierte sich überall: Hähnchenfest, Treff der Kulturen, Stadtfest. Da, wo es keinerlei Feierlichkeit gab, suchten wir einfache Restaurants auf. Manchmal stand das Menü des Tages zu 18–20 Franken auf der Karte – für die Schweiz ein Schnäppchen.

Bereits am zweiten Tag begegneten wir dem dritten großen Gewässer des Landes – dem Vierwaldstädter See. An seinem Nord-West-Ufer liegt Luzern. An der Promenade findet der Besucher eine Vielzahl mondäner Hotels. Die dahinter liegenden bewaldeten Hügel versprechen besten Wohnkomfort. Aber die eigentliche Attraktion der Stadt ist die Kapellbrücke. Die überdachte Holzkonstruktion mit dem achteckigen

Wasserturm an ihrer Seite überspannt die aus dem Vierwaldstätter See abfließende Reuss. So verbindet sie die beiden Teile der Altstadt. Der Übergang von einem in das andere Stadtviertel ist kostenfrei, erfordert aber die Überwindung zahlreicher lebender Bollwerke aus japanischen Touristen.

Unser Hotel lag etwas auswärts unweit des Seeufers. Wir fanden dorthin, wie in anderen Städten auch, ohne Komplikationen auf gut gekennzeichneten Radwegen. Die Schweiz besitzt ein perfekt gestaltetes Radwegenetz, bestehend aus 9 Hauptlinien und zahlreichen Nebentrassen quer durch das Land. Die Wege sind zumeist asphaltiert und manchmal mit einer festen Splitdecke ausgestattet. In Gemeinden und Städten sind sie rot eingefärbt und mit gelben Streifen von der Straße abgesetzt. Die Markierung findet bei Autofahren wie auch Fußgängern Beachtung. Die Schweiz lebt diszipliniert!

Als Fahrrad-Wegweiser dienen große rote Schilder mit Angabe von Ziel und Entfernung. Manches Schild weist den Radler sogar darauf hin, dass er in 30 Meter Entfernung nach links abbiegen muss, obwohl der Weg ohnehin nur linkerhand weitergeführt ist. So kommt man als Auswärtiger gut durchs Land. Und durch die Stadt? An allen zentralen Punkten sind Tafeln mit Stadtplänen. Diese zeigen neben den Sehenswürdigkeiten auch die Hotels an. Unser Haus fanden wir somit problemlos.

Das Hotel war an eine Ausbildungsstätte für Bäcker und Konditoren gekoppelt. Deshalb servierte man zum Frühstück nicht weniger als zwanzig Brotsorten. Zubehör lieferte man dagegen wenig. Zwei Sorten Wurst und Marmelade, Müsli sowie besten Schweizer Käse. Eier, gebratenen Speck, Würstchen, Salate, Obst reichte man dagegen nicht. Wir waren überrascht und ein wenig an französische Traditionen erinnert. Alle weiteren Hotels unserer Tour folgten diesem Standard.

Der dritte Tag führte über welliges Gelände nach Langenthal. Wieder waren wir von der Landwirtschaft eingekreist. In dieser Gegend traf man hin und wieder einen offenen Laden oder ein Café. Kurz vor dem Ziel – es galt, eine zünftige Abfahrt zu meistern – hörte Wolfgang ein markantes Knacken, das von seinem Vorderrad ausging. Er tippte auf Achsbruch oder Kugellagerschaden. Beim Hochnehmen des Rades blieb das Geräusch dagegen aus. Da es zu regnen anfing, brach er die Untersuchung ab und fuhr langsam weiter. Der Regen nahm zu. Die Unterkunft war noch nicht auszumachen. Jetzt noch Regenkleidung auszupacken, schien sich nicht mehr zu lohnen. Letztlich erreichten wir das Quartier als nasse Katzen.

Nach einer Dusche untersuchte Wolfgang im Keller des Hotels sein Rad. Er baute die Vorderachse aus – alles schien in Ordnung zu sein. Draußen goss es weiter, die ganze Nacht hindurch und auch noch am anderen Morgen. So begann die erste Regenetappe der Tour. Nach wenigen hundert Metern knackte Wolfgangs Vorderrad erneut. Nun war es egal. Wir fuhren weiter. Am Abend sollte die Achse komplett aus-

Altstadtarchitektur in Solothurn am Ufer der Aare

gewechselt werden. Zuvor musste aber unser Tagesziel, die Stadt Solothurn, erst einmal erreicht werden. Das gelang auf landwirtschaftlichen Wegen. Solothurn – am Stadtrand ein Industriegebiet, dann die etwas graue Vorstadt, letztlich ein architektonisches Kleinod.

Unser Hotel war alt, sein Innenleben aber komplett neu hergerichtet. Die Angestellten berichteten, dass die Bevölkerung sich an den rosafarbenen Anstrich nicht gewöhnen wollte. Warum eigentlich? Vielleicht wohnten hier Spießer. Wolfgang war es egal, er musste sich erst einmal dem Rad widmen. Nach dem Wechsel der kompletten Achse war das Knacken weg. Nun gelang auch die Deutung: Die Räder waren vor der Tour in der Werkstatt. Dort wurden neue Laufräder eingebaut. Die Kontermutter des Konus fiel bei den neuen Achsen im Durchmesser kleiner aus, so dass sie in der Führung der Vordergabel ein wenig Spiel hatte. Das Ersatzteil, eine Achse älterer Bauart hatte eine größere Mutter – somit fiel das Geräusch weg. Mit einer Unterlegscheibe, einem Pfennigartikel, wäre das Problem erst gar nicht aufgetreten. Schöne Werkstatt!

Solothurn liegt an der Aare, einem breiten Fluss, der das Land und einige Seen durchströmt. Am Ufer sollte das geschlossene Ensemble einer barocken Altstadt liegen, von der bei der Anfahrt nichts zu sehen war. Auf dem Weg dorthin, versperrte eine Straßenbahn den Weg – sie kam, wie auch wir kurz zuvor, aus Langenthal. Die Schweizer Infrastruktur mit ihrem Bahn- und Buswesen brachte immer wieder neue Überraschungen hervor. Übrigens, die Bahn transportiert auch Fahrräder, speziell bei Regen!

Wenige hundert Meter entfernt, öffnete sich hinter einem Stadttor die abwechselungsreiche Silhouette des von zahlreichen Gässchen

Der Zeitglockenturm in Solothurn

durchzogenen Zentrums. Die Schönheit des Ensembles stand den bislang gesehenen Stadtkernen in nichts nach. Den Höhepunkt bildeten neben den zahlreichen Brunnen zweifellos der am Marktplatz stehende Zeitglockenturm aus dem 12. Jahrhundert und die St.-Ursen-Kathedrale mit ihrer weit ausladenden Freitreppe. Als Abendbrot gab es wieder einmal Bratwurst, denn auch hier fand ein Volksfest statt. Sogar das Schweizer Fernsehen war dabei. Als Gäste verstanden wir leider wenig, da selbst die Fernsehleute schwyzertütsch sprachen.

Am nächsten Morgen ging es weiter – jetzt bei Sonnenschein. Die Auenlandschaft rechts und links der Aare versprach pure Entspannung. Die Augen labten sich am üppigen Grün der Wiesen und Sträucher. Reizvolle Städtchen lagen auf dem Weg, zu erreichen über bedachte Brücken. Die Räder rollten leicht dahin. Am Bieler See, unserem Tagesziel, siedelt die gleichnamige Stadt.

Die Tagesetappen hatten wir mit 40 bis 60 Kilometer Länge kurz gewählt. So stand uns für die Städte stets ausreichend Zeit zur Verfügung. Für Biel wäre diese Zeit nicht nötig gewesen. Das Zentrum der Schweizer Uhrenindustrie der Marken *Omega*®, *Rolex*® und *Swatch*® wirkte recht angestoßen. Selbst die Altstadt lud nicht zum Verweilen ein. Angestoßen war auch unser Hotel. Dort servierte man uns dafür aber ein sehr schmackhaftes Abendessen und sprach dazu Französisch. Auch in dieser Hinsicht war auf der Etappe etwas passiert – wir hatten die Sprachgrenze überschritten.

Am darauffolgenden Tag sahen wir reizvolle Dörfer, die wieder inmitten der sinnlich wahrnehmbaren Landwirtschaft lagen. Wir durchquerten große Waldgebiete, in denen es leicht bergig wurde. Flach verlief der Weg nur auf der Staumauer eines Wasserkraftwerkes, um sogleich wieder anzusteigen. Nach tollkühner Abfahrt auf breiter Waldschneise mussten wir bei der Umrundung eines martialisch gesicherten Kraftwerkes die Räder sogar schieben. Dabei wurden wir von allen Seiten gefilmt, obwohl wir dem offiziellen Radweg folgten. Wieder in ebenem Terrain angelangt, überholte uns ein im Training befindlicher Marathonläufer. Sein Ziel war der New York Marathon mit dem Umweg über sein Heimatdorf. Wir beschleunigten auf sein Tempo und berichteten über usere Tour. Er erzählte über dieses und jenes seiner Heimat. So nutzt er häufig die englische Sprache, um sich mit Kollegen und Bekannten aus der näheren Umgebung zu verständigen. So ist das nun mal im nicht allzu entfernt liegenden Grenzgebiet, in dem deutsch oder französisch gesprochen wird.

Der Schützenbrunnen in Bern

In der Hauptstadt der Schweiz – Bern – kamen wir nach Verlassen eines Waldes gleich hinter der großen Hauptstraße an. Wir waren plötzlich mittendrin. Rechts lag der Hauptbahnhof. Die Rushhour überraschte uns. Laut Stadtplan musste eine Brücke benutzt werden, um zum Hotel zu gelangen. Da lag sie plötzlich vor uns: die Altstadt, am anderen Ufer. In der Form einer Moselschleife umströmte die Aare tief eingeschnitten das Zentrum der Stadt. Erst jetzt nahmen wir die kühnen Brückenkonstruktionen zwischen Alt- und Neustadt wahr.

Wenige hundert Meter vor dem Hotel *Alpenblick* horchte Wolfgang erneut auf. Schon wieder eine Unregelmäßigkeit am Rad – diesmal ein periodisches Quietschen. Das passierte in der Kasernenstraße gleich neben dem gleichnamigen Militärobjekt. Das Quietschen ging zum Glück vom rechten Stiefel eines Soldaten aus, den Wolfgang gerade überholte. Das Hotel war jetzt ganz nahe, nahe genug, um jeden Befehl der Offiziere bei der Nachtübung auf dem Kasernenhof wahrnehmen zu können. Es blieb aber ruhig. Die Schweizer Soldaten verschliefen bei Nacht jeglichen Krieg.

Die Architektur Berns vereint alle klassischen Baustile in einem geschlossen wirkenden Ensemble. Selbst das Neue erscheint sehenswert. Über Details zu berichten, würde bedeuten, die Stadt auseinanderzureißen. Die Attraktionen sind derart vielfältig und über das

Die Aare-Brücke in Bern

gesamte Stadtgebiet verteilt, dass selbst die Japaner (sie tauchen in unserem Bericht so häufig wie das Bier auf) nicht als geballte Kraft auftraten. Sie mischten sich unter die Bevölkerung, die in den Nachmittagsstunden Geschäfte und Cafés okkupierte. Die Menschen strahlten Lebensfreude aus und erwiesen sich derart sehr würdig in ihrer Rolle als Hauptstädter des Landes.

Auch Fribourg, unser Ziel auf der nächsten Etappe, thront weit oben. Der Fluss im ebenfalls tief eingeschnittenen Tal heißt Sarine. Kommt der Wandersmann aus Richtung Osten, liegt die gotische Altstadt weit ausladend vor ihm auf der anderen Seite des Ufers. Dieses fällt gut 100 Meter in die Tiefe. Zur Linken, wo das Tal eine gewisse Breite erlangt, stehen Burganlagen fest im Fels verankert. An seichteren Stellen weiden Schafe und Kühe. Der müde Wanderer muss nicht den Tieren gleich bis zum Wasser hinabsteigen, um das gegenüberliegende Ufer zu erklimmen. Er nutzt die 200 Meter lange Brücke, die in schwindelerregender Höhe die Stadtteile miteinander verbindet. Das Tal bildet die Sprachgrenze zwischen dem Deutschen und Französischen. Die Bewohner Fribourgs nehmen die Grenze ernst – sie sprechen, selbst im Hotel, ausschließlich französisch. So übersetzten wir unsere Namen bei der Anmeldung in ihre Heimatsprache. Man kennt sich doch aus!

Montreux hätten wir auf dem Rad nur über erhebliche Umwege erreicht. Wir stachen deshalb auf einer wenig befahrenen Straße direkt in die Freiburger Alpen hinein. Ab Montbovon benutzten wir den Zug,

Tief eingeschnitten fließt die Saane durch Fribourg

der in direkter Linie durch den Fels das hinter den 2 000 Meter hohen Bergen liegende Montreux ansteuert. Fährt man das erste Mal für fast zwanzig Minuten durch die in Stein gehauene Röhre – stets die Schwärze der Felswände vor dem Fenster – erinnert man sich schnell an die Erzählung *Der Tunnel* von Friedrich Dürrenmatt. Wer litt nicht mit dem jungen Studenten, der in seinem Heimatort des Vormittags aufbricht, um nach Befahrung eines mäßig langen Tunnels am Studienort sein Seminar sowieso zu schwänzen beabsichtigt. Die unendliche Fahrt durch die Dunkelheit ließ ihn aus seinen Träumen erwachen: der Zug raste, immer schneller werdend, führerlos in einen tiefen Schlund. Es blieb ihm nur die Feststellung: „Gott ließ uns fallen und so stürzen wir denn auf ihn zu".

Wir standen – zum Glück – in der Gunst Gottes, der plötzlich den Blick auf Montreux freigab. Am Nordufer des Genfer Sees fällt die Stadt in breiter Front den Berg hinab. Nach Überwindung diverser Serpentinen fuhren wir ab bis auf See-Niveau, um die Räder schiebend wieder nach oben zu unserem Hotel zu buxieren. Nach dem Preis für die eine Übernachtung zu urteilen, konnte unsere Kleidung dem Standard des Hauses in keiner Hinsicht genügen. Zumindest dachten wir so vor der Abreise in Berlin. Wirkte die Stadt Biel angestoßen, so hinterließ unser Hotel hier ebenfalls diesen Eindruck. Es hatte solch vornehm aussehendes Publikum wie uns eigentlich nicht verdient. Für die Räder gab es auch keinen Raum. Der Koch erbarmte sich unser und stellte sie über Nacht in seine Küche.

Das Château de Chillon am Ufer des Genfer Sees bei Montreux

Mit zwei Ausnahmen verfügten alle anderen Hotels über Tiefgaragen. Nicht nur der Käse, nein, die Schweiz an sich ist von Tunneln und Kellern durchlöchert. Diese Offerte ist für Autofahrer und Radfahrer gleichermaßen von Vorteil. Manche Hotels besaßen sogar einen separaten *Velo*-Bereich (Fahrradkeller). Nach Damen- und Herrenrädern wurde aber nicht noch einmal unterschieden. Die Schweiz ist eben ein fahrradfreundliches Land – man kann es gar nicht oft genug wiederholen.

Wir verließen Montreux auf der Uferpromenade in Richtung Osten – nicht ohne auf die noblen Hotels geblickt zu haben. Die Stadt interessierte uns weniger – sie gefiel uns nicht so recht, war es doch nur ein mondäner Urlaubsort mit südländischem Flair. Das *Château de Chillon*, eine aus dem 11. Jahrhundert stammende Wasserburg der Grafen von Savoyen, schloss die Stadtansicht ab. Es erwartete uns der Zufluss der Rhône in den Genfer See. Damit hatten wir den südlichsten Punkt unserer Reise erreicht. Von nun an steuerten wir gen Nordost, immer der Rhône nach.

Die Rhône, die sich in großer Geschwindigkeit in den Genfer-See ergießt, ist von den Berner und den Walliser Alpen gesäumt. Das breite Tal nimmt nicht nur Dörfer, sondern auch die dazu gehörenden Felder auf. Immer stromaufwärts fahrend, erreichten wir die Kleinstädte Martigny und Sierre. Beide Flecken offerierten französisch geprägten Lebensstil. Wir befanden uns im Wallis, das von Kennern wegen seiner guten Kü-

Schweizer Flüsse, wie hier in Martigny, überquert man häufig trockenen Hauptes

che geschätzt wird. Dazu wird der einheimische Wein getrunken. Nicht das Tessin sondern das Wallis baut die Reben im großen Umfang an. Die Weiß- und Rosé-Weine werden über die Landesgrenzen hinweg von Kennern geschätzt.

In Sierre war wieder einmal die Sprachgrenze erreicht, diesmal zum Deutschen. Der Ort feierte das traditionelle Hähnchenfest. Das Volk sammelte sich an Buden und in Zelten. Unter der Aufsicht der Feuerwehr wurden die Hähnchen zu Hunderten gegrillt. Direkt vor unserem Hotel startete eine Standseilbahn nach Cranz-Montana. Schon mal hier, wollten wir uns diesen bekannten Wintersportort nicht entgehen lassen. Er liegt am nördlichen Höhenzug auf einer Sonnenterasse in 1500 Metern Höhe. Wir sahen aneinandergereiht Hotels und Pensionen in einer eher sterilen Atmosphäre. Es war allerdings viel Holz für Balkons und Verkleidungen verarbeitet worden. Das darüber gelegene Skigebiet war wegen unserer nur kurzen Verweilzeit nicht auszumachen. Zumindest hatten wir den Fuß einmal auf den Boden des größten Skigebiets der Berner Alpen gesetzt.

Das Tal der Rhône wird von deutschen Veranstaltern als Terrain für organisierte Radtouren mit Gepäcktransport und Halbpension angepriesen. Solche Gruppen sind uns begegnet. Sie fuhren natürlich flussabwärts. Die Fahrt mit der Strömung ist wohl eher psychologisch denn physiologisch motiviert. Bei keiner Tour an einem Fluss haben wir je einen von der Fahrrichtung abhängigen Kraftaufwand gespürt.

Kleinstadtarchitektur des Wallis in Sierre

In den Dörfern am Rand des Tals, durch die der beschilderte Radweg geleitet wurde, sahen wir die ersten schwarzen Holzhäuser und Speicher aus dicken Stämmen gebaut. Diese ländliche Architektur, die in keinem Kalender über die Schweiz fehlt, vermittelt tatsächlich das Gefühl der Ewigkeit. Keinem Stahl- oder Betonbau traut man eine derartige Lebensdauer zu. Zur Abwehr von Mäusen sind die Füße der Speicher selbstredend mit großen Steinplatten unterfüttert. Wir waren sehr zufrieden, das Klischee der Fotos in der realen Welt wiederzufinden.

Die Stadt Brig ist für Kenner der Schweizer Bergwelt der Ausgangspunkt für Bergtouren jeden Schwierigkeitsgrades. Von hier erschließen sich dem Besucher die vielen Täler rings um das Matterhorn als den zentralen Berg der Region. Vor dem großen Bahnhof der Schweizer Bundesbahn SBB halten am kleinen Bahnhof – beinahe auf der Straße – die Züge der Matterhorn/Gotthard-Bahn sowie die Postbusse. Während das Zermatt-Tal vom zahnradbetriebenen Zug bedient wird, fahren die Busse als Verlängerung der Bahn in die schwer zugänglichen Seitentäler. Dazwischen hält der berühmte Glacier-Express mit seinen Panoramawagen. Zudem trifft der Autofahrer in Brig auf den Schnittpunkt der vier Alpenpass-Straßen von Simplon, Furka, Grimsel und Nufenen.

Für die Schalter der Deutschen Bahn unvorstellbar, für die SBB selbstverständlich, erhielten wir bei der großen Bahn die Tickets für die Privatbahn nach Zermatt und weiter zum Gornergrat. Und das nach umfänglicher Beratung zum besten Ticketpreis. So waren wir am nächsten Tag auf dem Weg zum Berg der Berge! Es ist schon spannend, wenn sich der Zug auf steilen Passagen in die Zahnstangen einkrallt. Passiert das auf der Matterhorn/Gotthard-Bahn vereinzelt, fährt die

Der Glacier-Express auf seinem Weg von Sankt Moritz nach Zermatt

Die Gornergrat-Bahn unterhalb des Matterhorns

Gornergrat-Bahn ständig im Zahnradbetrieb. Oben angekommen bangt jeder Besucher um die Sicht auf den Berg. Neben dem Fudschijama hat das Matterhorn wohl die markanteste Kontur der gesamten Bergwelt.

Wir hatten Glück. Von einer Wolkenhaube abgesehen, stellte sich das Matterhorn in voller Schönheit vor. Wie oft mochten hier tiefe Wolken hängen. Einen ungetrübten Blick hatten wir auch auf die das Panorama bestimmenden Gletscher. Auf der Fläche vor dem Observatorium hielten sich relativ wenige Menschen auf, obwohl der Zug aus Zermatt bis auf den letzten Platz besetzt war. Viele Wanderer nutzten die Möglichkeit, nach Zermatt hinunterzulaufen und dabei den Berg auch von seinen anderen Flanken zu bewundern. Einige kamen auch heraufgestiefelt – in der dünnen Luft auf über 3 100 Höhenmetern schon eine tüchtige Leistung. Es waren natürlich alles Laienwanderer. Profis mit Steigeisen und Pickel bekamen wir hier nicht zu Gesicht.

Der Ort Zermatt ist ausschließlich von Kommerz gekennzeichnet. Das Areal ist vollgestopft mit Hotels und Pensionen. Auf den wenigen freien Plätzen drängen sich die Touristen. Nun konnten wir aber nicht schimpfen – auch wir zählten zu ihnen. Wir erinnerten uns an Rothenburg ob der Tauber. Dort waren wir nach 18 Uhr mit den Einheimischen fast alleine – das Tagesvolk hatte die Stätte schon längst wieder verlassen, um im Bus zur Halbpension in das gebuchte Hotel gebracht zu werden. Man sollte das nächste Mal in Zermatt übernachten, um einen besinnlichen Abend in dieser herrlichen Bergwelt zu erleben.

Der Gornergletscher zu Füßen des Matterhorns

Bevor wir Brig wieder verließen, genossen wir das köstliche Essen des Oberwallis. Nicht zufällig nahmen wir Anregungen für die Bereitung feiner Salate und Suppen mit nach Hause. Das alte Zentrum der Stadt beherbergt rund um den zentralen Platz eine Vielzahl gastronomischer Einrichtungen. Die werden von den Türmen des darüber gelegenen *Stockalperpalastes* überragt.

Traditionelle Bebauung im ansonsten modern gestalteten Zermatt

Die Teufelsbrücke in der Schöllenen-Schlucht – Abfahrt nach Göschenen

Um das Tal in Richtung Norden zu verlassen, hätten wir unsere Drahtesel über den Furka-Pass (2 431 Meter) treiben müssen. Das war ihnen aber nicht zuzumuten. Leichter ging es mit der Matterhorn/Gotthard-Bahn durch den Tunnel nach Andermatt. Beim Verladen der Räder wurden wir angewiesen, sie an die vordere Wand des Gepäckwagens zu schieben, damit sie bei der Bergabfahrt nicht in Bewegung geraten. Der Zug nahm tatsächlich eine heftige Neigung ein. Alleine die Kopplung mit den Zahnstangen verhinderte eine unkontrollierte Abfahrt.

In Andermatt hätten wir die Räder wieder besteigen können, wovon der Radführer jedoch abriet. Also fuhren wir weiter bis zur Station Göschenen. Die Straße nach Göschenen ist steil, eng und von diversen Tunnel und Brücken durchsetzt. Sie überqueren in Stufen die Reuss. Als der Bahntunnel einen kurzen Blick auf die Landschaft freigab, sahen wir das Gewirr aus sich kreuzenden Asphaltbändern in unterschiedlicher Höhe, die alle die eine Straße darstellten. Die Autos ließen kaum Platz für einen Radfahrer.

In seichterem Gelände ging es dann gemäßigt weiter bis kurz vor Brunnen, der Südspitze des Vierwaldstätter Sees. Die letzten zehn Kilometer wand sich die Fahrstraße am Fels entlang, nutzte Viadukte, Galerien und Tunnel. Ein Fahrzeug folgte dem anderen. Wir folgten nicht, sondern bestiegen mit Mann, Rad, Bär und Maus (unseren Begleitern) einen kleinen Ausflugsdampfer in Flüelen mit Ausblick auf die steil aufstrebenden Felswände zu beiden Seiten des Wassers. In Brunnen wurden wir schon vom Hotel erwartet, das uns ein sympathisches Zimmer vorbereitet hatte. So gingen wir nach zwei erholsamen Tagen in einer typischen Urlauberdomäne die letzte Etappe nach Zürich an, wo die Reise im Nachtzug nach Berlin endete.

Wir legten 640 Kilometer in einer Höhe von 400 bis 500 Metern – mit Ausnahmen auch schon mal 700 Metern – zurück. An einigen der 15 Fahrtage fuhren wir nur 30 Kilometer, an den anderen 50 bis 65 Kilometer. Da die Strecken zumeist an den Ufern von Seen und Flüssen verliefen, empfiehlt sich die Landschaft als bequemes Terrain. Nur wenige Male war ein kleiner Höhenzug zu überwinden, um von einem Tal in das andere zu gelangen.

Die wenigen Tageskilometer resultierten aus der großen Dichte an sehenswerten Städten und Gemeinden. Wir erlebten ein Land voller historischer Kultur, das wir auch jedem wenig geübten Radfahrer empfehlen können. Der, dem unser Weg zu wenig anspruchsvoll erscheint, kann nach Belieben die Schweizer Pässe in Höhen von 2 000 Meter und mehr überqueren. Wir umgingen zum Beispiel den *Furka*-Pass, in-dem wir für wenige Kilometer die Bahn und einen der vielen Schweizer Tunnel benutzten. So erlebten wir einen Teil der berühmten Glacier-Express-Route.

Auf ein Neues

Im Hinblick auf Schwierigkeiten zu Beginn einer Tour tat sich bisher nur Wolfgang hervor: er eilt Birgit mit 3 : 0 voraus. Waren es 1991 in Dänemark und 1993 in Frankreich nur *Blockierungen der Lendenwirbelsäule, wurde es 2002 in Stockholm ernst – der Ischias-Nerv war entzündet, weshalb er nicht mehr sitzen konnte – nicht auf dem Stuhl, nicht auf dem Rad.*

Die Dänemark-Runde verkürzte sich auf einen sehr kleinen Radius. Die Tour durch Frankreich fand statt – Birgit salbte dafür abendlich Wolfgangs zarten Körper. Die Schweden-Tour endete kurz nach der Ankunft in Stockholm. Die Rückfahrt nach Berlin wurde zur Tortour.

In Situationen, in denen der Körper streikt, wird man sehr nachdenklich. Wie viele tausend Kilometer waren wir bereits unterwegs, ohne

Schaden genommen zu haben. Was hätte unterwegs alles passieren können, wenn man die Möglichkeit von Unfällen mit einrechnet. Es ist müßig, über diese Eventualitäten nachzudenken. Welchen Zufällen ist es zu danken, dass wir im täglichen Leben noch keine größeren Blessuren davongetragen haben?

Man muss bei Radtouren alle Vorsicht walten lassen. Eine Grundregel ist, besonnen zu fahren und den Verkehr immer im Auge zu haben. Als Radfahrer darf man nicht immer auf sein Recht pochen, schließlich ist man der schwächere Verkehrsteilnehmer. Kritische Situationen im Verkehr haben wir glücklicher Weise nie erlebt. Dabei provozierten wir auch nie andere Verkehrsteilnehmer. Meist dankten uns die Autofahrer unser Verhalten mit freundlicher Distanz beim Überholen.

So beschränken sich unsere Erfahrungen nur auf individuelle Probleme, die auch ohne das Rad hätten auftreten können. Hat man das Fahrrad aber dabei, kompliziert sich die Situation. Das beeindruckte uns aber nur temporär. Den Mut zu neuen Abenteuern verloren wir dabei nicht.

Holstein–Dänemark

Die Reise begann 1991 in Lübeck und hatte Kopenhagen als nördlichsten Punkt zum Ziel. Weiter führte sie über die dänischen Inseln nach Gedser, um mit der Fähre nach Rostock überzusetzen. Der Rest betraf die Bahnfahrt nach Berlin. Die Runde sollte erste Eindrücke von unserem nördlichen Nachbarn Dänemark vermitteln. Geplant war eine knapp dreiwöchige Tour.

Gleich hinter Lübeck, in Bad Schwartau, nahm die Fahrt eine abrupte Unterbrechung. Es knallte und rumpelte plötzlich. Wolfgang stieg vom Rad und diagnostizierte einen *Platten*. Bei näherer Beschau stellte er fest, dass sich der Schlauch seines Hinterrades aus dem aufgerissenen Mantel gequetscht hatte. Der Kontakt zur Bremsbacke ließ ihn dann platzen. Das alles geschah um 17.25 Uhr. Nun fehlten Ersatzteile. Um 18 Uhr schlossen die Läden. Aber wo war ein Fahrradhandel? Eine stattliche Dame wusste Rat: „Da gibt es doch gleich um die Ecke eine Werkstatt".

Der Chef erkannte sogleich das Problem und wies den Stift an, einen neuen Schlauch und Mantel aufzuziehen. Währenddessen kalkulierte er die entstehenden Kosten. In seinem Kopf schwirrten die Zahlen. Dann kam es spontan: 50 DM! Als Jugendliche reparierten wir unsere Räder immer selbst. So kannten wir die Preise auswendig – 3 Mark der Schlauch, 9 Mark der Mantel. Plus Dienstleistung also maximal 25 Mark. Ja aber, nach dem Fall der Mauer waren wir nun im Westen, dazu noch im alten Westen. Es fiel nicht immer ganz leicht, sich umzustellen. Trotzdem freuten wir uns, so schnell Hilfe bekommen zu ha-

Sportboote am Strand von Sütel *Mit Reet gedecktes Holsteiner Haus*

ben. Dieser Schaden war wegen unzureichender Durchsicht der Räder vor dem Start selbst verschuldet worden!

Die Fahrt nach Dänemark fand ihre Fortsetzung. Der hinter einer Landwirtschaft im Obstgarten der Bäuerin gelegene Campingplatz war bald erreicht. Zum neuen Zelt gab es neue Luftmatratzen leichter Bauart. Sie bestanden aus sechs einzelnen Röhren des Durchmessers sechs Zentimeter. So ließ sich Masse beim Transport einsparen. Das geringe Luftvolumen der Röhren hatte jedoch den Nachteil, dass die in der Nacht sich abkühlende Luft Wolfgangs üppigen Leib nicht mehr hinreichend trug.

Am Morgen tat ihm zunächst der Rücken weh, dann blockierte selbiger bei einer Verbeugung vor dem neuen Tag. Das vorzeitige Ende der Reise war erreicht. Wolfgang konnte sich kaum noch bewegen. Birgit zog ihn deshalb an, packte Zelt und Utensilien ein und machte sich Sorgen. Dann half sie ihm auf das Rad. Dazu musste sie sein gestrecktes Bein in voller Länge über den Sattel hieven. Zum Erstaunen aller Schaulustigen konnte Wolfgang auf dem Rad sitzen und sogar fahren. Nur Anhalten und Absteigen bereiteten ihm höllische Qualen. So fuhren wir los – in Richtung Dänemark!

An diesem Tag waren nur 50 Kilometer zu bewältigen. Freunde von Wolfgangs Eltern hatten zu einem Besuch ihres Wochenendgrundstücks in Sütel an die holsteinische Ostseeküste eingeladen. Da beide emeritierte Ärzte waren, wussten sie am besten, was zu tun war. Wir wurden äußerst herzlich begrüßt. Die Dame schloss Wolfgang, den sie schon seit Kindertagen kannte, fest in ihre Arme, so dass der aufschrie. Man verabredete, noch am selben Tag eine Arztpraxis aufzusuchen, um das Wochenende zur Rehabilitation nutzen zu können.

Einen Westarzt zu erleben war das nächste einschneidendes Erlebnis. Der Doktor praktizierte in drei Räumen gleichzeitig, auf die die Schwester die Patienten gleichmäßig verteilte. Hinzu kamen technische Räume für methodische Untersuchungen. Wolfgang musste alle Räume durchlaufen, was ihm noch gelang. Nur das ständige Aufstehen und Hinsetzen bereitete große Probleme. Er brauchte mehrere Minuten, um sich unter das Röntgengerät zu legen. Nach Vollendung der Aufnahme rief die Schwester im Weggehen: „Sie können sich anziehen und im Warteraum wieder Platz nehmen“. Dort vermisste man ihn dann für längere Zeit.

Nach dem einstündigen Rundlauf betrachtete der Arzt selbst seinen neuen Patienten, klopfte ihm gegen den Rücken und stellte fest: „Total blockiert!“ Wolfgang war überrascht, hatte er mit einer solchen Diagnose kaum gerechnet. „Bitte gehen sie in Raum 2. Dort gebe ich ihnen eine Spritze“. Im folgenden Zimmer 3 entwickelte sich nach der Behandlung ein engagiertes Gespräch über die beabsichtigte Radtour.

Birgit und die Gastgeberin warteten derweil bei der dritten Tasse Kaffee im Bistro. Sie machten Pläne, wie sich der weitere Verlauf der Reise gestalten könnte. Zunächst sollte der Aufenthalt um zwei, drei Tage verlängert werden. Dann konnte sich eine verkürzte Runde auf dänischem Gebiet in Richtung Gedser anschließen. Dazu musste Wolfgang aber erst einmal vom Arzt freigegeben werden. Die ihm verabreichte Spritze begann zu wirken, so dass er sich schon auf den Weg nach Kopenhagen sah.

Zeitgleich hatte der Arzt Wolfgang aber noch zur Physiotherapie überwiesen. Einem Radfahrer wollte er alle erdenkliche Unterstützung zuteil werden lassen. Die Chefin der Einrichtung behandelte ihn selbst – am Freitagnachmittag waren ihre Mitarbeiter bereits auf dem Heimweg. So lag er auf der in rosa gehaltenen Liege, die Chefin darüber, Arme und Beine waren verknäult. Wolfgang stand kalter Schweiß auf der Stirn. Die Mitteilung – er sei aus Berlin – reichte der Chefin nicht aus. Da sie vor Jahren aus dem Osten Berlins geflohen war, wollte sie genauere Angaben. Wolfgang schwindelte, indem er sich als Westberliner ausgab. Die Chefin begnadigte ihn mit einer maßvolleren Behandlung.

Nach dem vierten Tag der Rehabilitation ging es dann los. Der Zustand des Rückens hatte sich nur unwesentlich gebessert. Ein dickes Handtuch sollte den Leib wärmen. Dafür gab es im Sanitätshandel spezielle Wärmegurte, die wir zu diesem Zeitpunkt aber noch nicht kannten. Zunächst führte die Route über die große Brücke auf die Insel Fehmarn. Vorbei an reifem Weizen, Entwässerungskanälen und vielen bunten Reethäusern, steuerten wir den Fähranleger von Puttgarden nach Rødby an. Das Schiff verband die Inseln Fehmarn und Lolland. Hier in Dänemark hatten die Bauern schon mit der Einbringung der Ernte begonnen. Die gut ausgebauten Radwege waren von Mohnblumen gesäumt. Kleine Dörfer mit rustikalen Kirchen reihten sich aneinander. Auf den Feldern rollten die Strohballen. An der Ostküste der Insel *Møn* fanden sich steil aufragenden Kreidefelsen.

Møns Klint – Kreidefelsen auf der dänischen Insel Møn

Nach der ersten Nacht wieder im Zelt, ging die Fahrt weiter auf Deichstraßen, die diverse Boddengewässer durchquerten. Auf einmal war die Straße zu Ende. Die Insel Bogø konnte man auf einer kleinen Fähre in Richtung Stubbekøbing, einer Kleinstadt mit reizvollen Häusern aus rotem Backstein, verlassen. Eine weitere Übernachtung auf einem an der Ostseeküste gelegenen Campingplatz wurde nötig. Der Weg bis nach Gedser war noch zu weit. Wolfgangs Rücken bekamen die Nächte

Im Norden eine Alternative zum Rad – die Schiffscharter

im Zelt weniger gut. Aber, Gedser, die Fähre und Warnemünde wurden dennoch erreicht.

Warnemünde, der exklusive Urlaubsort des Ostens, war wegen seines breiten weißen Strandes sehr beliebt. Für die Rostocker Bevölkerung

Der Alte Strom in Warnemünde lockt zahlreiche Fahrtensegler

diente es als Naherholungsraum. Hier starteten täglich die Fähren nach Dänemark – auch zu Zeiten der DDR. Wie viele hunderttausend Menschen je Saison wünschten sich, einmal mit der Fähre das Land verlassen zu können. Auch wir gehörten dazu. Jetzt, zu Beginn der 1990er Jahre wurde der Traum Wirklichkeit. Das Schiff von Gedser kommend lief im Warnemünder Fährhafen ein.

Da noch reichliche Urlaubstage zur Verfügung standen, beschlossen wir, die 300 Kilometer bis nach Berlin auch auf dem Rad zu bewältigen. Mit zwei Übernachtungen und einiger Mühe war das möglich. Allerdings hatte Wolfgang Probleme, früh morgens aus dem Bett zu kommen. Nicht die Qualität der Betten, sondern sein sich immer mehr verschlimmernder Rücken war die Ursache. Letztlich ging aber alles gut. Die Behandlung in Berlin schlug schnell an. Es hatte sich wieder einmal bewahrheitet: Wenn sonst auch nichts klappt – Radfahren geht meist noch.

Stockholm

Im Jahr 2002 hatten wir die Querung Schwedens auf Höhe von Stockholm ins Auge gefasst, wo auch der Ausgangspunkt der Reise sein sollte. An der Westküste wäre es weiter südwärts bis Trelleborg gegangen. Um relativ bequem nach Stockholm zu kommen, nahmen wir wieder den Fahrradbus ab Osnabrück. Dorthin konnte man mit dem Zug fahren.

Die Räder kamen in einen Spezialanhänger. Der Bus hatte im hinteren Teil Doppelstock-Liegen, die durch Umklappen der Sitze und Rückenlehnen entstanden. Am späten Nachmittag ging es in Richtung Hamburg los, dem zweiten Zustieg. Den Rest der Fahrt verschluckte die Dunkelheit der Nacht. Wolfgang hatte sich kurz vor der Reise wieder einmal den Rücken verkühlt. So fiel es ihm schwer, auf die Liege zu kriechen, die wenigstens im Parterre lag.

Bevor der Bus in die schwedischen Hauptstadt einfuhr, steuerte er als erste Station Byköping an. Hier stiegen die meisten Mitreisenden aus. Die restlichen Radfahrer fanden ihr Ziel auf dem Parkplatz direkt vor einem alten Stockholmer Gefängnis. Die Anstalt war mittlerweile in ein originelles Hotel umgebaut worden, das speziell jungen Menschen gerne aufsuchten. Der Campingplatz der Stadt musste laut Karte unweit des Parkplatzes in einem Park liegen. Kurz vor Abfahrt dorthin vollführte ein Wagen mit jugendlichem Fahrer auf dem Platz verschiedene Schleuderübungen, so dass die Ausfahrt im aufspritzenden Split gar nicht mehr auszumachen war. Mensch und Technik trübten sich mit einer dicken Staubschicht ein. Zorn kam auf.

Der auf dem Stadtplan eingezeichnete Campingplatz erwies sich als Schwimmbad. Was tun? Wir entdeckten ein zweites Angebot, unser

Schwedens Hauptstadt Stockholm ist auf Inseln gebaut…

… selbst der Königspalast kann mit dem Schiff angesteuert werden

Zelt aufstellen zu können. Dieses lag in der räumlich sehr begrenzten Grünanlage zwischen Olympiastadion und Betonparkfläche und passte sich der hügligen Parklandschaft an. Die knapp bemessene Fläche war quasi schon ausgebucht von Rucksacktouristen. Während Birgit sich dennoch an der Rezeption anstellte, schaute Wolfgang in die Sanitärräume. Das hätte er sein lassen sollen! Es überkam ihn ein zweiter Ekelschauer. Die Quartiersuchenden flüchteten in Richtung Knast. Alle Zellen waren bereits belegt. Auch andere Hotels waren ausgebucht. So jagten wir mitten im Berufsverkehr durch die City. Schließlich fanden wir Unterkunft auf einem zur Pension umgebauten Schiff.

Der Gang durch die wunderschön gelegene Stadt offerierte vielfältige Fotomotive. Der Besucher wechselt über zahlreiche Brücken die Inseln und damit die Stadtteile. Königspalast, Oper und Parlament stehen zwischen reich verzierten Bürgerhäusern, die durchaus die Ausmaße von Palästen haben. Erst der Blick vom Rathausturm lässt die vielfältigen Wasserläufe dieser Schärenlandschaft mit ihrer architektonischen Struktur erkennen. So nahm ein aufregender Tag noch ein versöhnliches Ende.

Der nächste Tag galt der Ausfahrt aus der Stadt. Zunächst fuhren wir durch die Vororte und dann über Land durch bewaldetes Gebiet. Schon wenige Kilometer hinter dem Stadtgebiet beruhigte sich der Verkehr. Wir fanden unser Gleichgewicht wieder. Der großen Tour stand nichts mehr im Wege. Der avisierte Campingplatz war erreicht. Das Restaurant servierte neben verschiedenen Speisen auch *richtiges* Bier. Dünnbier verkaufte man allerorten, sogenanntes Starkbier nur in konzessionierten Einrichtungen. Hier waren wir also richtig. Wenn die beiden Italiener vom Nachbarzelt nicht stundenlang geschwatzt hätten, wäre die Nacht perfekt gewesen.

Schloss Gripsholm am Mälarsee

Mariefred – Tucholskys Ruhestätte

Planmäßig führte der Weg weiter nach Mariefred am Mälarsee. Die weithin über das Wasser sichtbare Anlage des Schlosses Gripsholm dominiert den Ort. Mit ihren massiven Mauern schützte sie ihre Bewohner jahrhundertlang vor Eindringlingen. Hier in Mariefred siedelte der Schriftsteller Kurt Tucholsky seinen Roman *Schloss Gripsholm* an. An dieser Stelle fand er auch seine letzte Ruhe auf dem dörflichen Friedhof. Die von bunten Holzhäusern gesäumten Gassen mit Geschäften und Cafés bedienen das einschlägige Klischee, das der Wandersmann von Schweden hat: Strahlende Sonne, blaues Wasser, sattgrüne Wiesen, ausladende Bäume, gut gelaunte Menschen und die beiden Berliner Gäste mittendrin.

Das alles musste fotografiert werden – wurde es auch. Nur staunte Wolfgang über die Länge des Films. Da stellte sich heraus, dass er selbigen zum zweiten Mal in seinem schon langen Leben als Fotograf falsch eingelegt hatte. Das erste Bild wurde nunmehr zum x-ten Male belichtet! Damit gab es keine einzige Aufnahme von der Hauptstadt. Alle sorgfältig ausgewählten Motive waren dahin. Ein neuer Tag – ein neues Glück!

Der neue Tag brachte aber alles andere als Glück. Beim Hinsetzen spürte Wolfgang einen stechenden Schmerz in der rechten Gesäßhälfte, der ins Bein ausstrahlte. Nach zwei Sekunden sprang er wieder auf. Da kam bei ihm Panik auf. Er versuchte immer wieder Platz zu nehmen, immer mit demselben Effekt. Schließlich probierte er, auf dem Fahrrad zu sitzen – auch das ohne Erfolg. Der Schaden war deutlich intensiver als seine üblichen Blockierungen der Lendenwirbelsäule, mit der er sehr wohl viele Dutzend Kilometer fahren konnte. Birgit riet, den Arzt aufzusuchen – Wolfgang lehnte ab. Bei Beteiligung des Ischias-Nervs konnte eine solche Schädigung lange andauern. So beschlossen wir, den Heimweg anzutreten! Aber wie?

Zunächst hieß die Aufgabe, wieder nach Stockholm zu kommen. In Mariefred hielten IC-Züge, von denen aber keiner Fahrräder mitnahm. Blieb nur, in einen der Vororte der Stadt zu fahren, um den Nahverkehr nutzen zu können. Zwischen dem Campingplatz und der Endstation der nächsten Linie lagen aber 30 Kilometer! Ein filmreifes Drama begann sich zu entwickeln. Wolfgang fuhr mal stehend, dann halb sitzend zwei bis drei Kilometer, stieg vom Rad und lief mindestens 5 Minuten hin und her, bis der Schmerz nachließ. Es folgte die nächste Sequenz. Irgendwann war Södertälje, ein Vorort erreicht – rein in den Zug und auf zum Stockholmer Hauptbahnhof!

Nun begann das 200 DM Spiel. Damit Wolfgang nicht auch noch des Nachts stehen musste, buchten wir ein Schlafwagenabteil Stockholm–Trelleborg für 200 DM. Die Fahrräder wurden als Express-Gut nach Trelleborg mit einer Lieferzeit von 1–3 Tagen abgeschickt – 200 DM. Am nächsten Morgen war ab Malmö der Bus zu nehmen. In Trelleborg angekommen, mieteten wir ein Hotelzimmer für den Tag – 200 DM. Am Fähranleger nach Rostock buchten wir die Passage für den Abend in einer Kabine – 200 DM. Dann fiel Wolfgang erschöpft ins Hotelbett, schlief ein und erwachte plötzlich. Ihn hatte ein Drehschwindel ereilt. Mit Tausend Umdrehungen pro Minute bewegte sich sein Körper um die im Bauchnabel steckende Achse.

Um die Fähre besteigen zu können, mussten erst einmal die Räder eintreffen. Die kamen tatsächlich im Verlaufe des Nachmittags in Trelleborg an. Der Schluss ist schnell erzählt. Nach der Fährfahrt von Trelleborg nach Rostock und der dreistündigen Bahnfahrt weiter nach Berlin, natürlich stehend in einem menschenleeren Zug, schoben wir, die Nordlandreisenden, unsere Räder vom Ostbahnhof zur Wohnung, fielen in die Betten und schliefen bis zum nächsten Morgen durch. Dann führte Birgit ihren Wolfgang zum Spezialisten, in dessen Wartezimmer er zwei Stunden anstand. Die Diagnose war die Entzündung des Ischias-Nervs, vergleichbar einer Gürtelrose. Nach vier Wochen der Behandlung konnte Wolfgang wieder sitzen!

Diese ausführliche Schilderung eines gesundheitlichen Schadens mit Folgen soll den Leser keineswegs vom Radfahren abhalten. Sie beabsichtigt zu zeigen, dass man in kritischen Situationen nicht den Mut verlieren darf. Jede Sache hat auch ihre gute Seite. Zwischen dem Kauf der Fahrkarten und der Abfahrt des Nachtzuges konnte Wolfgang alle Stadtansichten Stockholms noch einmal fotografieren und dieses Mal mit einem Film. Und das viele Geld für die Rückführung? Es war gut angelegt. Denn nur so konnten wir Helden im darauffolgenden Jahr die nächste Radtour starten. „Man muss abreisen, um wiederkommen zu können“, sagte mal jemand.

Abendstimmung in den Schären… *… und zurück in Warnemünde*

Die Erfahrung dieser Schwedenreise fand nachträglich sogar eine poetische Würdigung:

Birgit und Wolfgang, die beiden greisen,
wollten per Rad in drei Wochen
von Stockholm nach Trelleborg reisen.
In Mariefred auf der Chaussee
taten ihnen die Füße weh,
und so verzichteten sie weise
auf den letzten Teil ihrer Skandinavienreise.

B. H. – frei nach Joachim Ringelnatz

Ein Schlusswort erübrigt sich. Niemandem sind derartige Erfahrungen zu wünschen. Nur eins: vergessen Sie ihre Kreditkarte nicht, nur für den Fall.

In den Tiefen der Ebene

Das flache Land ist des Radlers liebstes Terrain. Bei angenehmen Temperaturen, ausbleibendem Regen und Windstille kann eine solche Tour Genuss pur bieten, wenn auch die Landschaft spannend ist – schließlich genießt das Auge mit. So fallen die von uns als Überführungsetappen bezeichneten Reisen in Schweden 2008 und Russland/Finnland 2009 durch das Raster.

Es ist sicherlich kein Zufall, dass die Fahrten durch die Berge in unserer Darstellung einen hohen Stellenwert haben. Wir sind stolz darauf, solche Streckenprofile bewältigt zu haben. Gleichzeitig haben uns die-

se Regionen ein tiefes optisches Erlebnis vermittelt. Hinter jeder Biegung und jeder Kuppe überraschten uns neue, spannende Aussichten. An vorderster Stelle muss in diesem Sinne die scheinbar von Architekten gestaltete Landschaft Norwegens genannt werden.

Unter perfekten äußeren Bedingungen radelten wir in abwechselungsreicher Natur 2005 von Berlin nach Kopenhagen und 2008 auf die Insel Usedom. Diese Touren abverlangten uns nur mäßige Mühe. Wir fühlten uns auf beiden Trassen, die abseits des öffentlichen Verkehrs durchgehend markiert sind, uneingeschränkt wohl. Allenorts hatten wir Gelegenheit, uns auch für die Kultur der Region zu interessieren. Zeit blieb genug dafür.

Man mag meinen, dass Fahrten entlang von Flüssen dieselben Eindrücke vermitteln. Das trifft nach unserer Erfahrung nur bedingt zu, wozu wir uns in einem gesonderten Kapitel noch äußern wollen. Die Flussfahrten haben ihren ganz eigenen Charakter.

Eine weitere interessante Reise durch das flache Land unserer unmittelbaren Heimat verspricht die 1111 Kilometer lange Brandenburg-Tour. Eine Vielzahl spezieller Angebote von Reiseveranstaltern ergänzt das Spektrum der Radreisen. So sollte für jeden Interessierten eine geeignete Tour zu finden sein, die seinen Ansprüchen, Möglichkeiten und, vor allem, Wünschen entspricht.

Berlin–Kopenhagen

Der Radweg von Berlin nach Kopenhagen ist durchgehend gekennzeichnet. Er beginnt in der Mitte der einen und endet in der Mitte der anderen Hauptstadt. Wir starteten die Tour 2005 in unserem Garten in Berlin-Blankenburg. Über Summt, einer kleinen Gemeinde im Norden der Stadt, trafen wir in Lehnitz auf die erste Wegmarkierung, die als Logo eine stilisierte Weltkugel zeigt. Derart entging uns zwar das Seengebiet von Hackertfelde und Hennigsdorf, wir ersparten uns andererseits die aufwendige Fahrt durch die City, in der unsere Wohnung liegt. Nach Lehnitz fährt auch die S-Bahn mit dem Endziel Oranienburg.

Die Trasse läuft zunächst vorbei am Lehnitzsee und Oder-Havel-Kanal auf einem befestigten Uferweg. Zur Linken schaut man auf die Ausläufer Oranienburgs und später auf Wiesen und Felder und zur Rechten auf das von Sportbooten und Berufsschiffen befahrene Wasser. In Höhe des Grabowsees ist der Kanal mit einer kleinen Fähre zu überwinden. Weiter geht es durch den Wald. Kurz vor Liebenwalde gilt es, eine fünf Meter lange und eineinhalb Meter hohe Anfahrt auf die Straße zu bewältigen. Anstatt das voll beladene Rad hochzuschieben, musste Wolfgang – unser Held – hinauffahren. Oben angekommen schmerzte sein rechtes Knie. Von den 630 Kilometern, 260 davon in Dänemark, waren

Zugbrücke im Hafen des brandenburgischen Zehdenick

gerade mal 30 Kilometer gefahren. Dieser *scharfe Anstieg* sollte zum Glück der letzte der Tour bleiben.

Von Liebenwalde, einer typischen Brandenburger Kleinstadt mit breiten Straßen und flachen Häusern, ging es längs dem Vosskanal vorbei an Wäldern und Auen auf separatem Weg nach Zehdenick. Dieser Ort, bekannt von seinem 1250 gegründeten Zisterzienserinnenkloster, liegt idyllisch am Wasser. Eine Zugbrücke am Binnenhafen überspannt den Kanal und leitet den Besucher direkt in die kleinstädtische Flaniermeile. Bevor wir nach einer Unterkunft suchten, investierte Birgit zunächst die erste größere Summe Geldes aus der Urlaubskasse in eine Salbe. Direkt vom Apotheker auf Wolfgangs Knie aufgetragen musste diese Geheimwaffe doch den Urlaub retten. Ein kleines sympathisches Hotel lag keine fünf Häuser von der Apotheke entfernt. Nach dem Brauch des Landes Brandenburg konnte man in der dazu gehörigen Gaststätte frisch gefangenen Fisch in diversen Variationen essen.

Das üppige Frühstück am nächsten Morgen hätte glatt einen Aufpreis verdient. Die Hotelchefin servierte es mit der Bemerkung: „Stärken Sie sich gut für den langen Weg und kommen Sie auf der Rücktour wieder vorbei“. Wir taten es vierzehn Tage später tatsächlich, woran die Chefin nicht im Entferntesten geglaubt hatte. Sie hegte überhaupt Zweifel an unsere Absicht, mit dem Rad soweit fahren zu wollen. Dabei kamen einschließlich des Rückwegs wieder einmal *nur* 1 100 Kilometer zusammen – dieses Mal aber auf dem platten Land.

Gleich hinter Zehdenick erwartete uns die Ziegelei Mildenberg, ein großflächiges Technikmuseum. Wir waren zu früh dran, um dem Schaubetrieb zusehen zu können. Der weitere Weg war gut ausgebaut, durch eine abwechselungsreiche Auenlandschaft geführt und hinreichend beschildert. Wenn die Trasse überhaupt einmal für Autos freigegeben war, galt die Genehmigung ausschließlich für Forstfahrzeuge. Von Zeit zu Zeit berührten wir kleine Dörfer und Städte. So bestand die Möglichkeit, eine Tasse Kaffee zu trinken oder einen Imbiss einzunehmen, wie zum Beispiel in Dannenwalde oder der Wasserstadt Fürstenberg mit ihren neoklassizistischen Bauten.

In Fürstenberg überquerten wir die berühmte Fernverkehrsstraße 96 und kurz danach die Landesgrenze zu Mecklenburg-Vorpommern. Der 96 war schon lange das Attribut einer überlasteten Rennstrecke als Verbindung des Südens mit dem Norden der neuen Bundesländer genommen. Vorbei an weiteren Seen und Kanälen, auf denen Paddler und Sportboote ihr Kielwasser nach sich zogen, ereichten wir den Ort Strasen. Parallel zur Kopfsteinpflasterstraße duckten sich beiderseits Backsteinkaten, die ursprünglich für die Landarbeiter gebaut worden waren. Das Pflaster verengte sich am Ende der Bebauung zu einem Fußweg, der auf eine schmale Brücke führte. Der darunter liegende Kanal verbindet den Großen Pälitzsee mit dem Ellenbogensee. Genau auf Höhe der Schleuse erwartete uns ein neu gebautes Hotel.

Von der Überraschung noch überwältigt orderten wir sogleich ein Zimmer für die Nacht mit Blick nach vorne, hin zum Wasser. So entgingen wir dem Lärm auf dem Parkplatz an der Rückseite. Dafür handelten wir uns das Geräusch schnell durch ein Wehr fließenden Wassers ein. Bevor wir den Wert unserer Entscheidung auf dem Zimmer diskutierten, saßen wir im Garten des Restaurants und verfolgten beim Abendessen den Schiffsverkehr der Sportboote. Dieser war gespickt von An- und Ablegemanövern vor den Schleusentoren. Streit blieb bei diversen Crews nicht aus. Wie gut war es da für uns, nicht auf einem Tandem fahren zu müssen!

Wieder Natur pur, wieder kleine Dörfer mit Feldsteinkirchen und immer wieder Wasser. Das Auge nahm ständig neue Reize auf. Wie schön zeigte sich unser Norden in Brandenburg und Mecklenburg. Wie oft sind wir mit dem Auto an diesen Schönheiten vorbeigefahren. Auf dem Radweg konnten wir ihnen nicht entgehen. Die Trassenführung war aber auch perfekt. Über das Urlauberparadies Neu-Canow und Wesenberg führte der Weg als Abstecher nach Neustrelitz. Kurz vor der Stadt bogen wir scharf in Richtung West ab. Der Weg schlängelte sich zwischen unzähligen kleineren Seen hindurch. Dazwischen lagen wieder zahlreiche Siedlungen.

Mittendrin, am Rande von Freidorf, das im Gegensatz zum Begriff Dorf aus stattlichen Bürgerhäusern bestand, fanden wir eine Pension. Diese war zusammen mit der Einrichtung des Radfernweges entstanden. Zwei

Waren an der Müritz lädt zum Verweilen ein

große Hunde erwarteten uns auf dem Grundstück. Vom Vermieter war nichts zusehen – vielleicht hatten die Hunde ihn gefressen. Vorsichtshalber fragten wir bei den Nachbarn an. „Die tun ihnen nichts, gehen sie ruhig nach hinten, da finden sie den Mann“, waren ihre aufmunternden Worte. Zum Glück tauchte plötzlich der Vermieter auf: „Sie sind früh dran. Normalerweise sind die Hunde im Haus, wenn die ersten Radler kommen. Herzlich willkommen“.

Der Mann hatte recht, wir waren früh dran. Im Flachland, über das wir selten gefahren waren, rollten die Räder wie von selbst. Zum Tempo trugen auch das schöne Wetter und die gut sichtbaren Wegmarkierungen bei. Man sollte den Zeitaufwand des Wegesuchens mit Studium der Karte nicht unterschätzen. Während eines langen Tages kommt da schnell einmal eine ganze Stunde zusammen. Außerdem brauchten wir keinen Hindernissen in Form motorisierter Technik auszuweichen. Obwohl es erst Mitte August war, begegneten uns nur wenige Radfahrer während der gesamten Reise.

Je weiter wir nach Mecklenburg vordrangen, desto mehr häuften sich die Felder am Wegesrand. Das Sommergetreide war zumeist schon geerntet. Auf schattenspendende Alleebäume mussten wir jedoch nicht verzichten. Nach Durchfahrung eines größeren Waldgebietes hatten wir plötzlich die Müritz und die Stadt Waren erreicht. Das erste Mal auf unserer Tour trafen wir auf größere Menschenansammlungen – auf Urlauber des Seengebietes der Müritz. So schön der Ort auch rekonstruiert war, unsere Psyche war dem Ansturm der Menschen nicht mehr gewachsen. Weiter ging es. Diesmal durch den Sand!

Nochmals führte der Weg durch ein großes Waldgebiet – die Nossentiner-Schwinzer-Heide. Nach kilometerlanger Fahrt öffnete sich der Wald hin zum Krakower See, dem zweitgrößten Gewässer der Region. Kurz vor Erreichen des Seeufers wies ein Schild auf die Pension in Zietlitz hin. Um den am See gelegenen und unter Umständen gut besuchten Unterkünften zu entgehen, bogen wir nach rechts ab und landeten in einem typisch Mecklenburger Dorf, das von Feldern eingekreist war.

Zietlitz bestand neben wenigen Bauernhäusern aus der Zeit der frühen DDR nur aus dem alten Herrenhaus. Das aber hatte es in sich. Äußerlich in gutem Zustand bestach es innen mit Möbeln der Gründerzeit und vereinzelt auch früherer Epochen. Wir fragten uns, ob das Haus auch Zimmer für nur eine Nacht vermietete. Ein junger Mann in Badehose hieß uns willkommen und zeigte ein liebevoll gestaltetes Zimmer. Für den Abend vermuteten wir die Auffahrt kostspieliger Limousinen mit Gästen für das festliche Abendmahl. Die Mannschaft, die diese Köstlichkeiten zubereiten würde, fuhr wohl auch von außerhalb an.

Der junge Mann, der uns im Namen seiner Mutter den Zimmerschlüssel ausgehändigt hatte, fragte an, ob wir denn auch essen wollen. Natürlich wollten wir. Es gebe, teilte er daraufhin mit, *Spaghetti carbonara*, wenn wir es wünschten. Mehr könne er nicht anbieten, da der Koch krank sei. Das Essen war gut, entsprach nur nicht ganz unseren Erwartungen an die *haute cuisine* Mecklenburgs. Auf das Normalmaß der Ansprüche reduziert, überraschte uns das Frühstück umso mehr in seiner Vielfalt. Es vermittelte zusammen mit der Tischdekoration das Flair einer südländischen Herberge, passend zu Umgebung und Wetter.

Nach wenigen Kilometern entlang des Seeufers erreichten wir den Luftkurort Krakow am See. Die Bürgerhäuser am Marktplatz aus dem 18. und 19. Jahrhundert mit dem neogotischen Rathaus und der aus dem Jahr 1230 stammenden Stadtkirche prägen das Bild der Stadt.

Kurze Sandpiste auf dem Kopenhagen Radweg bei Alt-Sammit

Das Berlin–Kopenhagen-Logo, die stilisierte Weltkugel, wies über die Hauptstraße hinweg wieder in den Wald. Nach einigen Fahrkilometern erwartete uns Alt-Sammit, westlich des Sees gelegen. Das aus DDR-Zeiten wohlbekannte Gestüt – eine Außenstelle der Pferdezucht in Neustadt/Dosse – hatte die politische Wende nicht überlebt. Hier versuchten wir Jahrzehnte zuvor, das Reiten zu lernen. Der Pferdesport bekam uns nicht so gut, das Essen im alten Schloss derer von Weltzien umso mehr.

Jetzt befand sich das Schlossgebäude in Rekonstruktion, Baulärm war aber keiner zu hören. Um die Ruhe nicht zu stören, fuhren wir weiter – auf alten landwirtschaftlichen Wegen. Betonplatten waren in den märkischen Sandboden verlegt. Natürlich hatten die schon lange die Fasson verloren, so dass es nur so ruckelte. Geriet man in den Mahlsand daneben, brach das Hinterrad auch schnell mal aus. Waren es auch nur wenige Kilometer, so kam doch ein gewisser Frust über den Zustand eines internationalen Radfernweges auf. Eine Passage aus Kopfsteinpflaster beendete die Odyssee.

Vorbei am Schloss Bellin steuerten wir auf Güstrow zu. Nochmals war ein Waldgebiet zu durchfahren. Da wir auf Stadt und Menschen noch immer nicht eingestellt waren, ließen wir Güstrow und den idyllischen Inselsee links liegen und folgten dem Bützow-Güstrow-Kanal in Richtung Nord/West. Bützow sollte uns für die nächste Nacht Heimstatt sein.

Der Ort liegt am gleichnamigen See und gilt als Anlaufpunkt für viele Wasserwanderer. Dementsprechend voll war der kleine Campingplatz.

Unser Zelt hätte sich sicherlich noch dazwischen drängen lassen. In der Gaststätte daneben bekamen wir stattdessen ein kleines Gästezimmer, in dem die Tochter des Hauses schlief, wenn sie als Servierung aushalf. Auf Geheiß der Mutter fuhr sie dieses Mal nach Hause. Mit Bett und Abendbrot war damit bestens für uns gesorgt.

Auch am nächsten Fahrtag lief alles glatt. Das Terrain blieb absolut eben, wenngleich sich die ausgedehnten Felder am Horizont doch ein wenig wölbten. In zügiger Fahrt kamen wir zunächst nach Schwan und danach an den südlichen Rand der Hansestadt Rostock. Von hier ging es vorbei am Hauptbahnhof geradewegs zur Rostocker Innenstadt. Viele Radwanderer aus dem Berliner Raum beenden an dieser Stelle den Radfernweg nach Kopenhagen und fahren mit der Bahn wieder heimwärts.

Wir beabsichtigten dagegen, vor der Weiterreise zwei Nächte in Birgits Geburtsstadt zu bleiben. Unser Glück war die zeitige Ankunft, denn am Sonnabend schloss das Touristenbüro bereits um 14 Uhr. Man vermittelte uns schnell noch ein Privatquartier am Heiligengeisthof, einem reizvollen Platz gleich neben dem Neumarkt, abseits der großen Straßen der Stadt und doch mittendrin. Direkt vor der Unterkunft wurde ein Gartenrestaurant geführt, das Sauerfleisch nach Mecklenburger Art bereitete. Wir waren dabei.

Um alte Erinnerungen aufzufrischen und Neues zu entdecken, verbrachten wir den folgenden Tag in Rostock und Warnemünde. Die Besichtigung der Rostocker Innenstadt an der Petri-, Jakobi- und Marien-Kirche sowie am Markt mit seinen gotischen Bürgerhäusern einschließlich des Rathauses war ein Muss. In Warnemünde galt der Besuch dem *Alten Strom*, dem neuen Yachthafen, der Mole und natürlich dem bis zu 150 Meter breiten Strand.

Tags drauf radelten wir über Land zum 10 Kilometer entfernten Rostocker Überseehafen, um von dort mit der Fähre nach Gedser überzusetzen. Die nur knapp zweistündige Fahrt vermittelte uns sofort wieder das Gefühl einer maritimen Kreuzfahrt.

Die Auswertung des ersten Teils unserer Reise brachte Befriedigung. Der Radweg war ausschließlich durch die Natur gelegt worden. Er verlief absolut flach, weshalb auch der weniger geübte Radfahrer die Strecke gut bewältigen kann. Quartiere standen zu unterschiedlichsten Preisen in ausreichender Zahl zur Verfügung, so dass die Länge der Etappen selbst bestimmt werden kann. Bergige Abschnitte, die es in Mecklenburg in ausreichender Menge gibt – erinnert sei nur an die Mecklenburgische Schweiz – waren vom Fahrweg völlig ausgespart. So fühlten wir uns auch für den zweiten Teil der Reise bestens motiviert.

Auf der Insel Falster in Gedser angelandet, verließen wir schnell den Fähranleger, um noch einige Kilometer in das Landesinnere vorzudringen. Die Landschaft enttäuschte zunächst. Den Weg säumten grüner Kohl und abgeerntete gelbe Felder. Auch gab es keine den Radweg einrahmende Alleebäume. Hinzu kam das trübe Licht des Nachmittags

Rostocker Altstadt mit Binnenhafen an der Warnow

und eine kräftige Brise. Die Sonne war den ersten Tag wolkenverhangen. Aber die rot gestrichenen Häuser der Dörfer lachten dem Betrachter trotzdem freundlich entgegen. Die Dörfer glichen eher unseren Gartensiedlungen. Privatquartiere für Radwanderer gab es sehr selten. So fuhren wir den ersten Campingplatz in Nykøbing, der mittelalterlichen Gründung und Hauptstadt der Insel, an.

In Nykøbing biegt die Route scharf nach Osten ab, um bis Stubbekøbing, der Küstenlinie zu folgen. Schon an diesem zweiten Reisetag auf dänischem Territorium leisteten wir Abbitte. Reet gedeckte Häuser versteckten sich hinter buschigem Grün und Alleen von Buchen. Links der Wald, rechts das Meer. Im Buchenwald war es plötzlich derart dunkel, dass der Blitz des Fotoapparates aufleuchtete, wobei Birgits Rückstrahler an Rad und Kleidung erstrahlten. Der Reiz der Landschaft resultierte aus dem Wechsel von Land und Wasser.

Anstelle von Markierungen mit Symbolen gibt es in Dänemark an allen markanten Stellen *richtige* Wegweiser für die Radfahrer. Sechzig Zentimeter hohe und achtzig Zentimeter breite Metallbügel werden in die Erde versenkt, in die beschriftete Metallstreifen eingehängt werden. Die Schrift zeigt den nächsten Ort, die Kilometer bis dahin und die Nummer der Route an. Der Weg nach Kopenhagen folgte der Nationalroute Nr. 9, wie überhaupt das Land von bestens gekennzeichneten Haupt- und Nebenstrecken durchzogen ist. Entsprechendes Kartenmaterial gestattet die perfekte Orientierung kreuz und quer in alle Himmelsrichtungen. So fuhren wir sicher die Hafenstadt Stubbekøbing an, in der die Stra-

Fischerhäuser auf der dänischen Insel Falster

ße plötzlich im Wasser versinkt und als Fähre weitergeführt wird. Es brauchte nur eine Viertelstunde um auf der sehr viel kleineren Insel Bogø anzulanden. Bogø ist mit der Insel Møn über einen zwei Kilometer langen Damm verbunden. Über Store Damme und diverse Siedlungen in wild wachsender Wiesenlandschaft wird Stege auf einer Brücke über den Stege Nor erreicht.

Die stolze Stadt Stege, ein früheres Handelszentrum der Region, ist von backsteingotischer Architektur dominiert. Die Größe der Bauten widerspiegelt den früheren Wohlstand ihrer Bewohner. Und dennoch, Stege wie auch Stubbekøbing sind Kleinstädte, die dem Besucher nur wegen des Kontrastes zum umliegenden flachen Land so groß erscheinen.

Wir mieteten auf dem Campingplatz der Stadt einen Bungalow für diesmal zwei Nächte. Den freien Tag wollten wir auf einer Rundtour über die Insel Møn verbringen, deren acht Kilometer lange und bis zu einhundert Meter hohe Kreidefelsen *Møns Klint* weltweit bekannt sind. Auf dem Weg dorthin statteten wir dem in einem großzügig angelegten Naturpark liegende Schloss *Liselund* einen Besuch ab. Nach der Zahl der Besucher zu urteilen ist dieses Kleinod ein wahrer Wallfahrtort für Dänen und auswärtige Gäste.

Die Rücktour berührte Eichen- und Buchenwälder und landeinwärts ausgedehnte Salzwiesen. Daneben gab es eine Besonderheit: die Bauern brannten die Stoppeln der Felder ab. Der entstandene Qualm zog sich in breiter Front über die Fläche. Er war so dicht, dass wir unsere Fahrtroute änderten, um nicht darin zu ersticken.

Einsamer Ostseestrand vor der Hafenstadt Præstø

Am Morgen der Abfahrt lag unweit unseres Bungalows eine große, etwas zerbeulte Plastik-Plane mitten auf dem Rasen. Diese begann sich plötzlich zu bewegen. Augenblicke später kroch ein menschliches Wesen daraus hervor. Es war ein Rucksacktourist fortgeschrittenen Alters, der unter der Plane die Nacht verbracht hatte. Ob er eine Isoliermatte bei sich hatte, war nicht auszumachen. Jedenfalls vermuteten wir, in ihm einen echten Wikinger getroffen zu haben.

Das Ziel des Tages war Rodvig in siebzig Kilometer Entfernung. Nach den ersten zehn Kilometern begann es zu regnen. Mittags goss es in Strömen. Als wir in einem Wartehäuschen Unterschlupf gesucht hatten – guten Menschen stellt der liebe Gott immer Schutzdächer in den Weg – erlebten wir etwas Wunderbares: Eine Bäuerin, die sich gerade mit ihrem Auto auf den Hof gekämpft hatte, kam mit dem Wagen zurück zur Straße und lud uns in ihre Küche zum Essen ein. Wir bedankten uns herzlich, sagten aber mit dem Hinweis ab, noch bis Rodvig fahren zu müssen. Das war vielleicht dumm. Ob diese Frau Radfahrern später noch einmal Unterstützung gewährte, bleibt ungewiss. Es war jedenfalls das erste Mal, dass uns Fürsorge zuteil wurde.

Verlief der Radweg stets ein wenig landeinwärts, traf er in der Hafenstadt Præstø wieder auf die Küste, um ihr im Weiteren zu folgen. Der größte Teil der Insel Seeland war wieder vornehmlich von Landwirtschaft dominiert. Es wurde zum Leidwesen von Wolfgangs Knie sogar ein wenig hügelig. Rodvig überraschte uns plötzlich mit Sonnenschein. In der komfortablen Hütte, die wir hier mieteten, stellten wir zunächst

Der Markt von Køge bietet viel Raum für Einzelgänger

die Elektroheizung im Schlafraum auf 30° Celsius, damit unsere Kleidung trocknen konnte. Im Aufenthaltsraum kochten wir alsdann einen großen Topf Suppe. An der Rezeption gab es sogar Getränke zu kaufen. So ließ sich das Radlerleben ertragen.

Über Nacht hatten sich die Regenwolken verzogen. Feldsteinkirchen, Herrenhäuser und Schlösser bereicherten den weiteren Weg unter azurblauem Himmel. Auf uns wartete Køge, das zur Repräsentation mittelalterliche Häuser um einen großflächigen Marktplatz aufgestellt hatte. Umso kleinflächiger war dafür die Hütte auf dem Campingplatz der Stadt. Bis wir unser Nachtlager aufschlugen tauchten unterwegs immer wieder kurze Stücke Steilküste auf, die mit Møns Klint im Ausmaß natürlich nicht vergleichbar waren. Dafür wurde in dieser Gegend weiträumig Kreide abgebaut. So mussten wir den Strandweg immer wieder verlassen, um den Tagebauen auszuweichen.

In Køge selbst änderte sich das Bild radikal. Der Strandbereich war in großer Breite intensiv bebaut. Hier begannen die Vororte Kopenhagens. Protzige Villen wechselten einander ab. Alle waren in moderner Architektur gebaut. Wer ein Grundstück direkt am Wasser ergattert hatte, musste neben dem Auto auch noch ein Boot unterbringen. So trafen wir auf dem weiteren Weg auch auf diverse Yachthäfen.

Der Radweg verlief stets nahe der Ostsee. Kurz vor Kopenhagen waren wir wieder von viel Grün umringt – Salzwiesen, Binsen und dazwischen kleine Seen. Schaut man auf die Landkarte, ist dieses Idyll kaum zu erkennen. Und so standen wir plötzlich und unerwartet am

Ostrand der dänischen Hauptstadt. Hier erwartete uns ein Wohngebiet, von dem ein breiter, blau markierter Radweg direkt ins Zentrum führte. Nach weniger als drei Kilometern standen wir vor dem Rathaus der Stadt.

Nun begann die Suche nach einer Unterkunft für drei Nächte. Alle Hotels, speziell aber die preiswerten Häuser, waren ausgebucht, das Jugendheim besetzt. Blieb der Campingplatz. Sehr ansprechend wirkte der aber nicht. Ein zwei Meter hoher Zaun schloss eine zwei Fußballfelder große Wiese ein. Weder Baum und noch Hecke standen auf dem Gelände. Die sanitären Anlagen waren recht verschandelt. Ein Familiencampingplatz sah so nicht aus. Hatten Familien kein Bedürfnis, Kopenhagen zu besuchen? Wir aber waren gezwungen, hier unser Zelt aufzuschlagen.

Die Nachteile des Platzes wurden durch kulturelle Umrahmung ein wenig kompensiert. Die Dänen finden Gefallen daran, im August zu heiraten. Sie feiern in Gaststätten – so auch in einer, die direkt neben dem Campingplatz liegt. Um Mitternacht gab es dort, wie an vielen Stellen der Stadt, ein Feuerwerk. Wegen des Lärms der Raketen spielte die Musik bis zwei Uhr etwas lauter. Als die Musiker müde waren, kamen die Hits aus der Konserve. Ein Diskjockey hielt seine heiße Musik bis fünf Uhr aus.

Die Stadt entschädigte unsere übermüdeten Augen am nächsten Tag mit vielfältigen Angeboten. Verschiedene Stile prägen den Charakter der Gebäude. Neostile sind kombiniert mit Bauten der Gründerzeit und der Bauhauskunst. Selbst die Moderne passt sich in das Stadtbild gut ein. Eine besondere Augenweide stellt der Königspalast dar. Um einen großen gepflasterten Hof gruppieren sich vier spiegelbildliche Bauten. Der Besucher läuft ohne jegliche Behinderung durch das Ensemble – ja er kann die Wohnungen des Königshauses mit den Händen greifen. Monarchie und bürgerliche Demokratie bilden in Dänemark eben eine funktionierende Symbiose.

Auf dem Weg zur kleinen Meerjungfrau begriffen wir, warum in Kopenhagen an diesem Wochenende alle Quartiere besetzt waren: Tausende Wanderer hielten sich in der Stadt auf. Es war kaum ein Durchkommen. Als wir endlich die auf einem Stein sitzende Skulptur entdeckt hatten, war die Betrachtung dennoch stark eingeschränkt. Sie war permanent von japanischen Touristen umlagert. Wir gaben auf und gingen zum Hafen. Weder die Japaner noch die Wanderer okkupierten die Schiffe, die sich für eine Hafenrundfahrt – oder besser gesagt für eine Stadtbesichtigung – bereit hielten. So gewannen wir einen perfekten Eindruck von der Stadt vom Wasser aus, von dem reichlich durch die breiten Kanäle floss. Maritime, militärische und kommunale Einrichtungen, ja selbst Ministerien, teilten sich das Ufer. Dazu kamen vor Anker liegende Schiffe aller Kategorien.

Zum Tee im Dänischen Königshaus

Am Sonntagabend zogen wir vom Campingplatz in das nahe gelegene *Vanderheim* um. Dort hielt man uns nach Abreise der Wanderer ein Zweibettzimmer mit eigener Dusche bereit. Das fanden wir, die aus Berlin per Rad gekommen waren, auch als angemessen. So stand am darauffolgenden Tag einem Besuch des Freizeitparks *Tivoli* nichts mehr im Wege. Es überrascht den Besucher, auf wie viel Grün er dort trifft. Die Fahrgeschäfte sind von großgewachsenen Bäumen umgeben und von Blumenrabatten geziert. Für jeden Besucher werden Attraktionen bereitgehalten: für die Erwachsenen ein fünfzig Meter hoher Fallturm, für Kinder ein acht Meter und für die ganz Kleinen ein drei Meter hohes Pendant. Die Achterbahn schießt zwischen den Ästen der Bäume hervor. Für leibliche Genüsse ist natürlich auch gesorgt.

Am Tag darauf fuhren wir mit dem Rad zum Hauptbahnhof. Ein perfektes System von Radwegen durchzieht die Stadt. Die Kopenhagener nutzen es intensiv auf dem Weg zur Arbeit, um Einkäufe zu erledigen und in der Freizeit. Dabei verhalten sie sich unspekta-

Die kleine Meerjungfrau

Der Freizeitpark Tivoli liegt inmitten einer grünen Oase

kulär diszipliniert. Am Informationsschalter erkundigten wir uns nach Reisemöglichkeiten hinüber nach Schweden. Wir hatten überlegt, mit dem Zug nach Malmö zu fahren, um von dort weiter nach Trelleborg zu radeln. In Trelleborg wollten wir die Fähre nach Deutschland nehmen. Es war ganz einfach: alle halbe Stunde querte eine Art S-Bahn den *Großen Belt* über die neu erbaute Brücke. Nach kurzer Fahrt stiegen wir eine Station vor Malmö aus und setzten uns aufs Rad. Leider besaßen wir keine Karte der Gegend. Also mussten wir uns am Stand der Sonne orientieren und kamen tatsächlich zwischen Dörfern und Feldern fahrend in Trelleborg an. Hier kannten wir uns (leider) schon aus. Erinnert sei an die abgebrochene Schweden-Tour des Jahres 2002.

Die Fähre steuerte den Hafen von Saßnitz an. Von dort ging es am frühen Nachmittag nach Binz weiter, um dort nach einem Quartier Ausschau zu halten. Das Touristenbüro, das gerade schließen wollte, empfahl uns ein für damalige Verhältnisse sehr teures Zimmer. Wir wären auch mit einem preiswerteren zufrieden gewesen. „Das ist das einzige Zimmer überhaupt, das wir Ihnen anbieten können", war die lakonische Feststellung der Mitarbeiterin. Zwei Radfahrer, die mit derselben Fähre gekommen waren, gingen leer aus. Sie richteten sich später für die Nacht am Strand ein.

Die Höhe des Zimmerpreises verstand sich von selbst, als wir die Ahnentafel des Hauses betrachteten. Selbst unsere Bundeskanzlerin hatte hier schon genächtigt. Am Strand begegneten uns später die beiden Herren wieder, mit denen wir gemeinsam Bratwurst aßen. Bei solchen Gelegenheiten, die gar nicht so häufig vorkommen, werden Erfahrungen zu Radtouren ausgetauscht und Tipps gegeben. Wir teilten mit, am nächsten Tag mit dem Zug zurück nach Berlin fahren zu wollen. Beim Frühstück, das wir mit fein zurechtgemachten Damen und Herren einnahmen, kam Birgit plötzlich auf die Idee, auf dem Rad nach Berlin fahren zu wollen. Das taten wir dann auch.

Mit Unterbrechungen in Rostock, Stege und Kopenhagen saßen wir 15 Tage auf dem Rad und bewältigten die insgesamt 1110 Kilometer lange Strecke mit 60 bis 80 Kilometer auf der Hinfahrt und zweimal 100 beziehungsweise einmal 120 Tageskilometern mit zwei Übernachtungen in Demmin und in Mirow auf der Rückfahrt. Die Rücktour, auf der wir fast ausnahmslos Straßen benutzten, war der Beleg, wie perfekt der Berlin-Kopenhagen-Radweg angelegt ist. Zum Schluss standen wir wieder vor unserem Garten. Die Nachbarn stellten fest, dass zwei blasse Menschen losgefahren und zwei gebräunte zurückgekommen seien. Wir empfahlen ihnen wärmstens, den Radweg zumindest bis Rostock bei Rückreise mit der Bahn, zu testen.

Berlin–Usedom

Auch der Fernradweg Berlin–Usedom zieht sich durch das flache Land, beginnt in der Mitte Berlins und ist nördlich der Hauptstadt durchgehend ausgeschildert. Er trifft hinter Anklam auf die Insel Usedom und führt unweit von Swinemünde über die Kaiserbäder Ahlbeck, Heringsdorf und Bansin bis nach Peenemünde quer über die Insel. Wir umgingen das Zentrum Berlins und starteten 2008 wieder einmal in unserem Garten. Bis Berlin-Buch, wo die eigentliche Beschilderung der Trasse beginnt – sie zeigt neben dem Schriftzug „Radfernweg Berlin-Usedom“ mancherorts als Logo auch das Brandenburger Tor, einen Radfahrer und die Schwingen eines Vogels – sind es nur wenige Kilometer. In Richtung Bernau schlängelt sich der Weg über Wiesen und durch ein unübersichtliches Wohngebiet. Es ist deshalb angeraten, die Tour gleich in Bernau zu beginnen, wohin man mit der S-Bahn fahren kann.

Bernau ist eine mittelalterliche Stadt mit zum Teil noch erhaltener alter Bausubstanz, wie Stadtmauer, Steintor und Pulverturm. Leider wurden zur Zeit der späten DDR viele Wohn- und Geschäftshäuser aus Fachwerk abgerissen und durch moderne Zweckbauten ersetzt. Die Stadt wehrte sich über Jahrhunderte erfolgreich gegen die Angriffe der Hussiten und anderer Feinde, den Ideologen der Partei konnte sie jedoch keinen Widerstand entgegenbringen. Man entgeht dem neuen Bernau, wenn man vom S-Bahnhof, wie angezeigt, gleich an der Stadtmauer entlang bis zur Ausfahrt am nördlichen Stadtrand radelt. Sowie der Besucher das Stadtgebiet nach wenigen Minuten Fahrt verlassen hat, ist er mitten in der Natur. Der Weg führt, unterbrochen nur von kleinen Ortschaften, immer durch den Wald, vorbei an Wiesen und zahlreichen Seen. Die ersten Kilometer machen aber auch deutlich, dass der Usedom-Radweg etwas hügliger als der Weg nach Kopenhagen ist. Der Endmoränen-Charakter dieser Landschaft ist deutlich spürbar. Über Lobetal und Biesenthal gelangten wir zum Oder-Havel-Kanal und schließlich vorbei an Marienwerder nach Finowfurt. Von hier aus sind es nur noch wenige Kilometer bis zum Werbellinsee.

So wie die Landschaft von einem permanenten Auf und Nieder geprägt ist, erlebte die Schorfheide politische Höhen und Tiefen. War sie zunächst kaiserliches Jagdgebiet, wurde sie von den jeweils Regierenden okkupiert. Teile des Waldes waren stets gesperrt. Sogar dem Wild war es mit Zäunen verwehrt, sich frei zu bewegen. Dem Radler der Neuzeit sind keine Schranken mehr gesetzt. Er hält sich aber besser an die Wegmarkierung der Trasse, um am Ende des Sees in Richtung Joachimsthal rechtzeitig nach links abzubiegen

Für die Übernachtung in Joachimsthal hatten wir – entgegen sonstiger Geflogenheit – in einer Pension Zimmer vorbestellt. Das zweite Mal überhaupt reisten wir in Begleitung. Wir hielten uns für befähigt, die Tour mit Bekannten gemeinsam zu meistern. Während der Bekannte das Rad nutzte, bevorzugte seine Frau das Auto. Sie transportierte unser Gepäck und spähte vor Ort die Quartiere aus.

Die in Joachimsthal bestellten Zimmer wurden uns jedoch wegen eines Trauerfalles unerwartet verweigert. Na Bravo! Es war Sonnabend. Wo sollten wir unterkommen? Das einzige Hotel war voll besetzt. Die Hotelchefin war so freundlich, uns Zimmer in einem Privathaus zu vermitteln. Die Vermieter empfingen uns sehr freundlich auf ihrem Hof, wo sie in einem ehemaligen Stallgebäude schon zur Zeit der DDR Zimmer eingebaut hatten. Räume voller Devotionalien aus sozialistischer Vergangenheit, womit die Einrichtungsgegenstände gemeint sind, erwarteten uns.

Nach gutem Frühstück starteten wir wieder mit Auto und Rädern. Wolfgang hatte noch am Abend sein Hinterrad gerichtet, damit es nicht an Schutzblech und Bremsgummi schliff. Weit kam er damit aber nicht. Unterwegs nach Glambeck musste er nochmals Hand anlegen. Die kleine Fachwerkkirche des Ortes versöhnte für die Zwangspause. Bemerkenswerte Aquarelle eines einheimischen Malers wurden hier gezeigt. Vorbei am Oberucker- und Unteruckersee und reizvoller Landschaft kamen wir nach Prenzlau.

Prenzlau wurde im Zweiten Weltkrieg nahezu vollständig zerstört und in den darauffolgenden Jahrzehnten nur mäßig wieder aufgebaut. Die wenigen backsteingotischen Kirchen und Wehranlagen trotzten allen Anfechtungen und zeugen noch heute von der früheren Dominanz der Handelsstadt in der Region. In einem kleinen Neubau fanden wir nach Voranmeldung außerhalb des Stadtkerns Unterkunft. So abseits das

Gutshof Glambeck nördlich der Schorfheide

Haus lag, so ruhig war seine Lage. Getränke gab es beim Vermieter, Essen nur in der Stadt. Wolfgang wäre lieber im Hotel am Markt abgestiegen. Wenigstens konnte er es besichtigen, als wir das dazugehörige Restaurant aufsuchten. Zu zweit hätten wir uns sicherlich gleich im Frühstücksraum der Pension Leberwurststullen geschmiert.

Bevor wir uns nach Pasewalk auf den Weg machten, richtete Wolfgang wieder einmal sein Hinterrad. Obwohl er handwerklich durchaus geschickt ist, fand er nicht die Ursache heraus, warum seine Fahrt immer wieder durch Schleifen an den Bremsgummis gehemmt wurde. Trotzdem entgingen ihm nicht die robusten Feldsteinkirchen der Dörfer. Der Weg zu ihnen war ausnahmslos frei von Verkehr, obwohl die Trasse hier selten über spezielle Radwege verfügte.

Feldsteinkirche vor Pasewalk

Die Uecker in Torgelow mit dem Museumsdorf Ukranenland

Den Organisatoren des Wegs zur *Berliner Badewanne* gilt trotzdem unser uneingeschränktes Lob für den geschickten Verlauf des Wegs.

Pasewalk wirkt auf den Betrachter etwas freundlicher. Obwohl auch an dieser Stelle viel Bausubstanz im Krieg verloren ging. Die Region wurde im Zweiten Weltkrieg von den Alliierten stark bombardiert, um Heereslager und Munitionsfabriken der Umgebung zu zerstören. Trotz der backsteingotischen St.-Nikolai- und St.-Marienkirche, dem erhaltenen Teil der Ringmauer und dem Pulverturm dominiert der Eindruck einer Garnisonsstadt, die Pasewalk auch seit dem Ende des 19. Jahrhunderts war. Erst nach der Wende zog sich das Militär aus der Kürassierkaserne zurück. Die bekannte Stadtbäckerei war uns Anlass, den lokalen Kaffee und Kuchen zu probieren. Hinter der Stadt öffnete sich die Landschaft. Die Kürassiere verfügten damit bei ihren Manövern über freies Schussfeld. Bis nach Torgelow, dem Ziel unserer Tagesetappe sind sie nicht weiter vorgedrungen, weil diese Stadt wieder von viel Wald und Wasser umgeben ist.

Inmitten von Truppenübungsplätzen lag auch bei Torgelow das Militär. Bekannt geworden ist die Stadt aber durch ihre zahlreichen Eisengießereien, die in der zweiten Hälfte des 19. Jahrhunderts entstanden. Der Rohstoff wurde in der unmittelbaren Umgebung als Raseneisenerz abgebaut. Einen besonderen Reiz übt die Uecker aus, die durch das kleine Städtchen fließt. An ihrer engsten Stelle setzten im Mittelalter die Händler über. Zum Handeln fühlte sich auch Wolfgang verurteilt. Er suchte eine Fahrradwerkstatt auf, um auf sein schief laufendes Hin-

Repräsentatives Wahrzeichen – der Ackerhof von Ueckermünde

terrad hinzuweisen. Der Meister baute ihm eine neue Hinterachse einschließlich Lager ein. Die zwei Kilometer bis zur Unterkunft fuhr Wolfgang wie ein junger Gott.

Nach erholsamer Nacht im Hotel-Flachbau ging es in Richtung Eggesin, einem Ort, der wie kein anderer mit dem Wehrdienst in der Nationalen Volksarmee in Verbindung stand. Bis hierhin waren wir auf unterschiedlichsten Belägen unterwegs gewesen: Beton, Sand, Asphalt, Kopfsteinpflaster. Alle Passagen waren gut befahrbar, auch die *Katzenköpfe* mancher Ortsdurchfahrt konnten auf den Gehwegen umfahren werden. In dieser Vielfalt liegt auch ein gewisser Reiz der Route. Lediglich auf dem Weg von Prenzlau nach Pasewalk war ein Modderloch zu durchwaten, das nach Aussage eines Anrainers wegen brütender Vögel im umgebenden Buschwerk nicht ausgebaut werden durfte.

Das nahe Ueckermünde war alsbald erreicht. Leider hatten wir nur die Durchfahrung geplant. In diesem idyllischen Städtchen, dessen kleine Bürgerhäuser, die häufig als Fachwerk ausgelegt sind und sich an zentraler Stelle um die Marienkirche gruppieren, sollte man länger verweilen, mindestens jedoch für eine Nacht. Da die Sonne, wie auch auf allen anderen Etappen, schien, fühlten wir die warmen Farben der Architektur als Willkommensgruß. Der Gruß galt auch den Radlern vom Oder-Neiße-Radweg, der hier endet. Da Uekermünde mit seinem Hafen direkt am Stettiner Haff liegt, kann man in den Sommermonaten die Insel Usedom mit einer Fähre in Richtung Kamminke direkt anfahren. Man spart auf diese Weise glatte 80 Kilometer Fahrstrecke ein. Für diese Überfahrt war es noch zu früh im Jahr. Also radelten wir über den Urlaubsort Mönkebude und zahlreiche Dörfer weiter nach Anklam.

Im Vergleich zu Prenzlau und Pasewalk bietet Anklam den Charakter einer besser strukturierten Stadt, wenngleich auch hier von der mittelalterlichen Backsteingotik nur die St.-Marienkirche, der Pulverturm, das Giebelhaus und das Steintor als Zeugnisse einer Jahrhunderte alten Kultur übrig geblieben sind. Die Peene mit dem alten Hafen half, den Handelsplatz Anklam als Teil der Hanse zu etablieren. So bestand Verbindung nach Swinemünde und Stettin über das Stettiner Haff in Richtung Osten und zu den Ostseeanrainerstädten im Westen über den Greifswalder Bodden und die Ostsee. Die Besetzung Anklams bis hinunter nach Torgelow durch die Schweden als Auswirkung des Dreißigjährigen Krieges spürt der Durchreisende nicht mehr unmittelbar. Aus der Besiedelung der Region in den frühen Jahrhunderten unserer Zeitrechnung durch slawische Stämme leiten sich dagegen die Namen der Städte ab.

Für die Nacht hatten wir Zimmer in einem Hotel bestellt. Es lag außerhalb des Zentrums an der Friedländer Straße und vermittelte zunächst nur den Charme der Moderne. Die Klientel des Hauses waren wohl hauptsächlich Dienstreisende. Drinnen entwickelte das Haus aber eine angenehme Atmosphäre. Hervorhebenswert war die Küche. Im Restaurant wurden frisch zubereitete wohlschmeckende Gerichte serviert. Die hatten wir uns auch verdient.

In Richtung Norden verlässt der Radler die Stadt über eine attraktive Holzbrücke, die der Überquerung der Peene im Bereich des Hafens dient. In Pinnow biegt der Weg dann scharf nach Süd/Ost ab, um an der Zecheriner Brücke den Übergang auf die Insel Usedom zu ermöglichen. Der Reisende ist zurück am Stettiner Haff, nun aber am Nordufer. In Karnin sind die Reste einer Eisenbahnbrücke über das Haff zu sehen, die in den Vorkriegsjahren die schnelle Zugverbindung der Hauptstadt Berlin mit den Kaiserbädern ermöglichte. Heute führt die Eisenbahnlinie durch Anklam und weiter nach Greifswald. In Züssow steigt der Reisende in die *Usedomer Bäderbahn* um, die den Hauptteil der Insel von West nach Ost quert. So dauert die Fahrt von Berlin bis Ahlbeck derzeit fast vier Stunden.

Rest der Eisenbahnverbindung Berlin–Usedom – Brücke bei Karnin

Der Radfahrer verlässt Anklam über eine imposante Holzbrücke

Wir aber fuhren mit dem Rad. Der Ort Usedom erwartete uns mit seinem 1450 errichteten Anklamer Stadttor. Gleich dahinter trafen wir auf das quadratisch um die Kirche herum angelegte Ensemble alter Wohn- und Geschäftshäuser. Wie in Uekermünde hätten wir auch an dieser Stätte gerne länger verweilt. Sollten wir den Berlin–Usedom Radweg noch einmal befahren, würden wir unsere Etappenziele gründlicher auswählen. Die Stadt Usedom gehört mit Sicherheit dazu. Über eine offene Landschaft, stets mit dem Haff zur Rechten, biegt der Weg in Garz nach Norden ab. Drei Kilometer davon entfernt wären wir mit der Fähre aus Ueckermünde angekommen.

Vor und hinter Korswandt am idyllischen Wolgastsee wurde es bergig. Halb über Felder und halb im Wald schossen wir mit den Rädern hinab oder kletterten hinauf. Unser Begleiter musste kurz vor dem Ziel in Ahlbeck seine Kräfte demonstrieren. Als er glaubte, wir hätten die Hügel überwunden, zog er zügig an uns vorbei. Wir aber wussten, dass der Weg

Einfahrt durch das Anklamer Tor in die Stadt Usedom

Die traditionsreiche Seebrücke von Ahlbeck auf der Insel Usedom

noch einmal heftig ansteigen würde und legten eine kleine Übersetzung auf. Nicht vorbereitet, blieb er zwischendrin hängen. So strampelten wir trotz Atemnot rasant an ihm vorbei und waren am letzten Anstieg Sieger im Ring. Die restlichen vier Kilometer bis zu *Carls Kneipe* japsten wir alle drei nach Luft. Die Chefin servierte zugleich drei große *Radeberger*. Unser Begleiter trank und schwieg. Vielleicht hatten wir ihn zum Schluss doch noch davon überzeugt, dass ruhiges Fahren im Gleichklang die bessere Wahl für jegliche Radtour ist.

Den Abend verbrachten wir auch in besagter Kneipe, die entgegen ihres Namens eher als Familiengaststätte einzustufen ist. Während Frau und Mutter nach pommerscher Art kochen, zapft und serviert der Mann. Der Gast muss schon ein Ignorant sein, wenn er nicht große Gaumenfreude an den Gerichten entwickelt – einfach aber köstlich (das Wort *lecker* würde die Kochkunst dieses Familienunternehmens diskreditieren). Besonders zu empfehlen sind Dorsch oder auch frisch gebratener Hering in *Pommerscher Soße*. Dabei handelt es sich um eine braune, süß-saure (!) Soße, die viele Menschen mit Eierspeisen in Verbindung bringen. Hier in Ahlbeck wird die Soße mit Pfiff zubereitet. Das nötige Know-how wurde Wolfgang anvertraut. Was hatte er in der Vergangenheit nicht schon alles versucht, um den Geschmack der Pommerschen Soße seiner Urgroßmutter nachzuvollziehen. Dabei ist es so einfach.

Die Reise bedarf einiger Nachworte: Wolfgangs schief laufendes Rad hatte den partiellen Bruch der hinteren Radaufhängung zur Ursache. Sein Freund, ein Mechaniker, entdeckte den feinen Riss. Da ein solcher

Schaden eher die Ausnahme ist, kann sich jeder Interessierte auf diese Tour begeben. Er muss Spaß und genügend Sitzfleisch haben, um die 280 Kilometer lange Strecke von Bernau zum Seebad Ahlbeck bewältigen zu wollen. Die Anzahl der Etappen ist ihm dabei völlig freigestellt. Mit Ausnahme kurzer Anstiege ist die Strecke flach. Dabei lässt sich der Usedom-Radweg von Berlin nach Ueckermünde mit dem Oder-Neiße-Radweg kombinieren. Als Kartenmaterial sind die Tourbeschreibungen der *bikeline*-Serie aus dem Esterbauer-Verlag zu empfehlen.

Lohn des Fleißes

Es bedarf einer guten Portion Fleißes, Überführungsetappen zu fahren. Wir verstehen darunter Wege, die von A nach B führen – sei es, um den Start- oder Endpunkt einer Tour zu erreichen oder nur eine der Unterwegsetappen zu bewältigen. Derartige Situationen ereilten uns in Schweden 2008 und Finnland 2009.

Auf Überführungsetappen existieren kaum Radwege, weil sie durch wenig attraktives Land führen. So kann man in Schweden und auch Finnland endlos lange Zeit durch Nutzwälder fahren, ohne auch nur einen Menschen oder Elch zu treffen. Zur Orientierung dienen klassische Straßenkarten. Manchmal gibt es auch kostenlose Regionalkarten im Touristenbüro oder an Automaten auf Rastplätzen am Rande der Verkehrswege.

In größeren Abständen trifft man auf Ortschaften. Dazwischen liegt das graue Band des Asphalts. Der Verkehrsstrom lässt sich von zwei Radfahrern kaum beeindrucken. Die schwedischen Dörfer liegen zumeist im Wald, die kleinen Städte bieten wenig Reizvolles. Ihre finnischen Pendants sind noch seltener auszumachen. Umso reizvoller können hier aber die Etappenziele sein. Der Fairness halber müssen wir aber auch eingestehen, die Routen selber ausgesucht zu haben. Wir sind, um die Strecken bewältigen zu können, mit Sicherheit an vielen schönen Flecken vorbeigefahren. Land und Leute waren so kaum erfahrbar – von reizvoller Natur ganz zu schweigen. Dennoch wollen wir die Eindrücke solcher Touren nicht missen. Auch sie sind Teil des Radwanderns.

Göteborg–Halmstad–Kalmar–Ystad

Diese Reise könnte mit Fug und Recht in die Extreme Sonne, Regen und Wind – zu je einer Woche – unterteilt werden. Ein solch komplexes Erlebnis war uns bis dato noch nicht widerfahren. Dennoch ordnen wir es dem Kapitel Überführungsetappen zu. Aber der Reihe nach.

Der Yacht- und Sportboothafen von Göteborg

Nach Göteborg fuhren wir 2008 mit der *Stena Line* von Kiel aus. Für die eine Nacht buchten wir eine Innenkabine und die Teilnahme am skandinavischen Buffet. Im Gegensatz zur *Color Line*, der norwegischen Fährgesellschaft, fiel das Essen bei den Schweden nicht ganz so üppig aus. Dafür waren die Getränke, alkoholische wie auch nichtalkoholische, inklusiv. Das merkten wir alsbald an der Dicke unserer Bäuche, die in kurzer Zeit immer runder wurden. Die Strafe, heftiges Bauchgrimmen, folgte in der Nacht.

Die Ankunft am frühen Morgen im Göteborger Hafen fiel wenig spektakulär aus: Frachtschiffe, Kräne, Öltanks. Schnell verließen wir das Schiff, um uns in Richtung des Campingplatzes *Kärralund* zu begeben. Teile der Stadt lagen auf Hügeln, so dass wir die ersten Meter als Bergfahrer zu meistern hatten. Wir waren früh dran – die bestellte Hütte war noch nicht frei. Also stellten wir die Packtaschen an der Rezeption ab und fuhren zurück in die Stadt.

Zunächst passierten wir ein Wohngebiet im grünen Gürtel der Stadt. Das kräftige Rot der Hartbrandziegel dominierte die Architektur. Es folgte die erste Geschäftsstraße mit Bauten im Gründerzeitstil. Daran schloss sich der historische Teil der Stadt an, der allerdings relativ jung ist. Obwohl die Region schon vor dem Mittelalter besiedelt war, wurde die Altstadt erst im 19. Jahrhundert angelegt. Die Patrizierhäuser der Altstadt beeindrucken sehr. Sie flankieren zwei Straßenzüge mit einem Kanal in der Mitte, der vom Fluss *Göta älv* gespeist wird. Die Anlage erinnert durchaus an die Palais in Sankt Petersburg, wenngleich sie

Das Haga-Viertel von Göteborg lädt zum Entdecken ein

nicht ganz so reich verziert sind. Der Verkehr war mäßig, so dass sich nicht zufällig viele Spaziergänger, Touristen wie auch Einheimische, trotz der morgendlichen Stunde hier einfanden.

Noch mehr Menschen trafen sich im großzügig angelegten Yachthafen. Die moderne Bebauung dieser Anlage mit der Oper als architektonischer Höhepunkt strahlt moderne Eleganz aus. Die noch flach stehende Sonne warf lange Schatten auf das glitzernde Wasser, in dem sich die Silhouette der Gebäude spiegelte. Gleichermaßen leuchteten die Augen vieler Kinder. Man feierte ein Stadtfest mit Vergnügungen aller Art. Der Höhepunkt bestand zweifellos in der Besichtigung einer seetüchtigen Hansekogge, der wir am Ende unserer Reise noch einmal begegnen sollten.

Göteborg ist von einer Vielzahl schmaler Straßen durchzogen. Im *Haga*-Viertel, in dem sich so mancher alte Bau befindet, pflegt die Stadt ihre Kaffeehaus-Tradition. Von hier geht ein kulturvolles Leben der Bewohner aus. Die Atmosphäre erinnert an Oslo und Helsinki und natürlich an die schwedische Hauptstadt Stockholm. Jeder Sonnenstrahl wird zum Anlass genommen, um es sich im Freien gut gehen zu lassen. Hier merkt man die nördliche Lage der Stadt, die den Bewohnern nur einen kurzen Sommer mit wenigen warmen Tagen beschert. An genau solch einem Tag schlossen wir uns der Tradition an, eines der vielen Gartenrestaurants aufzusuchen.

Bei Sonnenschein ging es am nächsten Tag längs der Küste südwärts. Der Fahrradführer empfiehlt, die Gegenrichtung zu nehmen, da

Göteborgs Opernhaus ist von einem Luxus-Liner kaum zu unterscheiden

der Wind häufig aus Südwest weht. Auf unserer Tour war es aber windstill – zumindest auf dem ersten Teil der Reise. An der Küste sind überregionale Radwege so geführt, dass der Radler immer auf das blaue Wasser des *Kattegatt* blickt. Naturbelassene Abschnitte wechseln mit bebautem Land. Man fährt über breite Asphaltstreifen oder Sandwege, passiert uralte Brücken und kleine Waldstücke. Von Zeit zu Zeit trifft man zwischen den Schären auf kleine Ortschaften mit Fischereihäfen. So manche Villa demonstriert in großzügig angelegter Parklandschaft den Wohlstand ihrer Besitzer.

Unser erstes Ziel, der Campingplatz von Åsa, lag nahe dem Wasser. Die Ortschaft ziert eine strahlend weiße Kirche mit breitem gedrungenem Kirchturm, der jedem Nordwind standhält. In den umliegenden

Gärten begann zu dieser Zeit gerade die Apfelernte. Auf den Äckern standen die Reste reifen Getreides. Der Fahrweg lag meist etwas erhöht, so dass wir einen freien Blick auf das Meer hatten. Neben vielem Buschwerk gab es kaum hohe Bäume, die uns Schatten hätten spenden können. Zu Beginn einer Tour liebt man die Sonne: sie wärmt und bräunt. Der Prozess des Ausdörrens beginnt erst Tage später.

Wehrhafte Dorfkirche in Åso

Das nächste Quartier war der Campingplatz in Himle, wenige Kilometer landeinwärts. Er lag nahe der Europastraße E 6, die den Süden des Landes mit dem Nordkap verbindet. Der Platz ist eine große grüne Fläche, auf der sich zahlreiche Hütten in gebührlichem Abstand verteilen. Hier treffen sich des Abends die vom Kilometerschruppen übermüdeten Nordlandreisenden, um am Tag darauf in aller Früh mit ihren motorgetriebenen Fahrzeugen wieder aufzubrechen. Vor dem Schlafengehen werden mit Gleichgesinnten schnell noch Erfahrungen zu Fährfahrt, Straßenbeschaffenheit und Benzinpreisen ausgetauscht. Am Morgen bereitet man eiligst die Weiterfahrt vor. Wie viele Türen hat eigentlich ein PKW? Nach dem Öffnen und Zuschlagen zu urteilen, sind es Dutzende. Dann bricht die Armada im Fünfminutentakt einzeln auf, um sich am Abend auf dem nächsten Durchreisecamp wieder zu treffen. Als wir genüsslich frühstückten, war die Ruhe endlich wieder hergestellt.

Über Varberg und Tvååker steuerten wir das „Ugglarp" Camping an. Der Ort Varberg wird von der aus dem 13. Jahrhundert stammenden Burg *Varbergs Fästning* direkt an der Küstenlinie geprägt. Das Wasser des Kattegatts konnte den massiven Mauern nichts anhaben. Die Ortschaft erstrahlte vom Rot der Dächer. Hier, wie auch in Tvååker, einer Kleinstadt, wurde bevorzugt mit Stein gebaut. Diese Bauart geht sicherlich auf die dänischen Besatzer zurück, wodurch die Siedlungen den verheerenden Feuersbrünsten der Jahrhunderte besser standhielten. Weiter im Landesinneren findet sich kaum noch alte Bausubstanz, weil hier vorzugsweise mit Holz gearbeitet wurde. Dementsprechend sind die Orte des Inlands auch weit weniger reizvoll und entsprechen in ihrem modernistischen Stil vielen Gemeinden im Westen Deutschland aus der Epoche der 1970er Jahre.

Am Tag unserer Durchreise bot Varberg eine Attraktion. Viele gut gelaunte Menschen fanden sich in Volksfeststimmung zusammen. Junge

Die Burg Varberg Fästning südlich von Göteborg am Ufer des Kattegats

Frauen in gelb-blau abgesetzten T-Shirts luden die Ankommenden zu allerlei Spielereien ein. Sponsor des Festes war die Firma *Vattenfall*. Mit denen wollten wir aber nicht feiern – zogen sie uns doch zu Hause mit ihren überhöhten Energiepreisen das Geld aus der Tasche. So verzichteten wir gerne auf die kostenfreie Benutzung eines Klettergartens.

In Ugglarp mieteten wir auf dem gleichnamigen Campingplatz eine sehr schöne Hütte (schwedisch: *stugor*), die mit jeglichem Komfort ausgestattet war. Neben integrierter Toilette und Dusche fanden wir eine komplett eingerichtete Küchenzeile vor. Es war die am höchsten gelegene Hütte des leicht ansteigenden Platzes, zu der wir die schweren Räder den Hang hochschieben mussten. Der Blick auf die über dem Meer untergehende Sonne entschädigte uns aber dafür.

Die Weiterfahrt berührte auch weiterhin die Küste. Zur Rechten sahen wir Schären mit einem üppigen Bewuchs von rot blühenden Bauernrosen. Zur Linken wechselten Felder mit Waldstücken und Siedlungen. Die gesamte Küstenlinie war geeignet, einen Roman von Inga Lindström ins rechte Bild zu setzen. Derart verzückt fiel es nicht schwer, die Kilometer bis Melbystrand, nördlich von Halmstadt gelegen, zu bewältigen.

Wir passierten Weizenfelder, deren Hintergrund Windmühlen dekorierten. Manche Ortschaft im Stile einer Kleinstadt bzw. eines zu groß geratenen Dorfes war zu passieren. Auf *Marias Camping* wartete die nächste Hütte auf uns. Sie war nicht ganz so komfortabel wie die des Vortages, dafür aber geräumiger. Auf dem Platz gab es einen gut sor-

Karge Schärenlandschaft an Schwedens Westküste

tierten Laden, in dem wir Kartoffeln, Butter, Salz und neben Getränken auch diverse Leckereien kauften. Pellkartoffeln mit Butter und Salz – welch eine Köstlichkeit. Wieder zeigte sich, dass die Bedürfnisse auf einer Radtour häufig ganz anderer Art als zu Hause sind.

Gegen 16 Uhr besuchten wir den Strand. Der äußerst saubere, rötlich-gelbe Sand zog sich in einem Band von 50 Metern Breite die Küste entlang. Wir befanden uns im Scheitelpunkt einer 5 Kilometer langen Bucht, in der wir ganz alleine waren. Dabei schrieb man bei stabiler Hochdruck-Wetterlage erst die zweite Augusthälfte. Der Norden Europas hat eben ganz andere Gesetze, die uns, die wir den Urlaub meist erst Mitte August antreten, freien Raum bieten.

Die Westküste erlebte am nächsten Morgen den ersten Regen seit Wochen. Wir hofften ihm zu entgehen, da unsere Kompassnadel nunmehr streng in Richtung Osten zeigte. Die vor uns liegenden 91 Kilometer nach Ljungby sollten jedoch zu einer Wasserschlacht ausarten. Die fast schnurgerade Straße war zu beiden Seiten von dichtem Wald gesäumt. Lediglich die Orte Laholm, Vivljungen und einige kleinere Wohnsiedlungen gewährten kurzzeitig Schutz vor der Nässe. Unsere Straßenkarte, in die wir hin und wieder einen Blick zwecks Entfernungsbestimmung warfen, weichte langsam auf.

Da es der liebe Gott mit Radfahrern gelegentlich auch gut meint, lag am Wegesrand ein Laden für Kunsthandwerk der Region. Daneben schenkten die Besitzer Kaffee und frisch gebackenen Kuchen aus. So streiften wir auf der Veranda unsere Regenkleidung ab, um den Apfelkuchen zu probieren. Bei einem solchen Wetter genießt man die Pause besonders intensiv. Umso schlimmer ist es dann, wieder in die auch innen feuchte Kleidung einzusteigen. Das Land des Nordens zeigte Szenen nach Inga Lindström weder an diesem noch den nächsten Tagen. Die Regenfront wanderte mit uns gemeinsam ostwärts.

In Ljungby fuhren wir dann doch noch trockenen Fußes ein. Zeit zur Besichtigung der Innenstadt wäre trotz der Länge der Etappe gewesen. Allein die Stadt wies nichts Anheimelndes auf, so dass wir sogleich zum Freizeitpark fuhren, um dort Quartier zu nehmen. Eine große Schar Kinder tobte trotz der heftig abgefallenen Temperatur im Schwimmbad. In der dazugehörigen Gaststätte aßen wir Frittiertes in Mayonnaise. Nach der Anstrengung des Tages empfanden wir dieses Angebot sogar als Labsal. Trotz der Enge der sehr kleinen Hütte schafften wir es, die Fahrräder mit hineinzuzwängen. So mussten wir unsere *Brooks*-Ledersättel nicht vor dem erneut einsetzenden Regen schützen. Die Ketten zu ölen tat in der Früh dennoch Not, da das Spritzwasser der uns überholenden Fahrzeuge vom Vortag permanent den Schmierfilm abgetragen hatte.

Die Kleinstadt Växjö erwartete uns am späten Nachmittag nach zunächst weiteren siebzig Kilometern Regenfahrt sogar im Sonnenschein. Der Campingplatz lag an einem See außerhalb des Ortes. Den ausladenden Liegewiesen in parkähnlicher Umgebung fehlte es allerdings an Besuchern. Wir streiften für den Abendspaziergang wieder einmal unsere Fleece-Pullover über. Welch einen Kontrast war das im Vergleich zur wohligen Sonne der ersten Woche.

Der folgende Tag sollte uns nach Urshult führen. Von 48 geplanten Kilometern verliefen die ersten zwanzig absolut gerade, aber hügelig. Dann bog die Straße um 15° nach rechts ab, um wieder achtzehn Kilometer geradlinig zu verlaufen. Mit Ausnahme zweier Regenschauer blieb es trocken. Die Temperatur stieg auf angenehme 25°Celsius an. Mit uns fuhren lange Holztransporter, drei Meter hoch mit Stämmen beladen. Diese überholten in gebührlichen Abstand. Leider flogen dabei stets bis zu 40 Zentimeter lange Borkenstücke von der Ladung herab. Die Borke löste sich im Fahrtwind, weil die Stämme gegen den Befall des Borkenkäfers bei ihrer Lagerung bewässert worden waren. Die Borke von oben und von unten forderte die volle Konzentration beim Steuern.

Nach der Zahl von Lastwagen und Borkenstücke zu urteilen, konnte Schweden kaum noch über nennenswerte Waldbestände verfügen. Nur wir waren den kompletten Tag von Bäumen eingerahmt. Kam einmal ein Teilstück mit Fernsicht, kündigte sich eine Ortschaft an. Keine verfügte über ein auffälliges Antlitz. In keiner schenkte man Kaffee aus. Im besten Falle gab es einen Döner-Kebab-Imbiss. Als Ausnahme konnte man sogar typisch schwedisch essen: Kartoffelstampf mit *grillkorv*

Holztransporte waren unsere steten Begleiter in Mittelschweden

(Bratwurst) oder *köttbullar* (Fleischbällchen mit Preiselbeermarmelade in brauner Soße) und Cola.

Kurz vor Urshult wies der Weg scharf nach rechts, wo wir eine Gruppe schwedenroter Holzhäuser entdeckten, in denen neben einem Café verschiedene Kunsthandwerker ihre Produkte zum Verkauf anpriesen. Das Café war ähnlich strukturiert wie jene in Finnland: Selbstbedienung, Kaffee *satt*, Kuchen, Brote, kalte Getränke. Von dieser Offerte machten wir gerne Gebrauch. Wir lagen gut in der Zeit und genossen nach den Regentagen den wärmenden Sonnenschein.

Gleich am Ortseingang von Urshult befand sich ein Landgasthaus. Auf der Suche nach einem Nachtlager, fragten wir drinnen nach Quartieren im Ort. Man wies auf das Holzhaus in hundert Meter Entfernung. Es hatte komfortable Zimmer im Erdgeschoss und der ersten Etage. Wir durften uns ein beliebiges Zimmer aussuchen, da wir die einzigen Gäste waren. Zuvor beteiligten wir uns aber am Mittagsbüfett, das für einen sehr akzeptablen Preis neben warmen Essen inklusive Getränke, Dessert, Kaffee, Kuchen und Früchte bereit hielt. An dieser Stelle deckte man uns am nächsten Morgen trotz der viel späteren Öffnungszeit der Gaststätte einen reichhaltigen Frühstückstisch zu einem Spottpreis. Das war sicherlich der Bonus für Radfahrer.

Das auserwählte Zimmer wies neben den Betten auch zwei Sitzgruppen auf, von denen die eine im Erker stand. Ob der 2,70 Meter hohe Kachelofen tatsächlich funktionsbereit war, interessierte uns an diesem Tag nicht. Frische Blumen dekorierten die Fensterbank, so als hatte man uns gerade in diesem Zimmer erwartet. Vom Fenster aus sah man auf den kleinen See. Dort schwamm ein Pavillon, der über eine schwimmende Brücke zu erreichen war. An diesem idyllischen Ort wollten wir den Abend verbringe – aber nicht ohne ein Bier.

So fuhren wir in den weitflächigen Ort. Bis auf einen Kebab-Imbiss, der nur die bekannte gelbe Brause und Cola anpries, war kein Geschäft auszumachen. Erst die Nachfrage bei einem Passanten wies uns den Weg zur Tankstelle, hinter der sich am Ortsausgang ein Laden versteckt hielt. Wieder einmal erwies sich, dass 90 Prozent der Skandinavier ein bedeutend besseres Englisch sprechen als wir. Mit vier Halbliter-Büchsen *Lättöl* kehrten wir zurück. Bei diesem Getränk handelt es sich um ein sogenanntes Schwachbier mit nur 2,4 bis 2,8 Prozent Alkohol. Es wirkt dennoch sehr anregend – besonders auf die Blase.

Vor unserer Abfahrt drapierten wir die Gepäckstücke nach Art eines Künstlers auf der Freitreppe zu unserer nächtlichen Residenz. Einem Kleinwagen hätte man so viel Bagage nicht zumuten wollen. Unsere Räder mussten aber ran, alles in das 75 Kilometer entfernt liegende Emmaboda zu transportieren. Wir passierten auf dem Weg dorthin wieder komfortable Häuser auf großflächigem Grund bei zunächst „teils heiter – teils wolkig". Eine Tankstelle am Weg forderte uns quasi auf, eine Pause einzulegen und Kaffee zu trinken und *grillkorv* zu essen. Bald darauf befanden wir uns wieder im Wald, der nur von Weideflächen für Schafe unterbrochen war. Als wir von den Steinwällen, die die Wiesen vom Fahrweg abtrennten, eingeschnürt waren, begann es wieder einmal zu schütten. Als begossene Pudel erreichten wir die zentrale Kreuzung des recht klein geratenen Städtchens Emmaboda.

Unser Blick schweifte 360 Grad ins Rund und entdeckte dabei das Hotel *Amigo*. In ein Haus dieses Namens wollten wir aber nicht einziehen. So begaben wir uns von der Kreuzung jeweils 500 Meter in alle Himmelsrichtungen – das Amigo blieb das erste und beste Haus am Platze. An der Rezeption debattierten drei freundliche Damen, ob noch ein Zimmer frei sei. Dabei war die Bleibe für ein solch kleines Städtchen recht großzügig ausgefallen. Das Zimmer war frei. Es war tatsächlich eines der letzten im Angebot, da im nahegelegenen Wald ein Heavy-Metal-Konzert zelebriert wurde. Viele Fans hatten sich im Amigo einquartiert.

Nachts um zwei Uhr polterte es einige Male schrecklich. Die Fans fielen in ihre Betten oder auch daneben. Nach einer Viertelstunde herrschte plötzlich absolute Ruhe. Auch beim Frühstück blieb es ruhig. Die Protagonisten brachten noch keinen Laut hervor. Mit unserer Fahrradkluft passten wir so gar nicht in die Szene. Niemand störte sich daran. Dafür hatten wir, die Bourgeoises, viel zu schauen.

Über Nybro, das endlich einmal mit architektonischen Schönheiten unbekannten Stils aufwartete, steuerten wir auf die Ostküste des Landes zu. Auf den Straßen dritter Ordnung waren wir alleine, Asphalt wechselte mit Sand. Die Landschaft erfreute den Reisenden mit fri-

Die befestigte Anlage von Schloss Kalmar …

schem Grün am Boden und an den Bäumen. Das Weiß der Birken blendete in der reinen Luft geradezu die Augen. Nach wiederum 75 Kilometern waren die Tore der Küstenstadt Kalmar erreicht.

Kalmar – die Beamtenstadt – war auf den ersten Blick ein Highlight. Stattliche Gebäude im Barock- und Renaissance-Stil residierten an großzügig angelegten Plätzen und breiten Straßen: Rathaus, Domkirche, Oper, Palais, Verwaltungsgebäude. In den Fußgängerpassagen reihten sich edle Butiken aneinander. Die Traufhöhe der Bauten überstieg selten die zwölf Meter Marke. Der Nieselregen ließ die Granitsteine der Straßen und Plätze erstrahlen. Das Stadtschloss lag etwas abseits des Zentrums auf einer Halbinsel. Der massige Sandsteinbau war von einer Mauer und dicken Wehrtürmen geschützt. Wie schön musste es hier im Sonneschein sein?

Unser Weg durch die Stadt führte vorbei an edlen Hotels zum – natürlich – Campingplatz. Der verfügte über eine große Zahl an Hütten, die alle besetzt sein sollten. In der Rezeption wusste ein junges Mädchen aber Rat. Sie nannte uns ein Privatzimmer, gleich um die Ecke. Das war noch frei! Es lag im Keller eines Einfamilienhauses, war mit Möbeln vollgestopft, hatte aber

… und die barocke Domkirche der Stadt

Schlemmermeile in Simrishamn an der Ostküste Schwedens

Kiviks *Familje Camping* lag auf einer Anhöhe. Mit Ausnahme einer zweiten Hütte war der Platz unbewohnt. Da die Rezeption auch Lebensmittel und Getränke verkaufte, aßen wir erst einmal zu Abend. Danach suchten wir das Dorf auf. Leider verpassten wir deshalb die Öffnungszeit der Fischgaststätte wie auch der dazugehörigen Räucherei. Worauf wir dabei verzichteten, erfuhren wir ein Jahr später in Berlin. Birgit gab einer Kollegin unsere restlichen Kronen mit auf die Reise, um ein Stück Räucherfisch für uns zu kaufen. Die Fischer aus Berlin und Brandenburg mögen es uns verzeihen, aber einen solch wohlschmeckenden Fisch hatten wir noch nie gegessen.

Über Simrishamn kämpften wir uns bis Ystad, dem Endpunkt unserer Reise. Regen und Wind wechselten sich zunächst ab. Dann frischte es wieder auf. Sogar den belgischen Kreisel, mehrfach in Holland geübt, mussten wir wieder einmal fahren. Einer bot dem anderen im Wechsel Windschutz. Wolfgang schummelte dabei – er *verpasste* manche Ablösung. Die Strecke von wiederum fast 100 Kilometer Länge war nahezu ungeschützt.

Es wäre ungerecht, über Simrishamn nicht einige Worte zu verlieren. Die Straßen dieses Hafenstädt-

Kurze Rast im Café am Wegesrand

chens erinnerten ein wenig an unsere Nordseegemeinden. Der Ort war liebevoll mit einer Vielzahl Blumenarrangements dekoriert. Von hier fuhren die Fähren nach Bornholm. Viele Gasstätten luden zum Mittagsmahl ein. Es war gerade Markttag. Ein Bäcker von der Insel Rügen verkaufte hier sein Brot. Es wurde von den Einheimischen und Reisenden sehr gerne angenommen. So kam er jeden Donnerstag mit seinem Verkaufswagen nach Schweden. Er meinte, wegen des hohen Umsatzes lohne der weite Weg einschließlich der Fährfahrt durchaus.

Wenige Kilometer vor Ystad wäre bei Kåseberger das aus 57 hoch aufragenden Steinen gebaute Königsgrab *ales stenar* zu sehen gewesen. Die Kultstätte liegt nur drei Kilometer von der Hauptstraße entfernt. Wegen des übermäßig starken Gegenwindes verzichteten wir jedoch auf den Besuch. Was aus heutiger Sicht fast als Sakrileg wirkt, war während des Kampfes mit den Naturgewalten Selbstverständlichkeit.

Das letzte Stück Weges nach Ystad war bewaldet. Endlich entronnen wir dem mittlerweile stürmischen Wind. Neben der Fernverkehrsstraße verlief parallel ein Waldweg. So hatten wir linker Hand immer wieder Ausblicke auf die Ostsee – endlich. Die nahe Stadt kündete sich mit Wochenendhütten und Ferienhotels in Strandnähe an. Vor der Stadt lag ein Campingplatz, der uns Übernachtungsstätte hätte sein sollen. Die Distanz zum Zentrum der Stadt betrug knappe drei Kilometer. Die hatten wir ohnehin zurückzulegen, um Lebensmittel einzukaufen. Wolfgang schlug deshalb vor, erst einmal in die Stadt zu fahren, um dann weiterzusehen. Sein Ansinnen galt natürlich einem Hotelzimmer.

Ystad ist ein Kleinod alter Baukunst. Neben Fachwerk dominiert die Bachsteingotik, sanft ergänzt vom Neostil des Barock und der Renaissance. Dass die Stadt ihren mittelalterlichen Charakter im Kern erhalten hat, ist auf die Wachsamkeit ihrer Bürger zurückzuführen. Sie leisteten sich einen Brandwächter, der vom Kirchturm ein waches Auge auf die Stadt hatte. Im Ernstfall gab er Signal mit seinem Horn. So blieb Ystad im Gegensatz zu fast allen nördlicher gelegenen Städten von verheerenden Feuersbrünsten verschont. An dieser Stelle konnte die Beton- und Glasarchitektur der Neuzeit, wie so häufig auf unserer Reise gesehen, nicht Fuß fassen. Es war einfach kein Platz da. Noch heute ist der Wächter aktiv – natürlich nur als Angestellter des Touristenvereins und nur bis Mitternacht. Bis dahin bläst er jedoch stündlich in sein Horn.

Viele Bauten von Ystad sind in Backsteingotik errichtet

Alter Hafen von Ystad mit fahrtüchtiger Hanse-Kogge

Als wir das Touristenbüro mit einem Hotelplan verließen, sprach uns ein Herr an. Er interessierte sich für unsere Reiseroute, Tageskilometer und Ausrüstung. Dann bedauerte er – auf Birgit schauend – das Desinteresse seiner Frau am Fahrradfahren. Nach unserer Schilderung der Unbilden dieser Tour, zweifelte selbst er, so viele Kilometer durch Regen, Wind und Wald fahren zu wollen. Da wir nach einem Hotelzimmer suchten, mussten wir den Dialog abkürzen. Der Herr führte uns zu zwei Häusern, die aber beide ausgebucht waren. In einem dritten wurden wir fündig, aber nur für eine Nacht. Für den Freitag war unser Zimmer schon vergeben. Wir beschlossen zu bleiben und am nächsten Tag zum Camping zu fahren.

Es war Donnerstag und die Stadt voller Menschen. Auf dem Marktplatz stand ein überdimensional großes Festzelt, das sogar den Stadtbrunnen überspannte. Man bereitete ein Fest vor. Es sollte das komplette Wochenende andauern. Daher waren also die Hotels ausgebucht. Als besondere Attraktion erwartete man am Abend die seetüchtige Kogge, die wir schon in Göteborg gesehen hatten. Alles Volk strömte zum Hafen. Nach einem besinnlichen Frühstück in einem der alten Fachwerkhäuser, die zum Hotelkomplex gehörten, beluden wir unsere Räder wieder und schoben davon. Rein *zufällig* entdeckte Wolfgang das größte und teuerste Hotel am Platz – das Viersternehaus *Continental*. Er meinte, es sei sicherlich zwecklos nach einem Zimmer zu fragen, man könne es aber doch einmal versuchen. Wer konnte schon sagen, ob die letzten zwei freien Hütten des Campingplatzes inzwischen nicht

Ostseefähre nach Swinemünde im neuen Teil des Hafens

auch schon vermietet worden waren. (Tatsächlich wollte er nicht nach angenehmer Nacht im Bett wieder in seinen Schlafsack kriechen.) Die Dame an der Rezeption machte ein bedenkliches Gesicht, befragte wiederholt ihren Computer, um dann zum Preis einer Dose besten russischen Kaviars noch ein freies Zimmer zu finden. Wir griffen zu, aber erst als klar war, dass unsere Fahrräder untergebracht waren.

Zuerst stellten wir das Gepäck einer vermeintlichen Busreisegruppe am Fahrstuhl ab. Dann rollten wir die Räder über Marmorböden und orientalische Teppiche zum Gepäckraum. Der Weg dahin war von Kerzen illuminiert. Dann ging es in das recht luxuriöse Zimmer. Wir waren nun wirklich am Endpunkt der Reise angekommen. Den Abend verbrachten wir in der Stadt. Überall herrschten Jubel und Trubel. Die Temperaturen waren nach dem Sonnenuntergang wieder deutlich gefallen – die Schweden waren davon wenig beeindruckt. Bis weit nach Mitternacht traf man sie in luftiger Sommerkleidung auf der Straße. Unsere Radtour fand derart einen schönen Abschluss. Sonnabendnachmittags begaben wir uns zur Fähre, die zwei tapfere Räder mit ihren Begleitern nach Swinemünde bringen sollte. Der Rest der Fahrt bis Berlin wurde mit der Eisenbahn zurückgelegt.

An Bord tranken wir erstmalig wieder *richtiges* Bier polnischer Braukunst. Dabei tauschten wir uns über die Fahrt aus. Als Resümee konstatierten wir, zweieinhalb schöne, aber zugleich auch sehr anstrengende Wochen verlebt zu haben. Zwei Drittel der Strecke, die sich auf 1 120 Kilometer addierte, waren wir vom Wetter und von langen Passagen ohne Ausblicke belastet. Bis zu 100 Tageskilometer bewältigten wir an 14 Fahrtagen ohne Ruhetag. Die Westküste war voller Überraschungen, die Ostküste nur Fahrweg. Und mittendrin? Da war Schweden ganz normal, nämlich waldig. Im Grunde bestand unsere Reise aus der Fahrt von Göteborg nach Ystad. Dazwischen lagen viele Überführungsetappen, die nur von Übernachtungen unterbrochen wurden. Eine solche Tour ist nur bedingt zu empfehlen. Wir würden bei einem zweiten Start von Ystad direkt nach Göteborg fahren – immer der Westküste entlang, vielleicht mit Unterstützung des Süd/West-Windes.

Sankt Petersburg–Helsinki

Die Tour 2009 begann als Kreuzfahrt auf einer Frachtfähre. Am Lehmann-Kai, in Lübecks Industriehafen, bestiegen wir die *Translubeca*. Dieses Schiff transportiert Industriegüter und Fahrzeuge von Lübeck nach Sankt Petersburg. Neben einem enormen Stauraum verfügt die Fähre über zwanzig Kabinen von 20 und 24 Quadratmetern Größe für Passagiere. Alle sind Außenkabinen mit gutem Komfort.

Es bedurfte eines Reisepasses mit Visum für die Russische Förderation, um an Bord gehen zu können, das wir über ein Servicebüro von der Russischen Botschaft in Berlin erhielten. Nach dem Einchecken am Transitschalter eskortierte uns ein Wagen mit gelber Rundumleuchte durch das verwinkelte Hafengelände. Zuvor wurden wir jedoch von einer russischen Praktikantin beim Norddeutschen Rundfunk über unsere Reiseziele interviewt. Wir lobten ihr Heimatland, sprachen über gute Freunde in Sankt Petersburg. An Bord staunten wir nicht schlecht – uns wurde die Eignersuite überlassen. So lebten wir die nächsten zweieinhalb Tage sehr komfortabel. Das Ambiente der Translubeca entsprach natürlich nicht dem Luxus der großen Passagierfähren nach Stockholm, Helsinki oder Oslo. Dafür genossen wir aber eine unendliche Ruhe, die nur vom Pfeifen des Windes und Schlagen der Wellen an die Bordwand unterbrochen wurde. Unsere Räder bekamen von all dem nichts mit – sie standen in einem separaten Raum im Heckbereich der Ladefläche.

Für das Wohl der zwei Dutzend Reisenden – Truckfahrer, Touristen und Schmuggler – sorgte die Bordküche mit vier Mahlzeiten am Tag. Es gab wohlschmeckende Hausmannskost, die auf die Wünsche der Truckfahrer abgestimmt war. Des Abends öffnete sogar eine kleine Bar. Zwischendrin bat der Kapitän auf die Brücke, um uns zur Linken Helsinki und zur Rechten Tallin zu zeigen. Ansonsten hatten wir den hinteren Bereich des Schiffes mit seinen drei Decks für uns alleine. Im Swimmingpool, in den jeden Tag frisches Seewasser eingelassen wurde, schwammen nur einige russische Truckfahrer, die damit den Heldenmut des russischen Volkes demonstrierten.

MS Deutschland ist am Ufer der Newa angelandet

So weilten wir bei strahlendem Sonnenschein an Deck, lasen Reiseliteratur und machten Notizen zu unseren Eindrücken. Diese Fährfahrt dauerte länger als die Passage nach Oslo oder Helsinki, ging es doch quer über die Ostsee in West-Ost-Richtung. Volle drei Tage sollten sich in Sankt Petersburg anschließen. Vielleicht war es diese Voraussicht, die bei uns keine wirkliche Ruhe aufkommen ließ, denn die Radtour konnte so erst nach knapp einer Woche beginnen. Eine solche Zeit des Wartens kannten wir bislang nicht. Überhaupt fällt es uns mit fortschreitendem Alter immer schwerer, die Tour ins Ungewisse zu beginnen. Könnte man es sich nicht auch zu Hause gut gehen lassen? Natürlich nicht! Wer das behauptet, der schwindelt! Saßen wir aber erst einmal auf dem Rad, war jeglicher Zweifel verflogen und die Sorgen des Alltags vergessen.

Unsere Erfahrungen mit der russischen Gesellschaft aus vier Jahrzehnten brüderlicher Freundschaft der DDR mit dem Land Lenins waren nicht gerade ermutigend. Die russische Ordnung war keineswegs mit der Mitteleuropas zu vergleichen. Welche Probleme erwarteten uns an der Grenze, im Hotel, in der Stadt und erst auf dem Lande, in dem wir radeln wollten? Wir schliefen schlecht, obwohl die See völlig ruhig, die Nachttemperaturen angenehm kühl und die Fürsorge der deutsch/russischen Crew perfekt waren.

Trotzdem verpassten wir die Einfahrt in den Sankt Petersburger Industriehafen in der Nacht vom Freitag zum Sonnabend. Als wir erwachten war es auffallend still. Schon um 7 Uhr nahmen wir schnell das Frühstück ein. Der Steward empfahl, etwas Proviant vorzubereiten, da sich die Abfertigung über Stunden hinziehen könnte. Unter den Passagieren

Eingang zum weltbekannten Winterpalais in Sankt Petersburg

herrschte eine nicht zu übersehende Unruhe. Aus der Zeit der achtziger Jahre kannten wir die Unbilden der russischen Grenzabfertigung nur zu gut. Und plötzlich – wir saßen noch am Tisch – wurden wir aufgerufen, erhielten die gestempelten Pässe und durften das Schiff verlassen. Das Personaldokument musste noch drei Mal am Ende jeder Sicherheitszone des Hafens vorgelegt werden. Dann standen wir auf der Straße.

Die Stadt empfing uns in bester Stimmung, die Temperatur war angenehm, nur der leichte Seewind fehlte. Die Breite der Straßen unterschied sich kaum von der Gischt, die das 157 Meter lange und 25 Bruttoregistertonnen schwere Schiff die Tage zuvor in die See gezeichnet hatte. Ihr gleich, gab es keine Fahrbahnmarkierungen. An Radwegen fehlte es völlig. So schlichen wir am Straßenrand entlang. Dabei scheuerten die tief hängenden Packtaschen der Vorderräder an den bis zu vierzig Zentimeter hohen Bordsteinen. Diesbezüglich hatte sich seit den Ursprüngen der Stadt wenig geändert. Da sahen wir am Ufer der *Newa* den Luxusliner *MS Deutschland* liegen. Hatten seine Reisenden

Sankt Petersburg ist gleich Venedig auf Inseln erbaut – der Fontanka Kanal

auch eine solch angenehme Anfahrt erlebt? Sogleich verließen wir das „Festland", um auf die als solche gar nicht erkennbare Insel *Wassilie Ostrow* zu fahren, auf der in nord-westlicher Richtung das gewaltige Hotel *Pribaltiskaja* direkt am finnischen Meerbusen liegt. Im Vergleich zu den achtziger Jahren, in denen Wolfgang das damalige Leningrad mehrfach besuchte hatte, gab es einige wenige Radfahrer mehr. Sie fuhren nach dem international üblichen Verkehrsstandard auf den Gehwegen. Auch Russland konnte sich dem Fortschritt nicht verschließen!

Das Hotel wartete mit einigen Überraschungen auf. Freundliche junge Menschen begrüßten uns an der Rezeption. Alle sprachen ein gutes Englisch. So mussten wir sie nicht mit unserem eher mäßigen Russisch belästigen. Unsere Ankunft war erwartet worden. Die Räder fanden eine gute Unterbringung am Rande der Hotellobby. Die wies neben Restaurants auch Kioske und Läden auf. Die dazu nötigen Rubel konnte man an Geldautomaten unterschiedlicher Banken per EC-Karte beziehen. Die Etage war frei zu begehen – keine im Auftrag des KGB tätige *Deschurnaja* observierte die Gäste. Die Zimmer strahlten in dezenter Eleganz. Alles war so anders, war so normal – leider auch das Frühstück. Die wohlschmeckenden Eierspeisen, Preiselbeervariationen, würzigen Pilzgerichte, ja selbst die cremige Smetana waren dem europäischen Einheitsfrühstück gewichen.

Ganz anders präsentierte sich die Gastronomie der Stadt. Russland war infolge seiner gesellschaftlichen Wende zu alten bürgerlichen Tugenden zurückgekehrt. Die Vielzahl neuer Restaurants und Bistros mit ihren kulinarischen Köstlichkeiten der russischen Küche überraschten uns – hatten wir doch den absoluten Mangel der achtziger Jahre erlebt. Jedoch das, was wir als angenehm und angemessen hielten, war von vielen Russen kaum bezahlbar. Auch die Prachtbauten strahlten in neuem Glanz – und das nicht nur am Hauptboulevard, dem *Newski-Prospekt*. Wir strichen zu Fuß durch die Straßen und Gassen und fuhren mit dem Schiff auf den Kanälen der Stadt.

Am späten Nachmittag trafen wir Bekannte – ehemalige Mitarbeiter der Akademie der Wissenschaften. Die Laborleiterin war schon einige Jahre in Pension. Sie – auf dem Gebiet der Chemie hochqualifiziert – zählt zu den Verlierern des gesellschaftlichen Umbruchs. Ihre kleine Rente reicht gerade, um zu überleben. Dabei waren es die Frauen ihrer Generation, die während des zweiten Weltkrieges und auch noch lange Zeit danach die wissenschaftliche Entwicklung des Landes prägten. Ihre frühere Laborantin, eine jüngere Frau, hatte den Bereich der Forschung schon lange verlassen, um in einem Hotel Geld zur Bewältigung des täglichen Lebens zu verdienen.

Mit ihnen gingen wir zunächst in den Gottesdienst der *Alexander Newski Sobor*, dessen Liturgie von der Musik Tschaikowskis geprägt ist. Hier zeigte die russische Bevölkerung die oftmals vermisste Demut. Wir fielen infolge des grandiosen Chorgesanges von einem Schauer in den anderen. Beim anschließenden Essen übereichten die Damen Wolfgang ein kleines Geschenk. Es war *das* Lehrbuch des gemeinsamen Arbeitsgebietes. Der amerikanische Verfasser hatte es seinem russischen Kollegen, dem Chef der Arbeitsgruppe an der Akademie der Wissenschaften, mit persönlicher Widmung bei einem Treffen überreicht. Die Laborleiterin nahm das Lehrbuch nach dem Tod des Professors an sich, um es an Wolfgang weiterzuleiten. So war es nun gekommen und Wolfgang fuhr das anderthalb Kilogramm schwere Prachtstück voller Stolz die nächsten zwei Wochen durch das russische und finnische Karelien.

Das von Peter I. zu Beginn des 18. Jahrhunderts in die Sumpflandschaft des *Newa*-Deltas gebaute Sankt Petersburg ist wie kaum eine andere Stadt der Welt reich an Kunst und Kultur. Es ist die Stadt solcher Persönlichkeiten wie Puschkin, Dostojewski, Gogol, Repin, Tschaikowski, Glinka oder Schostakowitsch. Wir, die beiden Fahrradtouristen aus dem fernen Berlin, suchten weder die *Eremitage*, die *St.-Isaaks*-Kathedrale, die *Peter-und-Pauls*-Festung, das *Smolny*-Kloster oder das *Russische Museum*, noch die Zarenresidenzen *Petrodworjets*, *Lomonossow* oder *Puschkin* auf. Dafür weilten wir im *Alexander-Newski*-Kloster mit der gleichnamigen Kathedrale, dem *Sommergarten* mit dem Sommerpalais von Peter I. oder dem Botanischen Garten. Unsere Augen labten sich am feingliedrigen Barock *Rastrellis*, der die Stadt zu einem architektonischen Kleinod werden ließ.

Freunde und Bekannte äußern zumeist absolutes Unverständnis, dass der Besuch kultureller Einrichtungen selten Teil unserer Planung ist. Das Ziel unserer Radtouren ist der Weg. Indem wir ihn befahren, erlangen wir ein körperliches wie auch seelisches Wohlbefinden. Mit allen Sinnen saugen wir Land und Leute in uns auf. So sind wir der Natur und ihren Menschen nahe. Kein Museum, keine Kirche, keine Galerie kann das Leben derart intensiv widerspiegeln. Tatsächlich sind wir auf vielen Etappen mit uns selbst beschäftigt. Es ist zu warm oder zu windig oder es regnet.

Die allgemeine Formel könnte lauten:

weder Wind noch Regen	⤏	große Hitze
weder Sonne noch Wind	⤏	starker Regen
weder Regen noch Sonne	⤏	heftiger Wind.

Für Finnland gibt es eine weitere Variante:

Wetter perfekt	⤏	bucklige Straße.

Früh morgens Kultur genießen und anschließend 100 Kilometer einer dieser Unbilden ausgeliefert zu sein, mag dem einen oder anderen gelingen – uns jedoch nicht. Dabei sind auch wir kulturinteressiert. Dann ziehen wir aber zu Fuß durch Stadt und Land – mit dem *Baedeker* in der Hand. In solchen Momenten bedauern wir sogar die Radfahrer, die sich mit viel Gepäck den Strapazen der Straße stellen, um ihr nächstes Tagesziel in guter Stimmung anzusteuern.

In Vorbereitung der Ausfahrt aus Sankt Petersburg lasen wir (leider) Reiseberichte im Internet. In einem schilderten die Radwanderer den scheußlichen Weg durch die nordwestliche Vorstadt. Daran erinnerten wir uns noch rechtzeitig vor der eigenen Abfahrt. Unser nächstes Ziel sollte Primorskoj an der Küste des finnischen Meerbusens sein. Dann wollten wir die Stadt Wyborg, die 200 Kilometer nördlich von Sankt Petersburg kurz vor der finnischen Grenze liegt, erreichen. Wir kniffen! Genährt wurde unser Zweifel auch von der Frage, ob wir unterwegs überhaupt Unterkunft finden würden. So nahmen wir den Zug nach Wyborg.

Die *Elektrischka* ist ein typischer Vorortzug im Stil so mancher deutschen S-Bahn. Wir stiegen glücklicherweise als erste ein, so konnten wir die Fahrräder mit all ihrem Gepäck noch rechtzeitig unterbringen. Der Zug, der vom *Finnischen Bahnhof* abfuhr, war überfüllt mit Reisenden aus der ländlichen Umgebung Sankt Petersburgs. Zu unserem Erstaunen erhielten wir die recht preiswerten Fahrkarten ohne Vorlage des Passes. Noch zwanzig Jahre zuvor mussten wir ein Visum beantragen, um das Stadtgebiet überhaupt verlassen zu dürfen.

Die gesamte Strecke war von Birkenwäldern dicht gesäumt. Landwirtschaftliche Flächen fehlten völlig. Alle Stationen hatten neue

Blick auf die Altstadt von Wyborg

Bahnhofsanlagen. In Wyborg angekommen, stellte sich bei uns zunächst Zufriedenheit über die Bewältigung der ersten Etappe ein. Später ging das Gefühl in Frust über, weil wir die Stadt nicht mit dem Rad angefahren sind. Man sollte sich nicht zu sehr von den Eindrücken anderer Menschen beeinflussen lassen, da jeder bei der Beurteilung einer Situation seinen eigenen Maßstab zugrunde legt. Die Ausfahrt aus Sankt Petersburg hätten wir mit Sicherheit gut bewältigt.

Eine Exkursion in das benachbarte Sokolinskoje am nächsten Tag ließ erkennen, das wir uns mit der Bahnfahrt doch richtig entschieden hatten. Der heftige Autoverkehr auf den schmalen Straßen ließ einem Radfahrer wenig Raum. Der schlechte Zustand der Fahrbahndecke erschwerte das Radfahren zusätzlich. Ob es überall so aussah, entzieht sich allerdings unserer Kenntnis.

Die Stadt hellte unsere Stimmung wieder auf. Wyborg wurde als Handelszentrum im Mittelalter von den Schweden gegründet. Im Verlaufe seiner Geschichte gehörte es abwechselnd auch zu Finnland und Russland. Den Ursprung bildete die im Jahr 1293 errichtete *Wyborg* als Bollwerk gegen die *Nowgoroder Rus*. Vom später gebauten Olaf-Turm hat der Besucher einen perfekten Panoramablick auf die Stadt. Entlang einer Parkanlage stehen die stattlichen Bürgerhäuser im Stil der finnischen Romantik. Daneben verfügt Wyborg über zahlreiche Kirchen und eine traditionelle Markthalle. Im Hafen werden Industriegüter umgeschlagen. Bei herrlichem Spätsommerwetter hatten wir zwei Tage Zeit, die Eindrücke zu verinnerlichen.

Hier in Wyborg entstand bereits 1986 die Idee für eine Fahrradtour von Sankt Petersburg nach Helsinki. Während eines dreimonatigen Arbeitsaufenthaltes an der Russischen Akademie der Wissenschaften im damaligen Leningrad feierte Wolfgang seinen Geburtstag. Die Versorgung der russischen Bevölkerung hatte zu dieser Zeit ihren Tiefpunkt erreicht. Die ganze Arbeitsgruppe schwärmte aus, um eine Flasche Sekt zum Anstoßen zu ergattern. An ein Geburtstagsgeschenk war da nicht zu denken. Deshalb wünschte sich Wolfgang einen Tagesausflug nach Wyborg, in die nördlichste Stadt des Petersburger Oblast. Und so schaute er vom Olaf-Turm auf Finnland. Vor lauter Bäumen war das Nachbarland aber nicht auszumachen. Selbst die knapp 30 Kilometer entfernte Grenze versteckte sich in den Wäldern.

Zu dieser Zeit bereisten unsere tschechischen Wanderfreunde bereits verschiedene Länder Westeuropas mit dem Rad. Beim Nachweis ausreichender Wanderaktivitäten im eigenen Land durften sie Valuta im Wert von 100 DM bei ihrer Staatsbank erwerben. In ähnlicher Weise wollten wir im Jahre 2012 nach Erreichen des Rentenalters über Wyborg nach Finnland reisen. Den dazu nötigen blauen DDR-Reisepass (West) hätten wir erst in diesem fortgeschrittenen Alter von der Passstelle erhalten. Mit der Wende 1990 kam alles ganz anders. Das Vorhaben konnte ohne Beschränkungen bereits früher realisiert werden. Dass bis dahin doch noch fast 20 Jahre vergehen mussten, war der internen Entwicklung der Sowjetunion beziehungsweise Russlands geschuldet.

Die Fahrt zur finnischen Grenze, dem eigentlichen Start der Radtour erwies sich als unproblematisch. An der Stadtgrenze befand sich ein Kontrollpunkt. Das Stadtgebiet verlassende Fahrzeuge mussten sich auch im neuen Russland hier ausweisen. Wir teilten der Miliz mündlich mit, ein gültiges Visum zu besitzen. So konnten wir ungehindert passieren. Das unmittelbare Ziel, die Straße am *Saimaa*-Kanal, die direkt auf die Grenzstation zuführt, war schnell über die Europastraße E18 erreicht. Am Zugang mussten die Pässe das erste Mal vorgezeigt werden, weil schon hier das Grenzgebiet begann.

Der Autoverkehr war bis dahin mäßig. Im Verlaufe des Vormittags veränderte sich die Situation schlagartig. Dutzende LKW preschten über die relativ schmale Straße an uns vorbei. Viele hatten geöffnete, weil leere Container geladen. Die Türen waren an den Seitenwänden nur mit dünnen Drahthaken, die man als Fensterfeststeller kennt, gesichert – welch ein Alptraum für einen Radfahrer, der im besten Falle im Abstand von zwei Metern vom LKW passiert wird.

Unser Interesse galt kaum noch der idyllischen Landschaft an beiden Ufern des Kanals. Diese künstlich angelegte Wasserstraße wurde 1856 als Verbindung zwischen dem *Saimaa*-See und dem Finnischen Meerbusen als Teil der Ostsee eingeweiht und diente vorwiegend dem innerfinnischen Holztransport. Nach dem Zweiten Weltkrieg fielen 19 Kilometer des insgesamt 43 Kilometer langen Kanals, wie auch die Stadt Wyborg selbst, an die Sowjetunion. Finnland pachtete diesen Abschnitt nach zähen Verhandlungen, um den Schiffsverkehr weiterhin gewährleisten zu können. Neben dem Gütertransport verkehrt zwischen Wyborg und Lappeenranta täglich eine Personenfähre.

Am Kontrollpunkt angekommen, staunten wir nicht schlecht: Hunderte Fahrzeuge hatten sich inzwischen angesammelt und warteten auf ihre Abfertigung. Die Versorgung des Sankt Petersburger Bezirks und der daran grenzenden Gebiete mit Lebensmitteln und Industriegütern wurde zu diesem Zeitpunkt nahezu vollständig durch Importe aus Finnland und Westeuropa realisiert. Daraus erklärte sich der nicht abreißende Strom russischer LKW zu beiden Seiten der Grenze. Die Armada der Fahrzeuge bog hinter Wyborg direkt in Richtung Westen nach

Abendstimmung an einem der „tausend" finnischen Seen

Helsinki ab. Auf unserer Umfahrung in Richtung Norden blieb uns der intensive Verkehr erspart, zumal ein gut ausgebauter Radweg bis an den Stadtrand von Lappeenranta führte.

Mit dem Rad konnte man sich durch die langen Schlangen wartender Fahrzeuge hindurch schleichen und vorne anstellen. Für einen gelernten DDR-Bürger war die intensive Kontrolle nichts Außergewöhnliches – schließlich überschritten wir die Grenze zum Schengen-Gebiet. Nach einer guten halben Stunde war Finnland problemlos erreicht. Pass und Visum wurden eingehend geprüft – Fahrräder und Gepäck interessierten keinen. Der erste finnische Kiosk verkaufte neben finnischem Fisch auch einige Getränke! Er wurde von Russen bewirtschaftet. Dieselbe Situation begegnete uns später an einer Raststätte der Europastraße E18 auf dem Weg nach Helsinki – man sprach (nur) russisch.

Bis es soweit war, fuhren wir in vier Tagesetappen von Lappeenranta über Virolahti, Kotka und Lovisa nach Porvoo. In Lappeenranta, das am Süd-Ufer des Saimaa-Sees liegt, mieteten wir eine Hütte auf dem Campingplatz. Mit Ausnahme von uns sowie drei russischen Radfahrern war der Platz in der zweiten Augusthälfte nahezu verwaist. Nur im nahe gelegenen Touristenhotel buchten diverse Russen Zimmer. Meine Frage an der Rezeption, ob man den Russen mit ihrer Heimatsprache begegne, wurde barsch verneint. Die beiden Völker sind noch immer keine dicken Freunde geworden.

Bei mäßiger Temperatur aber steter Sonneneinstrahlung führte uns der Weg nach Virolahti südwärts über ein nahezu geradlinig verlaufendes Asphaltband, das sich perfekt dem welligen Untergrund der Moränenlandschaft anpasste. Es wurde auf beiden Seiten von Wald gesäumt

– den ganzen Tag lang. Als einzige Abwechslung trafen wir nach der Hälfte der 70 Kilometer langen Tagesetappe auf eine Raststätte. Da wir zu dem Zeitpunkt schon fast ausgedorrt waren, dauerte unsere Betankung hier länger als gewöhnlich. Birgit war platt. Sie hatte all die Tage zuvor nur spärlich essen können. Obwohl keine Probleme zu bewältigen waren, konnte sie ihre Anspannung nicht ablegen.

Mittendrin begegneten wir einem Fußgänger mit schiebendem Rad. Der hintere Reifen war platt. „Können wir ihnen helfen?" war unsere Frage. „Nein, danke. Ich habe nur noch 15 Kilometer zu laufen" war seine Antwort. Wir hielten, packten Werkzeug und Flickzeug aus und begannen mit der Reparatur. Der junge Mann stand daneben und beteuerte seine Ungeschicklichkeit. Nachdem das Hinterrad wieder Luft hatte, dankte er artig und fuhr ab. Wir blieben mit dreckverschmierten Händen zurück. Es war eine gute Tat, suggerierten wir uns später!

Die Zielgrade dieser für Finnland typischen Straße traf direkt auf die E18. Zur Linken befand sich außerhalb der Sichtweite der von uns gemiedene Grenzübergang, der Sankt Petersburg auf direkter Linie mit Helsinki verbindet. Zur Rechten standen noch kilometerweit die Laster aufgereiht, die auf die Einreise nach Russland warteten. War unsere Anfahrt zu diesem Punkt auch sehr strapaziös, so blieben wir vom Fahrzeugverkehr an diesem Tag verschont.

Zum Glück mussten wir die E18 nur queren, um nach wenigen Kilometern den Campingplatz von Virolahti zu erreichen. Dieser lag verborgen an einem kleinen See, mitten im Wald. Wir hatten Glück, die letzte freie Hütte mieten zu können. Alle anderen waren schon von Russen okkupiert. Begüterte russische Volksschichten waren recht umtriebig. Da wir auf dem Weg keinerlei Ortschaft sahen, bereiteten wir im Abendrot unser Essen selbst. In dieser Situation erwies sich wieder einmal, wie wichtig eine gute Vorbereitung der Tour ist. Es standen Tütensuppen mit Linsen, Erbsen und Zwiebeln zur Auswahl. Die Linsen und Erbsen waren geeignet, sich bei kühlem Wetter aufzuwärmen. Die Zwiebelsuppe war dünnflüssiger und kräftiger im Geschmack. Sie ergab zudem ein Volumen von 1,5 Liter – gerade richtig, um den eingetrockneten Körper mit Flüssigkeit und Mineralstoffen aufzufüllen. Dass man um derartige *kulinarische Genüsse* zu Hause einen weiten Bogen macht, steht auf einem anderen Blatt geschrieben. Hier zählte unser Mahl als feine Speise.

Am nächsten Tag – es half nichts – mussten wir die Europastraße auf dem Weg nach Kotka in Angriff nehmen. Damit gerieten wir voll ins Verkehrsgetümmel. Es vergingen keine fünf Sekunden, dass nicht ein großer Laster uns entgegenkam oder überholte – es rauschte pausenlos in den Ohren. Kommt ein zehn bis fünfzehn Meter langes Fahrzeug von hinten, wird man beim Überholen zunächst zur Seite gedrückt um dann in seinem Sog leicht beschleunigt zu werden. Das alles dauert nur Sekunden, denn der Geschwindigkeitsunterschied beträgt mehr als 80 Kilometer pro Stunde. Erschwerend wirkt – wie aktuell erlebt –

Selten präsentieren sich finnische Wochenendhäuser so „offen“

Regen. Plötzlich setzte ein Gewitter ein. Das kam so plötzlich, dass es uns nicht gelang, trocken in die Regenkleidung zu schlüpfen. So ging es feuchten Herzens weiter. Die architektonisch wenig beeindruckende Stadt Kotka empfing uns dann glücklicherweise wieder im Sonnenschein, nachdem wir von Hunderten LKWs zuvor ordentlich nass gespritzt worden waren.

Wir standen zwischen hohen Mietskasernen und fanden keinen Hinweis auf den Campingplatz. Ganz in der Nähe musste der doch sein. Also fragten wir einen der immer als zurückhaltend beschriebenen Finnen nach dem Weg. Anstatt auf perfektem Englisch „zweimal nach rechts und einmal nach links“ zu sagen, verschwand er plötzlich eiligen Schrittes in einer Tagesbar. Die Finnen und der Alkohol! Genauso plötzlich war er wieder da und wedelte mit einem Stadtprospekt – auf Deutsch! Der gesuchte Platz lag leider weit außerhalb der Stadt. So hatten wir unseren Körper zu früh auf Ruhe eingestellt.

Unser erstes Fünf-Sterne-Camping lag natürlich auch am Wasser, war wie in Lappeenranta verwaist, verfügte aber über ein Bistro. Nach Reinigung der Kör-

Besonders bei Regen vermisst der Radfahrer separate Wege

per machten wir uns an die Regenerierung des Gemüts und kauften diverse Leckereien. Das Getränk dazu – gelbe Brause – konnten gar nicht groß genug dimensioniert sein. Trotz einiger Unbilden waren wir auch mit diesem Tag zufrieden. Manchmal fragen wir uns, was geschehen muss, dass wir bei unseren Touren körperlichen und seelischen Schaden nehmen. Unsere Skala der Bewertung beginnt bei „gut" und ist nach oben offen. Ist man guter Stimmung schläft man gewöhnlich auch schnell ein, um zu regenerieren. Auf dieser Reise schliefen wir selbst im sicheren Finnland schlecht. Gründe dafür fanden sich nicht.

Ein neuer Tag – ein neues Glück! Parallel zur E18 verlief nun ein Radweg. Weil die Straße wie eine Autobahn ausgebaut war, fielen die steten Anstiege hier weg. Man hatte das Gelände für die Autos geebnet. Da die Radspur direkt hinter der Leitplanke beziehungsweise einem gespannten Stahlseil angelegt war, lief auch diese auf dem planierten Teil. Es gab einige Ausblicke auf gemischte Landschaft, die kurz vor Lovisa sogar reizvoll waren. Lovisa gehört wieder zu den Städten, die schon beim ersten Blick Wohlsein und das Gefühl von Geborgenheit vermitteln. Die Hafenanlage für Sportboote (Marina) spiegelte sich in der Abendsonne. Wir schrieben Ende August. An diesem Wochenende schlossen viele Campingplätze ihre Tore. Der Fremdenführer hatte für Lovisa ohnehin nur Betten vorausgesagt. Aber wo waren die? Kurz vor dem Wald fanden wir ein, wenn auch kleines ländliches Herrenhaus mit den angekündigten Zimmern.

Wir waren für diesen Tag und diese Saison auch tatsächlich die letzten Interessenten. Das Haus lag in einem früheren Gutspark, der jetzt – natürlich nur in der Saison – als Stellplatz für Wohnmobile und Hänger diente. Das uns überlassene Zimmer war komfortabel eingerichtet. Die Betten waren weiß bezogen. Die Küche am Ende des Korridors hatte allen Komfort. So ließ es sich leben und kochen. Im Foyer aßen wir direkt neben dem Kamin in Gutsherrenart. Da hörten wir das Jammern eines Hundes. Es kam wohl von der Freitreppe. Nach der Tonlage zu urteilen, musste es ein kleiner Hund sein. Und tatsächlich – vor der Tür saß ein kleines Etwas mit großen Segelohren. Das selbige rannte an uns vorbei, direkt in die Küche. Dort begann wieder das Gejaule. Unerwarteter Weise änderte sich die Stimmlage sofort nach dem Erhalt einer Scheibe bester russischer Salami. Nach der dritten, vierten, fünften Scheibe verschwand das Bündel im selben Tempo, wie es gekommen war.

Es vergingen nur Momente – wir hatten unser Abendessen wieder aufgenommen – da jaulte es erneut vor der Tür. Neben dem Knäuel stand ein schwarzer Riesenschnauzer. Beide rannten schnurstracks in die Küche. Nun hatten wir gleich zwei Mitesser. Unsere Salami wurde immer kürzer. Als sie alle war, fütterten wir trockene russische Kekse. Beide Hunde begannen, sich zu zieren. Sie liefen davon. Um zu sehen, wo sie ihr Zuhause hatten, liefen wir ihnen hinterher. Vor dem Campinganhänger des Platzwartes schlapperten sie große Mengen

Ganz aus Holz gebaut – das Rathaus in der Altstadt von Porvoo

Wassers. Die salzige Wurst in Verbindung mit den trockenen Keksen hinterließ ihre Spur. Nunmehr war uns klar, das alles war ein abgekartetes Spiel, bei dem das Knäuel der Anführer und wir nicht die ersten Geschädigten waren.

Weiter ging es nach Porvoo – immer parallel zur Europastraße, die wieder sehr hügelig wurde – finnische Wasserwaagen waren wohl von Hause aus krumm wie eine Banane. An diesem wie auch am Vortag konnten wir auch Nebenstraßen nutzen. Von Turku an der Westküste bis Imatra kurz vor der russischen Grenze verläuft der schon erwähnte Königsweg (*Kings Road*) als alter Postweg, der sich immer an der Südküste entlang schlängelt. Kurzzeitig folgten wir der Empfehlung, nahmen dann aber schnell wieder Abstand, weil sich der in schönster Landschaft dahin windende Weg durch heftige Anstiege und Abfahrten auszeichnete. Nach unserer Ansicht sollten sich auf der *Kings Road* nur sportlich ambitionierte Menschen tummeln. Vielleicht folgen wir eines Tages den Spuren der Postboten, dann aber mit dem Auto.

Porvoo – bereits 1346 vom schwedischen König mit dem Stadtrecht ausgestattet – ist zunächst eine der pseudomodernen Städte Finnlands, die man nicht sehen muss. Daneben gibt es aber ein altes Zentrum, in das sich jeder Reisende spontan verliebt. Auf einem Hügel oberhalb des Flusses *Porvoonjoki* liegt das bunte Ensemble kleiner Häuser an schmalen Gassen aufgereiht. Mit Ausnahme des Doms aus dem 15. Jahrhundert und des Bischofsitzes wurde hier die Holzbauweise gepflegt. Selbst das alte Rathaus von 1764 ist ein Holzbau. Überhaupt entstand die heutige Anlage erst nach dem Großbrand von 1760.

Platz ist in der kleinsten Hütte – Camping Rastila in Helsinki

Das unter Denkmalschutz stehende Stadtensemble ist keineswegs ein Museum. Alle Häuser sind bewohnt oder beherbergen Arbeitsstätten.

Hinter Porvoo kreuzten wir wieder die Europastraße. Auf der welligen Straße war der Fahrzeugverkehr hier so kurz vor der Hauptstadt besonders stark. Neben vielen Container-Lastern begegneten uns immer häufiger PKW-Transporter, stets im Dreierpack. PKW unterschiedlichster Fabrikate wurden in das russische Reich transportiert.

Je westlicher wir kamen, desto mehr frischte der Wind auf. In Helsinki – unserem finalen Ziel – schien ein großes Gebläse zu arbeiten. An solchen Tagen sind auch wir nur Transitreisende. Wir fahren dann am Land vorbei. Sogar die Stunden am Abend gelten nur uns selbst.

Und da lag sie vor uns – die finnische Hauptstadt. Der Campingplatz *Rastila* befand sich nach wie vor in der östlichen Vorstadt, den wir deshalb unmittelbar vor den Toren der Stadt erreichten. Die vorbestellte Hütte für zwei Personen war, bemessen an unserem vielen Gepäck, ein wenig zu eng. Wir hätten die Viermann-Hütte bestellen sollen.

Helsinki war so schön wie bei unserem ersten Besuch im Jahre 2006. Wir fühlten uns rundherum wohl. Dazu fiel dieses Mal auch noch die Abfahrt einfacher aus. Die Fähre der *Finn Line* startete, obwohl sie ein dem Passagiertransport vorbehaltenes Schiff war, im Industriehafen auf der Insel *Vuosaari* unweit des Campingplatzes. Nach dem Einchecken standen wir allerdings mehr als eine Stunde vor einer Schranke, natürlich im Freien. Man stelle sich vor, es hätte geregnet. Die Autofahrer wären in ihre Fahrzeuge geflüchtet. Und wir? Aber wenigstens durften wir als erste das Schiff befahren.

Blick auf Helsinkis Altstadt von der Domplatte

Auf dieser Reise saßen wir nur sieben Tage auf dem Rad. Die restliche Zeit galt den russischen Bekannten und Sankt Petersburg. So machten wir eine ganz neue Erfahrung, die wir allerdings nicht zur Regel werden lassen wollen. Es kribbelte schon in den Beinen, bevor es in Wyborg richtig losging. 420 Kilometer auf sieben Tage verteilt sind für uns eine eher mäßige Reiselänge. Berücksichtigen wir aber Wetterkapriolen, das wellige Profil der Straßen und den Fahrzeugverkehr (speziell von Kotka nach Helsinki) muss diese Tour zu unseren anspruchsvolleren gezählt werden.

Immer dem Wasser nach

Der besondere Reiz einer Radtour an Flüssen besteht in der Ruhe, die das dahinfließende Wasser auf den Beobachter ausübt. Abweichungen davon sind möglich, wenn der Fluss von dichtem Buschwerk verdeckt ist, der Weg sich im steten Zickzack zum Ufer windet oder parallel zum Wasser eine Autobahn und vielleicht noch eine Bahntrasse verläuft. Eine solche Situation findet sich am Mittellauf des Inn.

Die Aussicht, immer im flachen Terrain radeln zu können, zieht viele Radfahrer an das Wasser. Die Streckenlängen sind frei wählbar, im Abstand nur weniger Kilometer stehen Quartiere für die Nacht zur Verfügung. Selbst die „Bergfahrt“, wie professionelle Schiffer sich auszudrücken belieben, stellt keine körperliche Herausforderung dar. Der Anstieg von der Mündung zur Quelle des Gewässers ist körperlich kaum spürbar. Nur die Sinne können sich manchmal täuschen und daher rebellieren.

Die oft große Zahl von Dörfern und kleinen Städten macht den besonderen Reiz einer Flussfahrt aus. Die Gemeinden bieten neben der Versorgung auch viele touristische Attraktionen, werden sie doch neben den Radfahrern oft auch von Schiffsreisenden besucht. Die Wachau an der Donau, die Dörfer der Mosel, die Städte an Elbe und Weser oder die Gemeinden an Oder und Neiße bieten derartige Abwechselung. Dazwischen liegen immer wieder naturbelassene Abschnitte. Besonders reizvoll sind dabei die weit ausladenden Auen und Polder an Elbe und Oder, deren Ufer noch nicht begradigt sind.

An Donau und Rhein, ja selbst an der Mosel, gibt es Wegstrecken, die eingedeicht wurden. Hier radelt man so manchen Kilometer wie auf einem Tablett. Am Mittelrhein verläuft der Radweg häufig durch Wohnsiedlungen und Industriegebiete. Er wechselt dabei seinen Lauf zwischen Wasser, Straße und Schienenweg hin und her. Einen ausschließlichen Uferweg gibt es selten. Die zu Dutzenden angelegten Radwanderrouten regionaler Art an Saale, Unstrut, Werra, Weser, Ahr, Nahe oder Lahn verlaufen dagegen in anheimelnder Landschaft, die sich für Touren von einigen Tagen Dauer bestens eignen.

Donauradweg

Unsere Kontakte zu Flüssen betrafen immer nur einzelne Abschnitte. So weilten wir an der Donau auf der Fahrt von Znojmo in Tschechien über Krems und Traunkirchen nach Passau und ein anderes Mal von Linz über Tulln ins Böhmische. Auf beiden Touren genossen wir die fantastische Landschaft der Wachau.

In Znojmo, unweit der tschechisch/österreichischen Grenze, trafen sich 1992 die tschechischen Wanderer zu einer einwöchige Veranstaltung im Rahmen des *Československy Kvadrant*. Wir schlossen uns ihnen an, um mit dem Cheforganisator, unserem Freund Vaclav Rinn, im Anschluss zu einer Radtour durch Österreich aufzubrechen. Unsere nagelneuen Fahrräder aus dem *Westen* hatten wir der Bahn anvertraut. Sie nahmen auf der Reise von Berlin über Prag und Brno keinerlei Schaden. Diese positive Erfahrung hatten wir mit der Bahn schon einige Male gemacht. Zu dieser Zeit funktionierte der Bahntransport eben noch!

Wenige Kilometer hinter der Kleinstadt Znojmo fand sich ein bilateraler Grenzübergang für Fußgänger. Die Brücke, die nicht viel breiter als ein Steg war, stellte quasi das Niemandsland dar. Wir legten unsere noch gültigen blauen Reisepässe der DDR vor und wurden durchgelassen. So sparten wir viele Kilometer. Nur der österreichische Zöllner bemerkte mit Hinweis auf Hammer und Sichel: „Sie gibt es doch gar

Stille am Seitenarm der Donau

nicht mehr!“ Wir erklärten ihm daraufhin, dass es sich dabei um unser Reparaturset für die Räder handele.

Die Landschaft zu beiden Seiten der Grenze erinnerte an die Montagsfilme des Fernsehens der DDR. In ihnen wurden Bilder der k. u. k. Zeit, zum Beispiel im Klassiker *Der brave Soldat Schwejk*, gezeigt. Nur hatten die Kirchen der Kleinstädte einmal Renaissance- und das andere Mal Barock-Türme. In Geras, unserer ersten Übernachtungstätte, lehnte unser tschechischer Gast den halben Liter Bier ab. Nach nur wenigen Kilometern Fahrt war der Preis von fünfzig Pfennigen auf fünf DM gestiegen. Wir nötigten ihn aber dennoch zum Alkoholkonsum mit dem Hinweis, auch wir hätten uns erst an diese Preisgestaltung gewöhnen müssen. Er schaffte es die ganze Fahrt lang nicht.

Am nächsten Tag trafen wir in Krems auf die Donau. Von Bergen gemäßigter Höhe umgeben, klebten Dörfer und Städte wie die Nester der Wildenten am Ufer. Mit ihrem historischen Ambiente begrüßten sie die Gäste mit alter Baukultur aus mehreren Jahrhunderten. So schoben wir unser Rad gern durch die Straßen. Dabei nutzten wir jede Gelegenheit um eine Tasse Kaffees zu uns zu nehmen. Zwischendurch verlief der Radweg auf beiden Seiten des Flusses mit stets freiem Blick direkt parallel zum Wasser. Schöner kann es der Radfahrer nicht treffen.

Benediktinerstift Melk

Nach hartem Lager auf dem Zeltplatz in Krems machten wir uns in früher Morgenstunde auf den Weg und genossen wieder die Ruhe und Einsamkeit des Uferweges. Die letzten Nebelschwaden lösten sich gerade über den Wiesen langsam auf. Da passierte es. So gegen neun Uhr trafen wir den ersten Pulk Radfahrer, der auf dem Weg von Passau nach Wien unterwegs war. Ein Jeder hatte in einer der zahlreichen Pensionen am Wegesrand Quartier genommen und startete nach einem üppigen Frühstück in den neuen Tag. Man war gut gelaunt, denn die nächste *Besenwirtschaft* war nicht weit entfernt. Und so grüßte man uns hundertfach mit dem landesüblichen „Grüß Gott“. Wir erwiderten die uns erwiesene Freundlichkeit bis unser Hals ausgetrocknet war. Um dem weiteren Verfall unserer Physis zu entgehen, wechselten wir die Flussseite mehrfach und duckten uns auf den Rädern ab. Wir hatten an diesem Morgen gelernt: nur wer mit dem Strom schwimmt lebt gesund.

Vorbei an Melk mit seiner imposanten Klosteranlage kamen wir nach Marbach, unserem zweiten Tagesziel. Wir schlugen das Zelt wieder unmittelbar am Wasser auf. Nach so vielen schönen Erlebnissen zog es uns alsbald in die Schlafsäcke. Obwohl die Tagesetappen mit geringer körperlicher Anstrengung zu bewältigen waren, tat ein wenig Erholung gut. Wir konnten sie auch gebrauchen, wie sich am nächsten Tag noch zeigen sollte.

In der Höhe von Wallsee sollte unser nächstes Lager sein. Der Begriff „Höhe“ traf die Situation sehr genau. Die Landkarte zeigte Orte mit

Campingplatz-Angebot gelb unterlegt. Ein solcher Ort war Strengberg. Das Ziel lag allerdings ein wenig abseits, ganz weit oben. So strampelten wir mit der kleinsten Übersetzung Meter für Meter dem Gipfel entgegen. Nach halber Strecke stellte sich bei Wolfgang ein schreckliches Gefühl ein: „Wenn du jetzt einfach umfällst, ist alles überstanden!“ Zum Glück hört der Körper nicht auf derartige psychische Eskapaden.

Der Radweg folgt dem Wasser

Weiter ging es. Nach einer guten halben Stunde erwartete uns oben ein Marktplatz mit Springbrunnen. Der mit einer Wäscheklammer am Lenker befestigte Waschlappen wurde eingetaucht und auf Stirn und Nacken ausgedrückt. Das kühle Nass milderte aufs erste die erlittene Pein. Die eigentliche Erfrischung sollte jedoch die Dusche des Campingplatzes bringen.

Nach Aussage einer Passantin verfügte das Städtchen aber über kein solches Angebot. Ein Herr bestätigte die Aussage und verwies auf den Abzweig am Ortsausgang, an dessen Ende die Möglichkeit zum Camping bestehen sollte. So standen wir vor einem landwirtschaftlichen Weg mit 15 Prozent Gefälle. Ein Traktor bemühte sich gerade, diesen Anstieg zu überwinden. Wir ließen ihn gewähren und fielen dann in die Tiefe.

Mit quietschenden Bremsen erreichten wir – die Donau! Nach wenigen Metern trafen wir linkerhand auf die Siedlung Au. Wir waren vom Punkt des begonnenen Anstiegs keine fünf Kilometer entfernt. Der Uferweg führte geradewegs hierher. „Man lernt nicht für die Schule, sondern für das Leben“, pflegten die Großeltern zu sagen. Das Erlebte passierte uns glücklicherweise nur ein einziges Mal – wir hatten gelernt.

Begleitete uns bis hierher die Sonne, legte der Sommer am darauffolgenden Tag eine Pause ein. Dicke Wolken mit vielen Regenschauern trieben über das Tal der Donau, das wir nun verließen. Aber auch diese Unbilden konnten der Region nicht den Schneid abkaufen. Auf leicht welligem Gelände fuhren wir nach Pettenbach und weiter nach Traunkirchen im Salzkammergut. Selbst die diesige Luft konnte die auf einige hundert Meter steil aus dem Traunsee aufragenden Berge nicht komplett verdecken. So verlebten wir den letzten Abend mit unserem Freund am Ufer sitzend beim obligatorischen *Grünen Veltliner*. Am nächsten Morgen trennten sich unsere Wege für dieses Mal.

Um 5 Uhr morgens ist der Linzer Hauptplatz noch menschenleer

Im Jahr 2003 begegneten wir der Donau ein zweites Mal. Der durchgehende Nachtzug von Berlin nach Wien hätte uns eigentlich in Passau absetzen sollen. Da die Ankunftszeit um vier Uhr in der Früh war, fuhren wir bis Linz weiter, wohl wissend, ein gutes Stück Donauradweg zu verpassen.

So schoben wir die Räder durch die Linzer Altstadt im ersten Licht des Tages. Wir teilten die imposante Kulisse, die in den Neostilen des Barock, Klassizismus und Renaissance errichtet worden war, mit den Straßenkehrern. Die vielen Sakralbauten legten Zeugnis von einer Jahrhunderte alten Tradition der drittgrößten Stadt Österreichs ab. Ihre Kuppeln reflektierten die ersten Strahlen der aufgehenden Sonne. Die historische Altstadt stand diametral zum nüchternen Bahnhof im Stil des Weimarer Bauhauses. Das Bindeglied der so unterschiedlichen Stadtteile war die tomatenrote Straßenbahn.

Nach Überquerung der Donau fanden wir schnell den Einstieg in die markierte Fahrroute. Der Weg schlängelte sich zunächst durch einen großzügig angelegten Park, um alsbald den Blick auf eine graue Industrielandschaft am rechten Donauufer freizugeben. Nach Verlassen des Stadtrandgebietes zeigte sich die Donau wieder in etwas mehr Grün. In Mauthausen machten wir Pause, um das ehemalige Konzentrationslager zu besichtigen. Zu dieser frühen Stunde waren wir die einzigen Gäste. Trotzdem durften wir die bepackten Räder nicht auf dem ersten Hof abstellen. Man wies uns vor dem Haupteingang einen Parkplatz auf offener Straße mit Fahrradständern an, der die Sicherheit unseres Hab und Gut in keiner Weise gewährleistete. Wir fuhren weiter.

Idyllisch gelegene Dörfer in der Wachau

In Ardagger Markt fand sich ein Zimmer, das sehr komfortabel ausfiel. Auf dieser Reise verzichteten wir auf das Zelt im Glauben, jedesmal Unterkunft zu finden. Ardagger gehörte zu den eher unscheinbaren Dörfern. Eine Ausnahme bildete jedoch der in einer Wirtschaft ausgeschenkte *Grüne Veltliner*. Er wurde als Schank- und Edelwein kredenzt. Beide Sorten bekamen wir in dieser Qualität in keiner nachfolgenden Wirtschaft je wieder zu trinken. Hügel bestimmten den Charakter der Landschaft. Die ersten Boten der Wachau waren auszumachen. Zu beiden Seiten der Donau lagen reizvolle Dörfer. Man konnte sich gar nicht entscheiden, auf welcher Flussseite man fahren sollte.

Den Seitenwechsel gewährleistete eine Reihe von Brücken in regelmäßigem Abstand. Die sehr gepflegt wirkenden Gemeinden erinnerten in ihrer Substanz auch hier an die glorreiche k. u. k.-Dynastie. Der Radweg wandte sich wieder unmittelbar dem Uferstreifen zu. Nur da, wo das Tal breiter wurde, führte er auch mal durch Felder – so vor Krummnussbaum, unserem zweiten Halt. Der Ort bestand aus zahlreichen kleinen Häusern und einem für die Eisenbahn errichteten Viadukt. Es erinnerte mehr an eine römische Wasserleitung, denn an moderne Technik aus dem frühen 20. Jahrhundert. Zu beiden Seiten der Donau lag das Land erhöht. So hatte man von oben einen perfekten Blick auf die sich weit dahinstreckende Flusslandschaft. Auf dem Weg nach Melk, dem Zentrum der Wachau, musste wieder einmal ein kanalisier-

Zufahrt auf das Weindorf Weißenkirchen ▷

Stift Melk von der Landseite

ter Abschnitt befahren werden. Man befand sich kilometerweit auf dem kahlen Deich zwischen den Schleusen. Aber irgendwann waren auch diese Abschnitte bewältigt. Die Donau hatte ihre natürlichen Reize zurück. Rechts oben grüßte plötzlich das in hellem Gelb gestaltete Benediktinerkloster Stift Melk mit den typisch grünen Turmspitzen. Das ganze Ausmaß der barocken Anlage wurde erst sichtbar, nachdem wir mit dem Rad die steile Auffahrt zum oben gelegenen Plateau bewältigt hatte. Richtig Zeit nahmen wir uns für die Besichtigung nicht, denn dazu hätten wir die Räder verlassen oder einzeln gehen müssen. In Anbetracht der Besuchermassen konnten wir das Rad nicht mal vernünftig schieben. So sagten wir kurzerhand Tschüss und versprachen, als Bustouristen einmal wieder zu kommen.

Kurz vor Dürnstein suchten wir in Weißenkirchen, einem verschlafenen Nest, ein Zimmer für die Nacht. Die Bereitschaft, Gäste aufzunehmen, signalisierten die Vermieter mit einer rot/weiß/rot-gestreiften Fahne, die uns an die Eisfahnen aus der Zeit unserer Kindheit erinnerte. Auf dem weißen Feld in der Mitte stand *Zimmer* geschrieben. Unter einer solchen Fahne stehend, klingelten wir die Hausherrin aus ihrem Mittagsschlaf. Wir waren etwas zu früh dran. Die Radfahrer erwartete man gewöhnlich erst am späten Nachmittag. So gab es hinreichend Zeit, die benachbarte Stadt Dürnstein zu besuchen.

Einladung zur Andacht unterwegs

Zugang zum Weinkeller in Eichbrunn

Die Gegend war von Landwirtschaft geprägt. Den Maisfeldern und Apfelplantagen folgten Weinreben. Man fand sich inmitten der Weinberge plötzlich vor einem Stadttor. Gleich dahinter erstreckte sich der Marktplatz der Stadt. Der äußerst urbane Ort zieht sich als Streifen zwischen dem Wasser und den Felsen hin. Alte Wehrmauern aus dem Mittelalter wechseln sich mit Gebäuden des 19. Jahrhunderts ab. Von der auf halber Höhe liegenden Straße führen alle Wege hinunter zum Ufer. Markantester Punkt des Ortes ist der in Blau gehaltene Kirchturm, der schon von Weitem auch von den mit Schiffen anreisenden Tagestouristen bemerkt wird.

Zurück in Weißenkirchen, das von Weinhängen umschlossen ist, lag es nahe, vom edlen Trunk zu kosten. Dazu stand aufgrund unserer schnellen Fahrt der frühe Abend komplett zur Verfügung. So ging es am nächsten Morgen durchaus beschwingt aber klaren Kopfes weiter.

In Tulln nahmen wir die letzte Unterkunft an der Donau. Inmitten einer der ältesten Städte Österreichs gibt es ein kleines Wanderheim in der Nähe des Wassers. Wieder kamen wir recht zeitig an, dieses Mal zum Vorteil, denn wir erwischten wieder einmal das letzte freie Zimmer. Tulln ist mit seiner sakralen Baukunst im Stil der Spätrenaissance und des Barock ein touristischer Magnet. Auch die Donau-Radwanderer machen hier gerne Rast, um in den Läden der Stadt alles Lebensnotwendige nachzurüsten.

Am nächsten Morgen nordeten wir uns ein, um in Laa den Grenzübergang nach Tschechien zu passieren. Bis es soweit war, nahmen wir nochmals eine Auszeit auf österreichischem Territorium. Das Dorf Eichenbrunn lag wie ausgestorben da. Es empfing uns in bestem Zustand, hatte bloß keine Bewohner. In großen Kübeln blühten die herrlichsten Sommerblumen. Irgendjemand musste das alles doch pflegen? Selbst die Gaststätte war verwaist. Nach mehrfachem Ruf erschien die Wirtin. Sie hatte in der Küche zu tun, denn wenige Minuten später setzten sich die Dorfbewohner auf dem Kirchhof in Bewegung, um am Leichenschmaus in ihrem Gasthaus teilzunehmen. Wir sollten warten, um in der Schar der Trauernden unseren potentiellen Vermieter zu treffen.

So kam es und wir bekamen ein Zimmer auf einem nahegelegenen Gehöft. Der geschlossene Hof wirkte mehr als Ferienparadies denn landwirtschaftliche Arbeitsstätte. An diesem Abend nahmen wir endgültig Abschied von Österreich. Die böhmische Hügellandschaft erwartete uns. Wir wollten im Adlergebirge unsere Freunde, die Organisatoren des *Československy Kvadrant*, treffen.

Rhein und Mosel

In ähnlich großem zeitlichem Abstand reisten wir zweimal an Rhein und Mosel. Der erste Besuch galt der Verwandtschaft in Köln und Trittenheim und der zweite war Teil einer Fahrt durch Holland, Belgien, Luxemburg und Deutschland.

1990 konnten wir noch mit dem Zug von Berlin nach Köln auf direkter Linie fahren. Unweit der Domstadt wohnte die Verwandtschaft, die wir das letzte Mal 1960 gesehen hatten. Nach zweitägigem Aufenthalt starteten wir unsere erste Radtour durch den Westen Deutschlands. Zur Festlegung des Kurses diente uns ein alter Autoatlas. Von Köln führte die Route zunächst bis zur Einmündung der Ahr am Rhein entlang. Durch das Ahrtal ging es stets bergauf, um in der Eifel in ein heftiges Hügelland überzugehen. In Trier stießen wir auf die Mosel. An der Untermosel bogen wir später in den Hunsrück ab, um in St. Goar wieder auf den Rhein zu treffen. Für den letzten Abschnitt zurück nach Köln nutzten wir ein Passagierschiff der Rheinflotte.

Aufgebrochen waren wir in Frechen bei Köln. Über den räumlich sehr ausgedehnten grünen Gürtel der Stadt, den sogenannten *Militärring*, kommt man südlich an den Rheinradweg. Die ersten Passagen verlaufen am Ufer mit freier Sicht auf die breite Schifffahrtsstraße. Vor Bonn sind wenig attraktive Industrieansiedlungen zu umfahren. Birgit feierte ihren Geburtstag in der Bundeshauptstadt unter dem Vordach eines geschlossenen Kiosks – es goss nämlich in Strömen.

Als wir die Mündung der Ahr in den Rhein bei Sinzig erreichten, konnten wir uns der Regencapes glücklicherweise wieder entledigen.

Die Moselschleife bei Trittenheim

Schon nach wenigen Metern schloss uns die Natur in die Arme. Chemieanlagen und Verkehr auf Straße und Schiene waren schnell vergessen. Der im Vergleich zum Rhein sehr schmale Fluss hat sich über die Jahrtausende in die waldreiche Landschaft tief eingeschnitten. Weiter oben sind die Nordhänge des Tals komplett mit Weinreben bewachsen.

Wir, die wir aus dem Osten kamen, staunten pausenlos. Die Straßen befanden sich in einem perfekten Zustand. Die schmalen Ahr-Brücken waren mit Blumenkästen geschmückt. In Ahrweiler, unserer ersten Station, gab es ein Jugendhotel. Aus Ermangelung an Geld beschlossen wir, Unterkunft in Jugendherbergen zu nehmen. In all den Jahren davor machten wir von dieser Möglichkeit schon in der DDR häufig Gebrauch. Das Jugendhotel hatte Zimmer aller Größen – wir bekamen ein Zwei-Bett-Zimmer mit eigener Dusche. Welch ein Luxus das war. In der Caféteria wurde sogar Wein ausgeschenkt – natürlich nur aus besten Lagen des einheimischen Anbaus.

Das Ahrtal windet sich über 150 Höhenmeter in Ost-West-Richtung hinauf in das achtzig Kilometer entfernte Blankenheim. Die Region ist für ihren Weinbau bekannt. Viele Wanderer besuchen das Tal. Ein allerdings erst in späterer Zeit angelegter Radweg bietet dem Besucher besten Radfahrkomfort.

Dass das Jugendhotel in Ahrweiler eine Ausnahme darstellte, merkten wir alsbald in der Eifel. Die Frage des nächsten Jugendherbergsleiters, ob wir Bettwäsche mit uns führten, mussten wir verneinen.

Ausgestattet mit Anstaltswäsche wurden wir einzeln abgeführt – Birgit in ein Zwölf-Bett-Mädchenzimmer, Wolfgang in ein Zehn-Bett-Jungenzimmer. Die mit stählernen Doppelstockbetten ausgestatteten Räume waren unbelegt. Wir waren zurück in der DDR. Des Nachts huschte ein Gespenst in weiße Laken gehüllt über den Korridor, Birgit kam mit ihrem Bettzeug ins Jungenzimmer.

Nach ordentlichen Anstrengungen auf den Straßen der Eifel und einer Übernachtung im Zelt steuerten wir endlich auf Trier zu. Die hiesige Jugendherberge war erst rekonstruiert worden, entsprach in der Ausstattung aber durchaus der aus der Eifel. Wieder schliefen wir getrennt nach Geschlechtern, dieses Mal aber bei voller Belegung.

Ein Mitschläfer brachte Wolfgang am nächsten Morgen bei, was eine *Uzi* ist. Mit dieser Maschinenpistole würden beim *Bund* Schnarcher erschossen. Seine lapidare Antwort darauf war, dass dasselbe auch mit einer *Kalaschnikow* bei der *Fahne* geklappt hätte. Trier liegt an der Mosel und das zählte in dem Moment mehr als alles andere.

Die von römischer Kultur geprägte Stadt, deren ursprünglicher Name Augusta Treverorum war, schaut auf eine 2000jährige Tradition zurück. Herausragende Zeugnisse der Baukunst sind Porta Nigra, Amphitheater, Römerbrücke, Kaisertherme oder Konstantinbasilika. Das Zentrum der Stadt ist von Baudenkmalen des Mittelalters geprägt. Diverse Sakralbauten aus verschiedenen Epochen vervollständigen das Stadtbild, das von der im Halbkreis um die Stadt fließenden Mosel zusammengehalten wird.

Von Trier bis Trittenheim, einem typischen Weinort der Mittelmosel, mussten nur vierzig Kilometer zurückgelegt werden. Dort erwartete uns der andere Teil der Verwandtschaft. Der Fahrradweg dorthin lag mitten in den Weinbergen, größtenteils auf halber Höhe der Hänge zu beiden Seiten des Flusses. Der Verlauf passte sich den vielen Moselschleifen an, die bis zu 180 Grad drehten. Wir passierten einige Schleusen der kanalisierten Wasserstraße.

Wolfgang erinnerte sich an seinen letzten Besuch 1960, als die Mosel noch in ihrem natürlichen Bett floss. Eine Auenlandschaft begleitete den Fluss. Die erhöhte Wasserbelastung speziell im Frühjahr flutete nur den breiten Uferbereich. Überschwemmungen, wie sie heute nahezu jährlich speziell im Bereich der Untermosel auftreten, waren sehr viel seltener. Die Weinbauern fuhren ihre Traktoren in das seichte Wasser, um sie zu waschen. Zu dieser Zeit gab es die Grünen noch nicht. Auch war die Zahl der Traktoren noch viel geringer.

Nach entspannten vier Tagen in dem auf einem sanften Hügel liegenden Trittenheim, das vom Fluss quasi umrundet wird, setzten wir die Fahrt über Traben-Trarbach und Cochem nach Löf fort. Die Tagesetappen überschritten dabei nie 50 Kilometer, so dass die Tour bei Sonnenschein und angenehmer Wärme zum Vergnügen wurde. Es blieb uns viel Zeit, die Schönheiten der Landschaft zu genießen.

Blick auf das romantisch gelegene Bernkastel-Kues

Bernkastel-Kues prägt sich dem Betrachter als Fachwerk-Stadt ein. Sie wird von den mittelalterlichen Giebelhäusern am Markt und den zahlreichen Gassen dominiert. Aber auch hier prägt letztendlich der Weinbau das Leben der Anwohner. Nicht zufällig ist die Stadt Anziehungspunkt für Tausende Tagesgäste, die sowohl an der Architektur als auch der Trinkkultur interessiert sind.

Die Besonderheit der Moseltrasse resultiert aus den breiten Fahrwegen, die permanent den Blick auf das Wasser, die gegenüberliegenden Weinhänge und die reizvollen Siedlungen freigeben. Die Landschaft ist durchaus vergleichbar mit der in der Wachau, wenngleich die Zahl der Radreisenden hier nicht ganz so üppig ausfällt. Zur Übernachtung bieten sich zahlreiche Zimmer, aber auch Campingplätze, an. So manche Burg, wie zum Beispiel die in Beilstein oder Cochem, grüßt den Reisenden mit wehenden Fahnen. Der Weg ist am rechten wie auch linken Moselufer gleichermaßen reizvoll. Über alte wie auch neue Brücken lässt sich die Seite im Abstand relativ weniger Kilometer wechseln.

Bei intensiver Sonneneinstrahlung kann der zumeist freiliegende Weg allerdings zu einer gewissen Belastung werden, da schattenspendende Bäume dem intensiven Weinbau zum Opfer gefallen sind. In Richtung Untermosel werden die Hänge steiler und damit die Zahl der Reben geringer. Der ungeübte Betrachter staunt über die Weinstöcke dieser Lagen, die scheinbar nur aus der Luft zu erreichen sind. Aber auch hier ist die Bearbeitung der Weinberge möglich, ähnlich den hoch über den norwegischen Fjorden liegenden Wiesen.

So schön können Radwege geführt sein

In Löf nahmen wir bei einer Bekannten nochmals Quartier, um uns vom bequemen Weg weiter nach Koblenz, der Mündung der Mosel in den Rhein, zu verabschieden, nicht ohne die Burg Eltz besucht zu haben. Der Sitz derer von Eltz hat allen Anfeindungen widerstanden. Teile der nach wie vor im Privatbesitz befindlichen Anlage sind der Öffentlichkeit zugänglich. So schoben wir unsere Stahlrösser ritterlich über das Kopfsteinpflaster in die Innenhöfe.

Mit den Eindrücken des hochherrschaftlichen Lebens im Hunsrück trafen wir alsbald in St. Goar wieder auf den Rhein, nicht ohne eine tüchtige Schussfahrt bewältigen zu müssen. Unser Campingplatz lag ganz in der Nähe der Loreley. Auf dem abendlichen Spaziergang an der Uferpromenade trafen wir auf unsere Berliner Nachbarn. Zufällig verbrachten auch sie einige Tage am Rhein. Am Nachmittag hatten sie den Loreley Felsen erklommen. Am Ufer entdeckten sie ein kleines grünes Zelt zwischen allerlei Wohnwagen. Das waren wir.

Später saßen wir vor unserem Zelt am Rheinufer und beobachteten den Schiffsverkehr. In Abständen von weniger als dreißig Sekunden fuhren die Schiffe an uns vorbei – stromauf wie auch stromab. Davon angeregt beschlossen wir, trotz körperlicher Fitness, auf der *Europa*, einem typischen Passagierschiff der Rheinflotte, vorbei an Koblenz, dem Deutschen Eck und Bonn zurück nach Köln zu fahren. Aus der Sicht des Wassers nahmen wir den intensiven Auto- und vor allem Bahnverkehr an beiden Ufern des Rheins erst richtig wahr. Die Lärmbelästigung ist schon gewaltig, so dass wir froh waren, auf dem letzten Abschnitt nicht mit dem Rad unterwegs gewesen zu sein.

Bürgerhäuser in Beilstein

Viele Jahre später brachte uns dann das Rad doch noch von Koblenz nach Köln. Die Tour des Jahres 2007 begann im holländischen Amersfoort. Weiter ging es durch die belgischen Ardennen nach Luxemburg. Wieder einmal waren unsere Bergerfahrungen gefragt, bevor wir den maritimen Freuden frönen durften.

Bevor uns das Ufer der reizvoll gelegenen *Sauer* eine angenehme Bergabfahrt bescherte, hatten wir bereits einen intensiven Kontakt zum Wasser – es regnete jeden zweiten Tag in Strömen. Zum Glück verzichteten wir in dem Jahr auf das Zelt. Wir fanden jeden Abend ein kleines Hotel oder eine Pension. Im belgischen, luxemburgischen und deutschen Grenzgebiet siedelten immer mehr Ostdeutsche, die Dienst im Beherbergungswesen taten. So trafen wir auf Menschen aus Berlin und Brandenburg. Im Gegensatz zu den beginnenden 1990er Jahren waren die Ostdeutschen zu unserer Freude nunmehr im Westen voll akzeptiert.

Esch an der Sauer präsentierte sich als Theaterkulisse. Am Ufer sammelte sich eine Handvoll Häuser unterhalb der alten Burganlage. Leider ließ unsere Tagesplanung die Übernachtung an dieser spannenden Stätte nicht zu. Dabei machte sogar der Regen einen großen Bogen um uns herum. Später haben wir die Entscheidung, weitergefahren zu sein, bedauert. Man sollte, selbst wenn man nach Plan fährt, flexibler handeln.

So fuhren wir leichten Trittes immer bergab durch das relativ schmale Tal des Flusses. Zu beiden Seiten begleiteten uns stark bewaldete Hügel. Von Zeit zu Zeit passierten wir hinter viel Grün versteckt liegende Ortschaften. An blühenden Wiesen vorbei gelangten wir so in die Stadt Echternach. An dieser Stätte mittelalterlicher Kultur mit dem barocken Stadtschloss im Zentrum genossen wir am Marktplatz in warmer Sonne sitzend Kaffee mit Spezialitäten Luxemburger Backkunst.

Unterhalb von Langsur mündet die Sauer in die Mosel. Um nach Wasserlies zu kommen, wechselten wir auf das rechte Ufer der Mosel. Anstelle von Bäumen und Sträuchern begleitete uns nunmehr der Weinbau. Damit öffnete sich die weiterhin hüglige Landschaft, zumal die Mosel in größerer Breite dahinfloss. In Wasserlies verbrachten wir

Esch-sur-Sûre – eine Postkartenidylle an der Sauer in Luxemburg

die Nacht in einem kleinen Hotel. Die Chefin des Hauses, eine Ostdeutsche aus Sachsen-Anhalt, hatte hierher eingeheiratet. Am nächsten Morgen brachen wir auf nach Trittenheim, vorbei an Trier und einer Reihe kleiner Moseldörfer. Dort verbrachten wir wieder einige Tage. Der Wein wurde nicht mehr im Keller unter dem Haus in Holzfässern vergoren, sondern in großen Edelstahltanks in Hallen am Ufer des Flusses. Zur stilgerechten Weinverkostung hätte man den schon auf Flaschen gezogenen Wein in die alten Gewölbe tragen müssen. Seit unserem letzten Besuch waren eben mehr als zwanzig Jahre vergangen. Die Industrialisierung der Weinbereitung machte sich auch an der Mosel breit. Die Qualität des Produktes nahm dabei zum Glück keinen Schaden. In nur zwei Etappen – unterbrochen von einer Nacht in Bullay – fuhren wir nach Koblenz. Das Deutsche Eck, der Zufluss der Mosel in den Rhein, begrüßte uns mit einem heftigen Dauerregen. Ein fürstliches Zimmer außerhalb des Stadtkerns tröstete uns über die erlittene Durchnässung auf den letzten Tageskilometer hinweg.

Der Regen hielt auch noch den nächsten Tag an. Nun *genossen* wir den mühsam zu befahrenen Rheinwanderweg in einem Stück bis nach Köln. Mit Ausnahme des fünf Kilometer langen Abschnitts durch Bonn, befand sich der Weg in einem schlechten Zustand. Hier fehlte das „Aufbauprogramm West“, um den Belag wieder in Ordnung zu bringen. Fazit: der Radwanderer sollte sich dem „Aufbauprogramm Ost“ anschließen und an Elbe und Oder radeln.

Wir werden bequem. Die Reise des Jahres 2011 hatte eine Weglänge von nur 410 Kilometern. Zum zweiten Male hielten wir uns in der Schweiz auf, dieses Mal im Kanton Graubünden. Dorthin brachte uns, wie schon im Jahr zuvor, der Nachtzug Berlin-Zürich, wo wir das Rad bestiegen. Nach Übernachtungen in Rapperswil, Filzbach und Sargans blieben wir drei Tage in Chur, das uns Ausgangspunkt für Bus- und Bahnausflüge in die nähere Umgebung sein sollte. Um die strapaziöse Überquerung des 2312 Meter hohen Albula-Pass zu vermeiden, nutzten wir anschließend die Rhätische Bahn bis Sankt Moritz. Auf diese Weise erlebten wir einen Abschnitt der Bernina-Express-Route, die hier über schwindelerregende Viadukte und kühne Brückenkonstruktionen und durch spektakuläre Kehrtunnel führt. In Sankt Moritz begann dann die eigentliche Flussfahrt entlang des Inn, dessen Quellgebiet am Maloja-Pass liegt und der nach der Schweiz und Österreich im deutschen Passau in die Donau mündet. In Analogie zu den Angeboten von Reiseunternehmen, folgten wir dem Flusslauf bis zum österreichischen Innsbruck, der Hauptstadt Tirols. Zwischenaufenthalte waren die Schweizer Orte Zernez, Ardez, sowie die österreichischen Gemeinden Ried und Stams. Den Abschluss fand die Reise oberhalb von Innsbruck auf der Leutasch-Alm in 1160 Meter Höhe.

Verschiedene Wege führen den Radwanderer nach Sankt Moritz. Die Reiseveranstalter organisieren die Busanreise von Innsbruck aus. Als Berliner entschieden wir uns für die Fahrt in das schon bekannte Zürich. Bereits am frühen Morgen empfing uns die Stadt in angenehmer Wärme, die wir in Berlin seit Wochen vermissten. So fuhren wir voller Erwartung am Ostufer des Zürichsees auf einem Fahrradstreifen der Seestraße in Richtung Rapperswil gen Süden. Die Sonne brannte uns tüchtig ins Gesicht. Am Übergang des Zürichsee zum sogenannten Oberen See, die von einem für Bahn- und Autoverkehr errichteten Damm getrennt sind, kamen wir tüchtig aufgeheizt an, obwohl der Weg nur über 40 Kilometer flache Straße verläuft.

Das Gasthaus Seefeld, das mitten auf dem Damm im Ortsteil Hurden liegt, beherbergte uns für die Nacht. Trotz des heftigen Gewitters am Abend kühlte die Luft kaum ab. Das Fenster zu öffnen verbot sich von selbst, da das Asyl von Straße und Bahn förmlich in die Zange genommen wurde. Eingeschlossen wurden wir auch von den Gourmet-Tempeln in Rapperswil und dem am anderen Ufer gelegenen Pfäffikon. Aber im Gasthaus Seefeld kamen wir – kulinarisch wie auch im ursprünglichen Sinne – auf unsere Kosten.

Weiter ging es südwärts in voller Sonne zum Walensee, der mit dem Zürichsee über den Linth-Kanal in Verbindung steht. Verläuft der 48 Kilometer lange Abschnitt am Kanal zunächst flach, windet er sich später am Hang entlang. Dabei sind zwei über 1000 Meter lange, beleuchtete

Altstadt von Rapperswil am Ostufer des Zürichsees

Fahrrad-Tunnel zu durchqueren. Das *Seminarhotel Lihn*, das wir schon in Berlin vorgebucht hatten, erwies sich als äußerst angenehme Bleibe. Der dazugehörige Ort heißt Filzbach und liegt oberhalb des Sees. Die Höhendifferenz von 263 Meter überwanden wir fluchend in zwei Stunden, das Rad wieder einmal schiebend. Bei einer solchen Aktion werden die Beine lahm, die Oberarme matt, die äußere Führhand schläft ein und die Nackenmuskulatur beginnt zu stechen. Wer hatte bloß diese Logis ausgesucht – natürlich Wolfgang.

Nachdem wir die 40 Kilogramm schweren Räder erfolgreich gegen den Berg gestemmt, geduscht und uns satt getrunken hatten, genossen wir das Panorama des unter uns liegenden Sees mit den daraus herausragenden 2 200 Meter hohen Gipfeln. Unser Zimmer verfügte über eine Glasfront über die gesamte Breite, so dass wir des Nachts die Kontur der Berggipfel mit den darüber stehenden Sternen im Blick hatten. Dazu lagen wir weit entfernt jeglichen Verkehrs, so dass die Fenster die ganze Nacht geöffnet waren. Welch eine Belohnung war das für die erlittenen Qualen. (Wieder zu Hause fragten Bekannte, warum wir den Anstieg nicht fahrend bewältigt hätten.)

Am dritten Tag stieg das Thermometer wieder auf über 30° Celsius. Wir hatten erneut die Sonne voll im Blick. Jetzt fehlte uns ein langärmeliges leichtes Hemd, das vor dem ersten Sonnenbrand des Jahres hätte schützen können. Unsere Packliste musste also ergänzt werden. Das Tagesziel, die kleine Stadt Sargans, war schon nach knapp vierzig Kilometern erreicht. So kamen wir, wie schon an den anderen Tagen,

Fahrradtunnel am Ufer des Walensee

mittags an. Es war gut so, denn der Nachmittag wurde unerträglich heiß. Da der Weg zu unserem Vorteil wieder absolut flach verlaufen war, wurden wir erneut mit einem Hotel bestraft, das unmittelbar an Bahngleisen und Ausfallstraße lag. Das bedeutete geschlossene Fenster trotz der enormen Wärme. Das Hotel-Reservierungsprogramm HRS bietet als preiswerte Alternativen leider allzu häufig derartig verkehrsgünstig gelegene Häuser an. Wir hatten die Hotels der Schweiz zum zweiten Male vorgebucht, wissen heute aber, dass man im Land der Eidgenossen Zimmer auch vor Ort ordern kann. Ob man dabei eines der preiswerteren Angebote, die ohnehin weit über deutschen Preisen liegen, erwischt, bleibt dabei die Unbekannte. Preisnachlässe, wie sie HRS in Deutschland anbietet, gelten für die Schweiz nicht.

Ein anderes Bild lieferte uns am nächsten Tag nach wiederum nur 40 Fahrkilometern Chur, die Hauptstadt des Kantons Graubünden. Das am Wildfluss Plessur gelegen *Hotel Chur* gestattete einen perfekten Blick auf die mittelalterlichen Gemäuer der ältesten Stadt der Schweiz. Das *Obere Tor* bildet den Zugang in das verzweigte System der Gassen mit ihrem vielfältigen Angebot kulinarischer Genüsse in den Geschäften und Gaststätten. Der leicht erhöht liegende Bischofssitz beobachtet kritisch das Treiben der zahlreichen Eindringlinge. Das schöne Wetter forderte gerade dazu heraus, es sich in einem der Straßencafés gut gehen zu lassen.

Das über *Wikinger Reisen* schon in Berlin gebuchte Zimmer war mit über dreißig Quadratmetern sehr luftig. So konnten wir die Fenster des Nachts partiell geschlossen halten, um nicht vom Rauschen der Plessur davon gespült zu werden. Neben dem Hotel hielt die Rhätische Bahn unmittelbar auf der Straße, um ihre

Altstadt von Chur mit Martinskirche

Im Sommer wirkt das mondäne Sankt Moritz fast ein wenig verschlafen

Fahrgäste hoch nach Arosa zu befördern. Auch der Postbus nahm seine Gäste auf dem Weg nach Lenzerheide auf dem Vorplatz auf. Wir waren also mitten drin im Geschehen.

So bot es sich an, unsere fahrradfreien Tage in Arosa und Lenzerheide zu verbringen. Wir bemerkten hier wie auch anderenorts befremdliche Baukunst moderner Prägung. Zwischen zwei alten Schweizer Häusern steht schon mal ein Betonklotz minimalistischer Struktur. Die Skiorte liegen zweifellos in schöner Natur. Sie entwickeln ihr spezifisches Flair wohl aber erst bei Einbruch des Winters. Die Anfahrten in die Bergwelt mit Bahn und Bus sind jedoch auch im Sommer spektakulär.

Um ein Vieles eindrucksvoller war dagegen die Fahrt auf der Route des Glacier-Express nach Disentis, die durch das Rheintal führte. Bahntrasse und Wasser werden von hoch aufragenden Felswänden regelrecht eingepfercht. Der Rhein schnellt kilometerweit durch sein selbst gegrabenes Steinbett. In Disentis angekommen findet der Reisende in den Mauern des Benediktiner Klosters Ruhe. Mit seinem ausladenden Grundriss dominiert die Klosteranlage den am Hang liegenden Ort.

Auf der Weiterfahrt von Chur nach Sankt Moritz erwies sich die Unterquerung des *Albula*-Passes nicht nur als körperlicher Segen sondern auch als großes Erlebnis. In Sankt Moritz angekommen, standen am Bahnhof schon helfende Hände bereit, um uns beim Ausladen der Räder zu helfen. Diese Hilfe wurde uns auf allen Bahnhöfen in der Schweiz zuteil.

Um im Hotel einzuchecken, fuhren wir zunächst zurück in das benachbarte Celerina. Im Gegensatz zu den Fünf-Sterne-Häusern *Badrutt's Pa-*

lace, Carlton, Kulm, Suvretta House oder *Kempinski Grand Hotel* des *Bains* waren hier die Preise noch bezahlbar. Dazu erhielten wir, weil als Radfahrer erkennbar, je eine Fahrradklingel und einen Freifahrtschein für alle Bergbahnen der Region und einen großen Teil der Bahntrasse geschenkt. Trotz dieser äußerst angenehmen Überraschung waren wir vom Ambiente des Hauses etwas benommen. Von außen erinnerte es uns an eine Kugellagerfabrik. Innen strahlte es Moderne aus. In einer solchen Situation trösten wir uns damit, ob unseres fortgeschrittenen Alters nicht unbedingt die Zielgruppe der Erbauer zu sein.

Celerina ist ein kleines Nest, das wegen seiner Bob- und Skeleton-Bahn in Fachkreisen aber sehr bekannt ist. So machten wir uns auf, den Zielbereich beider Eiskanäle aufzusuchen. Hätte da nicht ein alter Bob im Wege gestanden, wäre vor lauter Wiese gar nichts zu entdecken gewesen. Bekanntlich sind die Eiskanäle von Sankt Moritz Natureisbahnen, die keinerlei feste Unterbauung haben. So ist auch zu verstehen, weshalb diese Bahnen als schwierig zu befahren gelten, weil sie jedes Jahr ein wenig anders ausfallen. Vom Startbereich waren es dann nur noch wenige Schritte in das berühmte Sankt Moritz hinein.

Uns hat der Ort gefallen, wie er sich vom Seeufer in Sankt Moritz Bad (1774 Meter) nach Sankt Moritz Dorf (1822 Meter) am Hausberg aufwärts hangelt. Zentraler Punkt des Ortes ist zweifellos das Hotel Badrutt´s Palace. Die Sonne schien, wie fast immer hier. Unter uns glitzerte der See. Damit hatten wir den Anfangspunkt unserer Flussfahrt erreicht, da der Inn vom *Maloja*-Pass kommend den Silsersee, Silvaplanersee, Champherersee und zu guter Letzt den Sankt Moritz See speist. Man könnte ohne Schwierigkeit dem 517 Kilometer langen Flusslauf bis zu seiner Mündung in die Donau bei Passau folgen, wenn man nicht andere Pläne hat. Auf gewisse Eigenarten dieser Tour wollen wir später noch hinweisen.

Bevor es aber losging, hatten wir noch einen freien Tag. Den verbrachten wir zunächst auf der Strecke der Bernina-Bahn und dann oberhalb von Sankt Moritz auf der *Corviglia*. Wir starteten in Sankt Moritz, überquerten den Bernina-Pass, die Alp Grüm und endeten in Tirano. Bis zur Alp, vorbei an Pontresina, hatten wir Dank des Hotels freie Fahrt. Den Rest der Strecke buchten wir hinzu. Der Eisenbahnfan wird die kühnen Viadukte und Kehrtunnel als besonderen Höhepunkt und der Naturinteressierte die Viertausender – den Piz Bernina (4 049 Meter) oder den Piz Palü (3 905 Meter) mit den dazugehörigen Gletschern – preisen. Wir bestaunten beides. Die Auffahrt mit der Standseilbahn und Kabinenbahn auf die Corviglia und dem darüber thronenden Piz Nair in schwindelerregende Höhe ist jedem Besucher zu empfehlen. Zusammen mit einem (einzigen) Japaner teilten wir die Kabine. Im Winter mag hier ein absolutes Durcheinander herrschen – im Sommer sind die Bergliebhaber eher unter sich. Die Corviglia gewährt einen perfekten Blick auf das Panorama der Region, und das in aller Stille.

Die Straße windet sich …

… meist hoch über dem Inn

Nun aber war es soweit, wir starteten die Inn-Radtour – im Regen! Nach der vielen Sonne der Vortage und ob der kurzen Strecke von nur 35 Kilometern, konnten uns diese Unbilden kaum schrecken. In unsere Regenmontur gehüllt, folgten wir dem Radweg Nummer 6. Nach so viel Sonne an den Tagen zuvor, ließ sich der Regen leicht ertragen. Der Weg folgte den Windungen des Inn mitten auf der breiten Talsohle. Er führt im Sommer zumeist wenig Wasser, so dass er in seinem breiten Flussbett sogar etwas verloren wirkte. Das Terrain teilten wir mit einer großen Zahl von Rindviechern. Damit die uns nicht folgten, war so manches Gatter zu öffnen und wieder zu schließen. Der Schotterweg füllte sich zusehends mit breiten Pfützen, denn der Regen wurde heftiger. Erschwerend wirkte der gegen den Körper peitschende Wind. Feiner Graupel stach ins Gesicht und in die Hände. Die Temperatur fiel zusehends ab. Es war entsetzlich. Wir konnten kaum noch die Bremshebel bedienen, so unbeweglich waren inzwischen unsere Hände. Nach gerade einmal 18 Kilometern bogen wir in ein Dorf ab und stiegen in den nächsten Zug. Nach kaum 15 Minuten Fahrt erreichten wir in Zernez unser Ziel auf immer noch 1474 Meter Höhe. Im Dreiländereck Schweiz, Österreich und Italien erlebten wir einen Temperatursturz von mehr als 20° Celsius.

Es war das erste Mal, dass wir eine Tour abbrachen. Wir hätten nur noch 18 Kilometer weit fahren müssen. Aber die Hände schmerzten derart, dass wir uns dazu nicht mehr in der Lage sahen. Mit uns beendete ein Dutzend Mountainbike-Fahrer als Teilnehmer des Engadin-Marathons ihre Tour. Sie hatten zumeist nur kurze Hosen an. Später, im Hotel, berichtete die Chefin, einen Run auf die Zimmer erlebt zu haben. Die Teilnehmer des Marathons seien kaum in der Lage gewesen, vor lauter Zittern ihre Wünsche zu äußern. Wir hätten durchgehalten, wenn wir unsere warmen, wasserdichten Handschuhe dabei gehabt hätten. Zehn Jahre lang gehörten sie zu unserer Ausrüstung – in jedem Sommer. Dann kamen wir uns zu dumm vor, sie sinnlos durch die Gegend zu chauffieren, denn selbst bei Regen fiel die Temperatur bei den Touren selten unter 20° Celsius ab. Schlussfolgerung: die Packliste wird

Die Bahntrasse liegt noch viel höher

wieder ergänzt. Unsere *Rettung* verdankten wir dem großzügig ausgebauten Bahnnetz der Schweizer Bahnen. Was für ein Tag!

Am nächsten Morgen – die Sonne schien und das Quecksilber streifte erneut die 30°C Marke – begleiteten wir weiterhin den Inn, der in den Schlingen seines Flussbettes dahinplätscherte. Ihm hatte das Unwetter des Vortags nicht geschadet. Nicht einmal sein Pegelstand schien erhöht zu sein. Wir blieben stets an seiner Seite in einer typischen Auenlandschaft. Dann verengte sich das Tal. Der Weg stieg an. Wir ließen das Wasser unter uns. Die am Weg liegenden Ortschaften zeugten von ihrer frühen Besiedelung. Plötzlich bog der Radweg Nummer 6 scharf nach links ab, direkt in die Berge hinein. Warum sollten wir die flach verlaufende Straße verlassen? In großer Höhe nahmen wir ein Dorf wahr. Guarda ist laut Reiseführer die schönste Ansiedelung mittelalterlicher Häuser im gesamten Engadin. Dort oben musste man aber auf uns verzichten. Wir blieben auf halbe Höhe, auf der wir uns mit der Rhätischen Bahn die linke Flanke des Tals teilten. Auch hier nutzte die Bahn steil aufstrebende Viadukte. Ebenso steil fiel die Fahrstraße zu unserer Rechten gleich hinter der Leitplanke ab. Die Talsohle lag über 100 Meter unter uns.

Ardez, am Südhang der Silvretta auf einer sonnigen Terrasse gelegen, war nach ganzen 20 Kilometern Wegeslänge erreicht. Kurz vor dem Ortseingang sahen wir die „6“ wieder. Sie kam von links den Berg hinunter. Im Hotel bestätigte man uns, Guarda sei der schönste, Ardez aber der zweitschönste Ort des Unterengadins. Na also! Hier waren wir richtig. Die Häuser des Dorfes drängten sich auf dem Plateau dicht aneinander, so als wollten sie sich gegenseitig Halt geben. Die Gassen wurden von zwei nebeneinander fahrenden Radlern voll ausgefüllt. In viele Gebäude waren Wirtschaftsgebäude für die Unterbringung von Vieh und Futter integriert. Aus dem Hotelfenster blickten wir auf die Ruine des Schlosses Steinsberg. Der unterhalb des Plateaus fließende Inn war hier viel wilder als im Oberengadin.

Tage später trafen wir einen Vater mit seinem Sohn, der den Fluss innerhalb von einer Woche von Sankt Moritz bis Passau bewältigen wollte.

Dieser Herausforderung kann man sich stellen. Dann lässt man aber die Schönheit der Region links liegen. Die Schweiz verfügt über eine derart hohe Erlebnisdichte, dass wir uns teilweise für peinlich geringe Tageskilometer entschieden, eben so geschehen auf dem Weg von Zernez nach Ardez.

Das mittelalterliche Ardez mit seinen verwinkelten Gassen

Über Scuol, über das sich rechterhand die Berge scherenschnittartig erheben, folgten wir dem Wasser nach Ried in Tirol. So manches Dorf klebte zur Linken hoch über uns an den etwas sanfteren Hängen. In Martina galt es, die Grenze zu passieren. Bis dahin genossen wir eine kilometerlange Abfahrt auf breiter Straße, den Fluss immer unter uns sehend. So stellt sich der Reisende eine Flussfahrt vor.

Gleich hinter Martina verengte sich das Tal zu einer Klamm. Zu beiden Seiten erhoben sich steil die Felsen. Auf dem Weg nach Pfunds hatten wir zunächst einige Galerien zu bewältigen. Dabei stieg die Straße immer leicht an. Der Inn hatte es da bequemer. Sein Rauschen wurde vom Lärm der Autos in der überbauten Straße voll übertönt. Später sahen wir zur Rechten hoch oben die von Nauders kommende Straße, die auf Balkonen und Galerien am Felsen hing. Diese Respekt einflößende Strecke erlebten wir auf unser Vier-Pässe-Tour durch die Alpen hautnah auf regennasser Straße. Noch heute wird uns schwindelig nur bei der Erinnerung an diese Abfahrt nach Pfunds.

Der Radweg führte in welligem Gelände durch die Dörfer und wechselte dabei mehrfach das Ufer des Flusses. Nach 55 Kilometern mieteten wir auf dem Campingplatz in Ried eine Hütte für die Nacht. Zunächst überlegten wir, bis Landeck weiterzufahren. Wie sich aber am nächsten Tag zeigte, war unsere Entscheidung richtig.

Nach erholsamen Stunden folgten wir wieder dem Radweg durch die Dörfer auf halber Höhe in einer Art Bergfahren. Die immer leicht abschüssige Hauptstraße ist leider für Radfahrer gesperrt. Wollen Sie mal einen Freund ärgern, empfehlen sie ihm, den Inn zu besuchen – er wird über die Achterbahn staunen und sie verfluchen.

In Landeck weitet sich das Tal. Der Inn wird breiter, da sich die Attel in ihn ergießt. Wir fuhren über Wiesen und durch kleinere Waldstücke. Bis Imst nahmen uns dann Autobahn und Fluss wieder in die Zange. Bei unserer ersten Begegnung mit dem Fluss ging es hinter der Stadt hoch in den Wald auf mäßiger Piste. Das blieb uns heuer scheinbar erspart, denn wir bogen auf das rechte Inn-Ufer ab. Plötzlich verschwand der Autoverkehr und wir blieben mit der Eisenbahn und dem Wasser in einem schmalen Tal alleine. In solchen Tälern verläuft der Radweg zumeist am Hang und nimmt dabei jeden Höhenzug mit. So geschah es auch hier. Trotzdem befuhren wir eine äußerst reizvolle Landschaft, die nach erneuter Querung des Wassers in ein ufernahes lichtes Waldstück überging. Trotzdem stieg der Weg stetig an und so befanden wir uns alsbald in Haiming, wieder dutzende Meter über dem Wasser.

Von da an ging es nur noch bergab. Unser Ziel sollte Stams sein, das von seinem Zisterzienser Kloster Stift Stams und dem Skigymnasium, der Schmiede für österreichische Wintersportler, bekannt ist. Die wenigen Privatzimmer waren ausgebucht. Also schoben wir die Räder hoch zum Campingplatz, der über Hütten wie auch Zimmer verfügt. Zur Rezeption ging es noch einmal zwanzig Stufen in die Höhe, um zu erfahren, dass die Rezeption zwischen 12 und 17 Uhr geschlossen ist. Es war 15 Uhr und wir befanden uns auf Höhe des Aufsprunghügels der Skisprungschanze. Das war zuviel. Weiter! Nach zwei Kilometern in der Ebene lud das *Gasthaus Hirsch* zum Verweilen ein. Hier ließen wir es uns gut gehen.

Somit fehlte nur noch eine Etappe – die Anfahrt nach Innsbruck über Telfs. Unser Plan war es, von Innsbruck bis Seefeld zur Überwindung der Höhe den Zug zu nehmen und die restlichen fünf Kilometer bis Leutasch auf dem Rad zu fahren. Plötzlich schlug Birgit vor, dreißig Fahrkilometer zu sparen und von Tels aus das Rad bis nach Buchen, das auf der Höhe von Leutasch liegt, hochzuschieben. Auf diese Weise würden wir nicht nur die Anfahrt nach Innsbruck, sondern auch das Verladen der Räder einsparen. Wolfgang fügte sich dem Vorschlag, rief aber den Vermieter an, der das Gepäck aufnehmen sollte. So begannen wir am Ortsausgang von Telfs das unbelastete Rad von 630 m auf 1230 m Höhe zu schieben. Die durchschnittlich 8prozentige Steigung wurde naturgemäß wieder zur Tortour, da auch die Sonne ungehemmt ihre Strahlen auf uns niederprasseln ließ. Nun hatte auch Birgit ihren fatalen Fehler begangen.

Die anschließenden Tage auf der Hochalm im Leutasch Tal entschädigten für alles. Die letzten knappen 20 Kilometer ging es immer leicht bergab bis hinein nach Mittenwald. Für die Rückfahrt setzten wir uns in den Zug und fuhren mit dem Nachtexpress von München nach Berlin. Auf dieser Tour hatten wir mehr Kilometer im Zug als auf dem Rad zurückgelegt. Die Radkilometer summierten sich auf 410 Kilometer, die wir an 8 Fahrtagen bewältigten. Fünfzig Kilometer sind auf solch einer Tour, die ständig neue Erlebnisse bereit hält, absolut ausreichend. Unmittelbar am Inn fuhren wir 145 Kilometer in fünf Tagen. Der Innradweg folgt immer dem Wasser, ist aber im Engadin und dem ersten Teilstück in Tirol beileibe nicht immer anspruchslos. In dieser Hinsicht unterscheidet er sich deutlich von den Flachetappen an Rhein, Mosel, Elbe und Oder. Aber unheimlich schön ist seine Begleitung auf den Rad doch.

Epilog

Einige Leser haben wir vielleicht enttäuscht, andere erschreckt. Wir sind, wie schon zu Beginn erwähnt, ganz gewöhnliche Menschen mit einem ganz durchschnittlichen sportlichen Vermögen. Zum Radfahren kamen wir eher zufällig, weil uns das Treten in die Pedale leichter fiel als das Wandern. Dass wir auch beim Treten immer wieder mal unsere Grenzen überschritten, war dem Zufall oder dem Leichtsinn geschuldet. Trotzdem kamen wir heil zu Hause an – zumindest meistens. Wenn wir von zwei sehr eingeschränkten Touren wegen plötzlicher Krankheit berichteten, wollten wir den Leser nicht verängstigen, sondern nur darauf hinweisen, dass es auch in solchen Situationen weiter geht. Ernstlich Schaden genommen haben wir nie. Und davon sollte man auch ausgehen, wenn man sich auf die Fahrrad-Reise begibt.

Die Furcht vor dem Straßenverkehr hemmt nur und macht unsicher. Auch die anderen Verkehrsteilnehmer wollen keine Scherereien haben, sofern wir ihnen keine solchen bereiten. Kamikazeflieger sind sehr selten unterwegs. Die wechselseitige Verunglimpfung der Autofahrer und Radfahrer resultiert nach unserer Beobachtung aus provokantem Verhalten beider Seiten. Wenn wir mit bepackten Rädern die Straße ordentlich befahren, zollen uns die Autofahrer eher Respekt, als dass sie uns peinigen.

Auch der Hinweis auf verschiedene Schäden am Rad mag den einen oder anderen verunsichern. Gemessen an vielen Tausend Fahrkilometern in fast dreißig Jahren, sind Havarien selten aufgetreten. Wir befanden uns bei Defekten immer in der Nähe einer Werkstatt. Aufgrund unseres *Ersatzteillagers an Bord* haben wir uns jedoch meist selbst geholfen – hätten professionelle Hilfe aber meist in Anspruch nehmen können. Spezielles Begleitmaterial für markierte Radwanderwege, wie zum Beispiel die Serie *bikeline*, weiß Rat, wo repariert wird. Aber auch so mancher Anrainer entlang des Wegs hilft gerne. Haben Sie Mut, gehen Sie auf Tour, auch im Ruhestand!

Wer meint, längere Radtouren überfordern seine Kräfte, kann sich moderner Hilfsmittel bedienen. Mit Elektroantrieb unterstützte Räder erfreuen sich zunehmend größerer Beliebtheit. Dazu gehören selbstverständlich auch alle modernen Navigations- und Informationsmedien.

Zum Schluss noch ein Tipp: Hat man sich einmal gezankt, wird die Sprachlosigkeit speziell in den schwedischen und finnischen Wäldern schnell zum Problem. Ein mitgenommener kleiner Plüschhund, -bär oder -elch findet da am ehesten die Sprache wieder.

Quellen

Auf den schönsten Velorouten unterwegs in der Schweiz. – Pfüffikon: Fink Media AG, 2008
Barow, Thomas: Finnland per Rad. – Neuenhagen: Kettler, 1994
Donau-Radweg 2. – Rodingersdorf: Esterbauer, 2002 (bikeline)
Eue, Johannes: Graubünden. – Ostfildern: DuMont, 2005
Kettler, Wolfgang: Belgien, Luxemburg per Rad. – Neuenhagen: Kettler, 1994
Kettler, Wolfgang: Dänemark per Rad. – Berlin: Kettler, 1990
Kettler, Wolfgang: Holland per Rad. – Berlin: Kettler, 1993
Kettler, Wolfgang: Südschweden per Rad. – Neuenhagen: Kettler, 1994
www.wikepedia.de
Lindenberg, Herbert: Tschechien per Rad. – Neuenhagen, 1997
Pathe, Frank: Norwegen per Rad. – Berlin: Kettler, 1993
Radfernweg Berlin-Kopenhagen.– Rodingersdorf: Esterbauer, 2004 (bikeline)
Radfernweg Berlin-Usedom. – Rodingersdorf: Esterbauer, 2006 (bikeline)
Richter, Rainer: Ostfrankreich per Rad. – Berlin: Kettler, 1992
Riek, Jürgen: Österreich per Rad/Jürgen Riek; Uwe Schäfer. – Berlin: Kettler, 1990
Riek, Jürgen: Schweiz per Rad/Jürgen Riek; Uwe Schäfer. – Neuenhagen: Kettler, 1995